U0368175

商务数据分析

黄翼◎著

BUSINESS

DATA

ANALYTICS

清华大学出版社

北京

内 容 简 介

大数据时代，产业呈现数字化趋势，使大数据成为核心的生产要素，进而成为推动经济高质量发展的新动能。以数据生成、采集、存储、清洗、挖掘、分析、服务为主的大数据产业已成为新兴产业，是实现产业结构升级的新路径。为普及数据素养和技能，构建大数据思维，本书通过介绍数据挖掘方法在商务领域的应用，驱动好奇心，认知商务情境；发现业务问题，明确诠释问题；探索数据镜像世界，科学处理、分析数据；理性做出预测、决策，有条不紊地表达，充分发挥数据的商业价值。

本书适合高等教育经济管理专业教学使用，也适合读者自我提升学习使用，有助于形成数据思维、数据认知、数据合规意识，提升数据处理技能，熟悉商务领域应用，从而提升职业竞争力。

本书封面贴有清华大学出版社防伪标签，无标签者不得销售。

版权所有，侵权必究。举报：010-62782989，beiqinquan@tup.tsinghua.edu.cn。

图书在版编目(CIP)数据

商务数据分析/黄翼著. —北京：清华大学出版社，2023.2（2024.8重印）

ISBN 978-7-302-62604-6

Ⅰ．①商…　Ⅱ．①黄…　Ⅲ．①商业统计—统计数据—统计分析—高等学校—教材　Ⅳ．①F712.3

中国国家版本馆 CIP 数据核字(2023)第 017733 号

责任编辑：梁媛媛

装帧设计：李　坤

责任校对：吕丽娟

责任印制：宋　林

出版发行：清华大学出版社

网　　址：https://www.tup.com.cn, https://www.wqxuetang.com

地　　址：北京清华大学学研大厦 A 座　　　邮　　编：100084

社 总 机：010-83470000　　　　　　　　　邮　　购：010-62786544

投稿与读者服务：010-62776969, c-service@tup.tsinghua.edu.cn

质量反馈：010-62772015, zhiliang@tup.tsinghua.edu.cn

课件下载：https://www.tup.com.cn, 010-62791865

印 装 者：三河市天利华印刷装订有限公司

经　　销：全国新华书店

开　　本：185mm×260mm　　印　　张：20.25　　字　　数：486 千字

版　　次：2023 年 4 月第 1 版　　　　　　　印　　次：2024 年 8 月第 2 次印刷

定　　价：59.00 元

产品编号：094345-01

前言

商务数据分析又称商业分析，是一门新兴交叉学科。它是统计学、数学、信息和计算机科学与商业经济管理学的融合，既注重对经济管理专业知识的理论掌握和实践应用，又注重大数据、人工智能、机器学习的方法和技能，旨在提高管理决策效率。从理论角度来讲，商务数据分析通过把数据映射到镜像世界，用结构化描述的方式和机器学习洞悉数据中的奥秘，找到可行的线索。从实践角度来讲，商务数据分析把案例或实际的数据规律概括成模型，借助模型和数据处理方法(包括分类、聚类、判别、预测等)实现描述、预测或决策的目的，将模型及处理过程部署到社会生产实践中，以改善生产方式、提高生产效益。

商务数据分析是学习在社会生产实践中如何采集数据并把数据转换成可行的决策。机器学习可以构建基于多种算法的建模方式，理解理论基础，探索、评估和判定可行方案，从而精准洞悉数据的价值。然而，凡事都有两面性，数据挖掘既有正面作用又有负面效应。一方面，用好数据分析可以提升运营绩效、社会治理水平、经济发展水平(例如安防、疫情防控、精准扶贫、地震或海啸等灾害预测)；另一方面，滥用数据分析会导致触碰伦理道德底线、法律红线，最终难逃法律的制裁。因此，学习者需要保持谨慎的态度，避免现实生活中数据采集及数据挖掘(例如机器学习)的滥用，注重对数据的管理，包含数据获取、处理、分析、应用过程的合规管理，以及对特定隐私数据的保护。然而，解决数据使用合规性的难题，也是合理使用数据的复杂性问题。这主要体现在以下三个方面。

(1) 法律对种族、民族、宗教或受保护类型的数据的商业用途有特殊限定。但是，在实际使用数据分析时，排除此类信息远远不够，因为通过机器学习可以推算受保护者的信息，潜在识别特定人群的数据。

(2) 数据使用不当触碰道德底线问题。比如个人隐私受法律保护，对隐私的界定因内容、年龄层、地点、场景或文化差异等而存在差异。

(3) 应用程序的服务协议条款问题。服务条款获取数据使用权限涉及侵犯隐私，而不获取数据又无法有效开展服务。

数字时代最优的制度环境需要在探索过程中逐步形成，对数据分析的应用，一方面坚持底线思维，另一方面强调专业理性、注重包容审慎的态度。在经济发展中完善数字经济治理方案，充分激发产业和企业活力，推动开拓性创新是实现经济高质量变革的有效机制。

本书的特色主要表现在以下五个方面。

(1) 价值引领。本书融合数据伦理道德、法律法规、社会准则等主题，普及数据合规认识。

(2) 问题驱动、目标导向、方法指引。以实践应用为主线，将理论知识应用到实际情境中，并洞察有价值的信息，转化为可行的决策。

(3) 方法多样、案例丰富。本书介绍多种数据分析方法及其在商务预测和决策中的应用，包括垃圾邮件的识别、信用评估、识别欺诈性消费、精准营销、精益库存管理、商品

陈列、企业选址等，但方法和工具本身不局限于该领域的应用。

(4) 适合拓展学习、终身学习。本书配套自编学习资源，并引荐其他优质学习资源，例如大学慕课平台、软件实验平台及其社群开放的学习资源。

(5) 融合机器学习，却不止于机器学习。机器学习侧重执行一个已知的任务，而数据挖掘侧重寻找有价值的信息。例如，机器学习方法可以教会机器人送快递，而利用数据挖掘可以了解哪种类型的包裹是被频繁配送的。

商务数据分析主要涵盖四个方面的内容：知识表达抽象化，学习过程透明化(收集数据、探索数据、归纳数据、发现规律)，问题及方法泛化、评估及检验成效客观化。

(1) 知识表达抽象化。观点和现实之间的联系可以用雷内·玛格丽特(Rene Magritte)的著名画作《图像的背叛》(*The Treachery of Images*)说明，一个表现出来的烟斗其实并不是真实的烟斗。抽象化即将客观现实和观念里的知识结构进行关联，把原始感官信息转变成有意义的逻辑结构。数据分析是将原始数据通过一个数据间的结构模型实现知识表达的过程，而抽象的过程中有无数种表达内在关系的可能，因此模型的表达是多样化的。例如，结构方程、线性、曲线、树状、逻辑结构、判别规则、数据分组分类。模型的选择不是由机器完成的，而是由学习的任务和所分析数据的类型决定的。

(2) 学习过程透明化。数据分析的全过程是透明的，因为对数据进行处理和分析的过程可以被清晰地记录，一方面可以用于广泛交流，另一方面也有助于随时更新或迭代过程。数据分析的内容包括但不限于收集、提取和清洗数据，探索数据的分布和变化趋势，归纳数据的特征，发现数据的变化规律和数据之间的联系与区别等。

(3) 问题及方法泛化。数据的抽象化过程是理论的搜寻过程，包含所有可能的模型，而泛化或一般化就是把可能的模型减少到可行的数量，便于应用到实际中。通过逐一实验观察结果的传统做法可行性不高，但通过机器学习既可以方便快捷地找到有用的信息和可行的方案，又可以减少误差。

(4) 评估及检验成效客观化。偏差是数据分析过程中不可避免的，因为每个模型在抽象化和一般化过程中都会出现偏差。在初始的数据集上训练模型之后，要被一个新的数据集检验，并且判断从训练数据得到的特征推广到新数据的好坏程度。在某种程度上，数据中的噪声或无法解释的波动导致模型不能完美地一般化，比如缺失值、极端值、测量误差、错误编码等，模型拟合噪声即过度拟合问题。

尽管数据抽象化的结构模型及数据一般化过程中可能出现偏差，但是数据分析在商务预测和决策中的作用不可否认。不容置疑的是学习数据分析有助于提升数据素养，拓展知识和技能。重要的是学习数据分析可以学会对潜在问题的感知，对数据信息的探索，对商务应用场景的认知，对数据分析、检验、评估的洞见，对数据处理工具的掌握。

近年来，机器学习能力、计算机算法和算力不断升级，对现实世界的数据处理能力大幅提升，对数据探索、分析、预测能力增强，而 Python、R 等开源软件，适合众多企业(中小微企业)、社群及个体学习使用，且有丰富的拓展包。虽然数据分析工具、算法多元化，但是鉴于数据分析方法存在共性，本书以 Python 为例，从理论到实践，结合案例分析，借助多种机器学习算法实现数据价值挖掘，深入浅出地介绍数据分析在商务领域的应用。

学习者可基于森林学习法，先系统学习再从不同问题和不同角度探索个性化学习。本书主要学习的数据处理流程可分为三个阶段。

第一个阶段：数据准备和探索。数据处理的初期核心都与管理和理解所搜集的数据相关，任何学习算法的好坏都取决于输入数据的质量。大多数情况下，输入的数据错综复杂，取自不同的渠道和格式，所以进行数据分析之前需要先进行数据准备和数据探索。

第二个阶段：基于数据训练模型。基于目标问题，结合初始数据特征，选择数据挖掘方法和机器学习算法进行模型训练。

第三个阶段：评价和改进模型。针对初始数据训练的模型和算法，利用验证集对模型进行评估和选择，最后对测试集数据进行一般化评价，改进模型及算法。

本书是上海杉达学院胜祥商学院教师团队在商科传统教学及科研中拓展交叉学科建设与科学研究，挖掘学术研究方法和技能创新，深化教学及科研改革的探索与实践的重要成果之一。在信息技术变革的新时代，数据的获取、存储、传输成本不断降低，数据的有用信息被越来越多地挖掘和利用，在商业、经济及其他社会领域中，数据的价值被越来越多地发挥，而高速变革的社会对传统经济管理专业人才培养及从事科学研究的学者提出了新挑战。洞悉并应对变化，拓展知识、能力、素养的综合发展能力，已是当前高校人才培养调整的趋势，也成为科研人员的必备技能。与此同时，学习商务数据分析也是职场人士提升职业竞争力的有效路径。商务数据分析项目建设在本校支持下，结合了兄弟院校、大数据企业、商业企业及行业机构的力量，开展了大量调研与材料搜集整理工作。在撰写本书及建设资源过程中，笔者借鉴了国内外优秀的著作及期刊文献等阅读资料和国内外精品在线公开课，学习了社群的开放学习资源并收获诸多启示，在此一并表示感谢。此外，笔者对本书中所结合的开源软件 Python 及其发行版 Anaconda 的开发人员、各拓展功能包的编程人员及科研学者也表示由衷的感谢。最后，感谢商务数据分析项目团队的老师们、大数据实验平台开发方及大数据工程师们对商务数据分析课程教学和技术的支持。

本书涉及的内容为交叉学科领域，有别于传统经济管理学科，且相关领域的知识、技能、方法变化更新较快，具有前沿性和挑战性。笔者及其团队也在不断地学习、交流和探索，书中难免会有疏漏之处，敬请读者在阅读后不吝指正并多提宝贵建议，以便后续改进并提升，不胜感谢。

编　者

目录

第三部分　数据挖掘基础

第一部分

大数据基础

现代商务活动，无论是线上的网络商务活动，还是线下的实体商务行为，都离不开背后的数据支持。这一点不只是由商务活动的内涵所决定，更是受到了科学技术发展与进步的影响，首先就是大数据与信息技术的发展。

以往，由于技术上的限制，无论是数据信息的采集、存储还是处理，都无法实现大规模的应用。现如今，随着大数据技术和运用的发展日趋成熟，通过对历史累积的海量数据进行挖掘分析，为现代商务决策提供了科学有效的支持。

第一章从大数据导论入手，带我们认识大数据的概念界定及其主要特征、数据挖掘的价值，以及数据分析在众多领域(包括商务领域)的应用。

第二章主要从技术视角去解析大数据的内容，介绍大数据的技术框架和大数据处理所需的相关技术，最重要的是，掌握数据挖掘的一般流程。

第一章　大数据导论

在介绍商务数据分析、进行数据挖掘之前，我们首先要了解一个概念——什么是大数据？然后以这个问题为起点，开启探索商务数据分析的旅程。

一、什么是大数据

"我们生活在一个信息激增的时代！"对于这句话，大家早已耳熟能详，那么所谓的"信息激增"究竟是一个怎样的概念，却很少有人能说清楚。

《2019 年数据及存储发展研究报告》显示，2019 年，全球存储新装机容量从 EB 级达到 ZB 级，2025 年全球新创建的数据将达到 175ZB[①]。这些数据度量单位(例如 EB 和 ZB)听起来较为抽象，下面通过对比来呈现信息爆炸式增长的趋势。

人们日常工作中接触的数据存储单位通常是 GB 或 TB，例如一部高清电影占用的空间可以达到几十 GB，电脑硬盘的大小通常可达到 12TB，而对于比 GB 和 TB 更大的存储单位，在人们心中的概念相对比较模糊。下面的换算公式可以清晰、直观地描述不同度量单位之间的差异。

$$1PB=1024TB=2^{50}B$$
$$1EB=1024PB=2^{60}B$$
$$1ZB=1024EB=2^{70}B$$
$$1YB=1024ZB=2^{80}B$$
$$1BB=1024YB=2^{90}B$$
$$1NB=1024BB=2^{100}B$$
$$1DB=1024NB=2^{110}B$$

那么，究竟什么是"大数据"呢？不同的学者与机构有着不同的诠释。但无论大家对"大数据"如何解释与争论，大数据的 4V 特征却是大家所公认的，即容量(volume)、速度(velocity)、种类(variety)和价值(value)。

1. 容量

容量不仅是指数据量的大小，更是指其所隐含的潜在信息量非常大，数据存储与计算所消耗的资源也非常大。

《2021 年全球数字报告》显示，全球现有 52.2 亿人使用移动电话，相当于世界总人口的 66.6%(世界人口约为 78.3 亿人)。现有 46.6 亿互联网用户，相当于世界总人口的 59.5%，与 2020 年同期相比增加了 7.3%(3.16 亿人)。全球有超过 42 亿人使用社交媒体，社交媒体

---

① IDC 中国(北京). 2019 年数据及存储发展研究报告[R]. 2019-10-24.

用户数量约占全球总人口的 53.6%,相比 2020 年增加了 4.9 亿人。如此之大的数据量下隐藏着大量可挖掘的高价值信息,而当前大数据流处理的技术也在蓬勃发展。

2. 速度

速度是指数据增长的速度,即数据产生和改变的速度。在这个信息化、数字化的时代,每天都会产生大量的信息。

英特尔公司首席执行官布莱恩·科再奇(Brian Krzanich)表示,2020 年,每位互联网用户每天都产生 1.5GB 的数据。而全球仅移动互联网的用户在 2019 年就达到了 45.4 亿人,每日新产生的数据量之大,可想而知。

3. 种类

种类是指数据的类型多种多样,这些数据从形式上可以分为图片、视频、文字、位置等;从内容上可以分为商务数据、医疗数据、体育数据、游戏数据、政务数据等;从来源上可以分为网络数据、企事业单位数据、政府数据和媒体数据等。

4. 价值

价值是指大数据价值密度低,但其商业价值高。由于大数据的容量非常大、内容非常繁杂,因此蕴含着巨大的价值信息,但其价值内容被掩盖在庞杂的数据之中,导致其知识密度比较低。

例如,巴克莱银行发布的移动银行应用程序不允许 18 岁以下的客户转账或收款。大数据显示,由于这个限制,造成了青少年和他们父母的负面评论,于是巴克莱银行及时修改了它的应用程序,添加了 16~17 岁客户的使用权,从而留住了客户,这无形中增加了利润。这就是大数据高价值的体现。

以上 4V 是大数据的核心特征。随着大数据研究的进一步发展,在这 4 个核心特征的基础上,又有学者提出了新特征,例如可变性(variability)、真实性(veracity)、波动性(volatility)和可视化(visualization)等。

(1) 可变性是指数据的变化。这意味着相同的数据在不同的上下文中可能具有不同的含义。在进行情境分析时,这一点尤为重要。分析算法能够理解上下文并发现该上下文中数据的确切含义和值。

(2) 真实性是指数据的质量,也就是数据的可信度。数据错误很正常,但是忽略这些错误的数据可能会导致数据分析不准确,最终导致错误的结果。因此,在数据分析前清洗数据,确保数据是正确的,对于大数据分析是非常重要的。

(3) 波动性是指数据有效和存储的时间。这对于实时分析尤为重要。它需要确定数据的目标时间窗口,以便分析人员可以专注于特定问题并从分析中获得良好的性能。

(4) 可视化不仅是将数据简单地转换成直方图或饼图,还能够使多维度数据在视图中变得易于理解。

二、为何要做数据挖掘

(一)什么是数据挖掘

处于大数据变革时代，虽然数据中隐藏着大量可挖掘的高价值信息，但是由于其自身的数据量过于庞大和复杂，所以其价值密度是非常低的，仅仅依靠这些数据人们无法做出判断。将繁杂的数据转换成有用信息的过程，就是数据挖掘。

数据挖掘就像是缅甸雾露河的淘金者一样，要在沿岸的一堆矿石中淘洗出翡翠原石。换言之，数据挖掘就是用合适的大数据分析方法，从大量的、不完备的、繁杂的数据中，提取出有趣、有用的隐含知识。大数据时代加快了数据挖掘的使用，数据挖掘方法凭借其强大的处理能力和智能性，能够处理大量数据并从中提取出有价值的信息。

(二)用什么方法进行数据挖掘

数据挖掘有多少种方法，很难说全。那么数据挖掘为什么有这么多不同的方法呢？如何决定什么是合适的大数据分析方法呢？

答案只有四个字：基于需求。

面对不同的数据，需要解决不同的问题时，人们所使用的分析方法也是不同的，每种方法都有优点和缺点。方法的有用性取决于数据集的大小、数据中存在的模式类型、数据是否满足该方法的一些基本假设、数据的噪声有多大以及分析的特定目标等因素。

不同的方法会导致不同的结果，它们的性能也会有所不同。因此，在数据挖掘中，通常应用几种不同的方法并选择对当前目标最有用的方法。

具体来说，大数据的分析方法主要分为分类算法、聚类算法、关联算法和推荐算法等。

在每种算法大类之下，又有许多种具体算法。比如分类算法有贝叶斯(bayes)、决策树(decision tree)、K 近邻(k-nearest neighbour，K-NN)、支持向量机(support vector machine，SVM)等。不同的算法解决不同情况下的分类问题，这些具体的算法后面会详细阐述。下面先介绍几种常用的数据挖掘算法。

1. 分类算法

分类算法是在已知研究对象已被分为若干类的情况下，确定对象属于哪一类。它常用于用户归类等情况。例如，银行贷款的客户按有没有固定房产、有没有百万元以上存款、有没有固定工作等情况分为优质客户和风险客户两类，那么我们就能够通过分类算法算出新来的客户是属于优质客户还是风险客户，以此来避免银行的损失。比较著名的分类算法有 K 近邻算法、朴素贝叶斯分类器(naive bayes classifier)、支持向量机等。

2. 聚类算法

聚类算法是将样本或变量按照它们在性质上的亲疏程度进行分类的数据分析方法。聚类算法是一种无监督学习。所谓无监督学习，就是指机器学习。与分类算法不同，它不需要人工制定属性标签，而是完全以样本间的相似度来进行聚类。聚类和分类的实际应用情境非常相似，两者的不同之处主要在于一种是监督学习，而另一种是无监督学习。最常用的聚类算法是 K 均值聚类(k-means)算法。

3. 关联算法

关联算法又名回归分析，它主要用于描述多个变量之间的关联。试想，如果两个或多个变量之间存在关联，那么其中一个因变量的状态就能够通过其他自变量进行预测。关联算法是目前最为常用的分析方式之一，它可以用于分析变量之间的数量变化规律。举例来说，如果一件商品的销售额是因变量，那么我们就可以通过市场调查和查阅资料，选出主要影响因素，确定自变量，从而通过多个变量之间的关联，预测商品的销售额变化。多元线性回归是常见的关联算法。

4. 推荐算法

推荐算法就是收集用户的行为资料，通过一系列算法计算出用户感兴趣的商品并对用户进行推荐。推荐算法的实际作用在于向用户推荐其购买欲望较高的商品，通过提升商品推荐的精准性，有效促进商品销量提升。比较常用的方法有协同过滤等。

(三)与数据挖掘相关的术语

各行各业都有自己的术语体系，数据挖掘这样的信息技术领域更是如此。在系统地学习数据挖掘之前，我们先来学习一下与数据挖掘相关的术语。

(1) 算法。算法是指在大数据中，用于得出有效结果的数据挖掘技术。例如，决策树、多元线性回归等的具体程序。

(2) 属性。属性也称为特性、变量，或者从数据库的角度来看，也称为域。

(3) 观测数据(进行度量的分析单元)。观测数据包括数据库、事务等，也称为实例、样本、示例、案例、记录、模式或行。

(4) 样本。样本是指观测数据的集合。在机器学习社区中，样本意味着单个数据。注意，这里"样本"一词的用法与统计学中通常所指的"样本"不同，在统计学中，"样本"是指数据的集合。

(5) 记录。记录也称作个体，是指关于一个单元的测量值的集合。例如，一个人的身高、体重、年龄等。

(6) 模型。模型是指一个数学公式，包括为它设置的参数(许多模型具有用户可以调节的参数)。

(7) 变量。变量是指记录上的任何度量，包括输入(X)变量和输出(Y)变量。

(8) 因变量。因变量也称作输出变量、目标变量或者结果变量，是指在有约束学习里被预测的变量。

(9) 自变量。自变量也称作输入变量、预测变量，是指在有约束学习里做预测的变量。

(10) $P(A|B)$。$P(A|B)$是指已知 B 已经发生，A 将发生的概率。

(11) 置信度。置信度是指在形如"如果买了 A 和 B，就要买 C"的关联法则里有特定的含义。置信度是已经买了 A 和 B，还要买 C 的条件概率。

(12) 有监督学习。有监督学习是指用已知某种或某些特性的样本作为训练集，以便建立一个数学模型，再用已经建立的模型来预测未知样本。

(13) 无监督学习。无监督学习是指根据类别未知(没有被标记)的训练样本解决模式识别中的各种问题。

(14) 测试集。测试集是指仅在模型构建和选择过程的最后使用的数据部分，用于评估最终模型在新数据上的执行情况。

(15) 训练集。训练集是指用于拟合模型的那部分数据。

(16) 验证集。验证集是指用于评估模型拟合程度，调整模型，以及从已经尝试的模型中选择最佳模型的那部分数据。

(17) 估计。估计也称作预测，是指预测一个连续型输出变量的值。

(18) 分数。分数是指一个估计的值或者类。

三、数据分析的应用

虽然我们提到的数据分析内容主要是以商务情境为例说明的，但是在这样一个大数据时代里，大数据技术、数据处理的用途并不局限于商务活动，它与我们生活的方方面面都密切相关。

1. 公共安全

大数据在实现公共安全方面对人们有着非常大的帮助。2011 年，美国加利福尼亚州圣克鲁兹市犯罪情况较为严重。为了帮助警方采集和分析材料并提高办案效率，基于大数据分析工具开发了犯罪预测系统，对可能出现犯罪的重点区域、重要时段进行预测，并安排巡警巡逻。系统购入使用一年后，该市发案率大大减少，入室行窃减少了 11%，偷车减少了 8%，抓捕率大幅上升了 56%。

近年来，我国各地公安机关也在不断探索大数据的实战应用。广东省、贵州省、江苏省、浙江省等各地公安机关纷纷利用大数据开展国家安全预测、维稳态势预测、治安形势预测、社会管理预测、民意导向预测和民生服务等方面的应用探索工作。

现在，在中国城市公共安全大数据平台中，我们可以轻松地以可视化的方式看见某城市的治安安全感、交通安全感等统计数据。

2. 医疗保健

医疗保健是大数据应用中已经相对成熟的一个领域。例如，医生可以通过电子病历访问患者记录，而不再依赖纸质病历，这可以确保患者的就医记录、病史、测试结果以及其他基本信息完全可用，并使协作护理工作大为简化。

大数据在患者健康追踪方面也有奇效，我们可以通过大数据来追踪人们的身体状况，发现有指标异常时可以及时通知患者来院就诊，在病情扩展前及早采取救助措施以防范风险。

此外，大数据还可以防止医疗保险欺诈。医疗保险欺诈时有发生，医疗保障机构一直

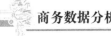

面临着处理虚假信息的困难。大数据可以与网络安全工作人员合作,在造成更大的问题之前发现潜在风险。它还能通过保护所有机密和敏感数据不受违法分子侵犯来保障电子记录的安全。

未来,医疗保健领域大数据的应用可能会更进一步,毕竟每个人的身体体质都是不同的,适用的药物及治疗方法也是不同的,所以通过大数据分析可以推测对每个人最有效的治疗方法,实现个性化的、精准的、高效的医学治疗。

3. 城市规划

如何才能建设一个公认的"好"城市呢?

大数据可以帮我们很多忙,基于网络、手机、公交刷卡、传感器等机器手段获取的城市规划大数据,可以在时空维度上实现对社会、经济活动的全面分析,为城市规划提供基本依据。例如,在公交路网布局中,基于海量公交刷卡数据可以清楚直观地将城市职住分离情况展现给城市管理者和规划者,进而增强路网布局的合理性。[①]

对于如何将大数据更好地应用于城市规划,微软亚洲研究院也建立了许多研究项目。例如,利用人的移动性和地理数据发掘城市的功能区域,基于人的移动性数据来发现不合理道路规划等。基于这些研究,未来大数据一定会造就更完善的城市规划。

4. 地理位置

地理位置的大数据应用可能是现在最广泛的应用了,诸如百度地图、大众点评等各种各样的 App 都在要求获取你的地理位置。这些基于手机移动信号的地理位置有什么用呢?

对用户来说,在地图应用中,可以找到从定位点前往目的地的行进方式;在交友软件中,可以找到附近的人;在便民生活软件中,可以找到附近的餐馆、电影院等。

而对于软件开发商来说,收集来的地理位置数据能够完善用户画像、了解用户情况,进一步完善软件的开发。

5. 金融期货

大家都希望能够通过大数据预测金融走势,但金融和期货市场都不是通过简单规律构成的,不过大数据确实能在一定程度上对股价进行预测,并规避风险。

例如,美国佩斯大学的一位博士追踪了星巴克、可口可乐和耐克三家公司在社交媒体上的受欢迎程度,同时比较它们的股价。他发现,脸书(facebook)上的粉丝数、推特(twitter)上的听众数和视频网站(youtube)上的观看人数都和公司股价密切相关。另外,根据品牌的受欢迎程度,还能预测股价在 10 天、30 天之后的上涨情况。

6. 超市购物

大数据在超市购物中的应用非常多,其中比较常见的一种是根据购物车在商场里的路径,划出商场的冷区和热区,然后改变商品的摆放位置,以达到让消费者逛到商场每个地方的效果,从而能多买东西。比如,超市的冷柜总是放在最里面,就是为了让人能够走到

---

① 甄茂成,党安荣,许剑. 大数据在城市规划中的应用研究综述[J]. 地理信息世界,2019,26(1): 6-12.

超市最内部，能经过更多的超市区域。

另一种比较常见的方式是通过购物小票关联、分析、判断商品之间的关联性。比如，买了牙刷的人多数也买了牙膏，那么把牙膏和牙刷分开放，就能使顾客因搜寻关联商品而走遍超市。

7. 精准营销

你是否接到过保险或房产销售的推广电话？

大部分人接到这类电话就想立刻挂断，但也不乏有人可能正想买房或者买保险，在这种情况下，电话销售就有获取成功的可能性。然而，这种传统的推广办法会耗费大量的人力、时间和精力，使成功推广如同大海捞针。

大数据精准营销能通过数据筛选出目标客户，对目标客户有针对性地开展营销，从而实现推广成本降低、效率提升。

8. 情感分析

什么样的数据是较难挖掘的？

非结构化的数据(如语音、图像、视频或者文本信息)是较难挖掘的。

文本不像数字或符号有唯一性，且可以直接使用。例如，想表达赞同的时候，文本信息可能被表达为"同意""不错""我也是这样想的"。如何将这些完全不同的文本内容都转化为统一的数据形式是有难度的；而对语音、图像、视频这类非结构化的数据进行识别和分析处理更是难上加难。

情感分析是文本分析中一种比较常见的应用。情感分析就是分析表达者的心理情绪。例如，在发生舆情事件时，可以通过评论来判断民众对事件的看法，从而采取相应的措施；投资者从上市公司披露的财报文本中也能借助情感变化分析，预测公司股价的走势。

9. 社交网络

随着新浪微博、微信、小红书等社交媒体的流行，对社交网络的数据挖掘也成了近几年的商业热点。

动态网络影响力传播模型是社交网络分析的典型应用之一。简单地说，就是找到社交媒体中的"引领者"，比如让一些"网红"来带货，能够提高产品的销售业绩。

10. 体育运动

从全球范围来看，体育大数据的应用主要集中在竞技水平提升、运动伤病预防及数字娱乐三个方向。

在通过大数据提升运动员的竞技水平方面，数据分析的需求潜力巨大。在比赛前利用与体育相关的数据(例如运动员数量统计、战术信息等)来发掘有价值的特征(相关性、隐藏趋势等)，并通过图形、报告等形式传达给终端决策者，更好地制定体育竞技的应对策略。在比赛过程中，则可以通过赛场上的动态数据实时分析技术完成质量，协助竞技决策调整，提升比赛竞争力。赛后还可以总结出关于球员、球队、策略等方面的综合性评估报告，最终达到提升竞技水平的目的。

一方面，大数据及数据挖掘在各行各业的应用已经非常广泛，且潜力巨大，并被许多企业视为一个具有较多受益机会的重要领域。大数据挖掘与数据分析是基于数据驱动决策，使决策更科学、更有依据。相比传统凭借经验主义，数据支撑的决策则有更强的说服力。比如，服务业需要数据挖掘技术来更好地理解用户行为，以便改进所提供的服务并增加业务机会。另一方面，从大型数据库中挖掘信息和知识已被许多研究者认为是数据库和机器学习的一个关键研究课题，许多不同领域的研究人员都对数据挖掘表现出极大的兴趣。

练 习 题

1. 简述大数据的概念及特征。

2. 假设现在有某个城市海量的公交数据记录，要求挖掘市民在公共交通中的行为模式，分析、推测乘客的出行习惯和偏好，从而预测人们在未来一周内将会搭乘哪些公交线路，为广大乘客提供信息对称、安全舒适的出行环境。请问在这种情况下，我们使用哪种大数据算法比较有效？为什么？

3. 举例说明身边大数据的应用情况。

 微课视频

扫一扫，获取本章相关微课视频。

大数据与数据分析应用.mp4

第二章　大数据技术

在第一章中，我们介绍了大数据的内涵及其运用场景，但是处理大数据是需要技术支撑的。本章我们将从技术角度去理解大数据的支撑体系。

一、大数据的技术框架

因为每个行业或公司对数据的使用途径不同，所以使用的大数据技术框架也略有不同，但都存在共性，主要分为数据源、数据存储、数据计算、数据分析和数据应用五个层级。大数据的技术框架如图 2-1 所示。

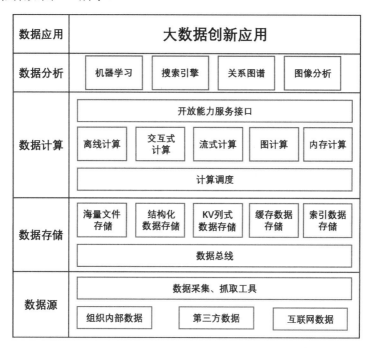

图 2-1　大数据的技术框架

1. 数据源

没有数据就不会有数据挖掘，那么大数据从何而来？

大数据可以来源于微信、微博等社交网络，可以来源于优酷、爱奇艺之类的视频网站，可以来源于淘宝、亚马逊之类的电商购物平台，当然也可以来源于国家和政府公开数据。任何可以利用数据分析来达到目的的地方都会有大数据的存在。[①]

虽然大量数据公开可得，但是我们如何采集需要的数据呢？通常，我们会用一些工具

---

① 王宏志. 大数据分析：原理与实践[M]. 北京：机械工业出版社，2017.

来进行数据采集，例如 Apache Flume、Fluentd、Logstash、Apache Chukwa、Scribe、Splunk Forwarder、Octopus 等，而开源软件 Python 和 R 语言也可以通过代码程序实现数据捕获。

2. 数据存储

在数据采集完成后，我们需要将其存储起来。大数据存储的框架非常多，比如关系型数据库、索引存储结构等。

其中，MySQL 是最常见的数据库结构之一，一般中小型网站的开发都选择 MySQL 作为网站数据库。这是因为 MySQL 所使用的 SQL 语言是用于访问数据库的最常用的标准化语言，同时其体积小、速度快，总体拥有成本低，最重要的是它是开放源代码的。

3. 数据计算

大数据的计算处理主要分为两类：一类是较传统的离线处理，即对数据库中存储的已有数据进行离线处理，包括 HDFS、MapReduce、YARN、Hive 等。但是，面对当前这个时代数据量越来越大、数据更新速度越来越快的现状，另一类流处理计算框架也被广泛使用。例如，Storm 是最为常见的流处理计算框架，是一个开源的分布式实时计算框架，经常被用在实时数据分析、在线机器学习、持续计算、分布式远程调用和 ETL 等领域。

4. 数据分析

数据分析包含数据预处理和数据挖掘。任何数据都有可能存在缺失值、空值、极端值、异常值，这会带来分析结果的偏差。因此，通常需要对数据进行清洗和预处理，比如对缺失值进行填补，对异常值进行剔除，对连续型数据的极端值进行缩尾处理等。预处理完成的数据可以进入数据挖掘环节，基于业务目标问题需求，合理选择算法模型，深入挖掘累积的海量数据中隐藏的有用信息，针对数据处理结果进行可视化呈现、类比分析，找出规律、关联、趋势等，挖掘数据背后的价值。

5. 数据应用

完成上述环节的数据分析后，即可将大数据的分析结果应用于实际的社会生产，创造社会价值。在一般化过程中，数据挖掘模型需要注意结合特定的情境。

二、与大数据处理相关的技术

大数据处理所需运用的技术非常多，下面介绍几种常见的技术。

1. 云计算

什么是云计算？

根据微软的解释："云计算就是计算服务的提供(包括服务器、存储、数据库、网络、软件、分析和智能)——通过 Internet(云)提供快速创新、弹性资源和规模经济。对于云计算服务，通常你只需使用多少支付多少，从而降低运营成本，使基础设施更有效地运行，并能根据业务需求的变化调整对服务的使用。"

如果感觉这样解释仍然晦涩难懂，那么接下来我们以淘宝为例加以说明。虽然淘宝每天需要处理的数据量已经很大了，但是淘宝在"双十一"期间所产生的数据量更庞大。如果想要服务器运行正常，就要求设备和技术人员的处理能力一直维持在高峰时段，但如此一来，在平时非高峰的时段就会造成资源的极大浪费。云计算就能完美地解决这个矛盾。电商可以通过租赁的方式，在高峰时租赁云计算服务，这样就能保证在非高峰时不浪费资源，在高峰时又不会导致处理能力不足的情况。

当然，除了维护成本优势以外，云计算还有其他优点。比如，在速度上，大多数云计算服务按需提供自助服务，因此通常只需单击鼠标，即可在数分钟内调配海量计算资源。在可靠性上，云计算能够以较低费用简化数据备份、灾难恢复和保障业务连续性。在安全性上，许多云供应商都提供了广泛的用于提高整体安全情况的策略、技术和控件，这些有助于保护数据、应用和基础结构免受潜在威胁。

华为全球产业展望 GIV 2025(Global Industry Vision 2025)预测，2025 年全球将有 400 亿智能终端，而企业应用云的使用率将达到 85%。云计算已经成为行业领军企业的竞技场，国际研究机构 Gartner 在 2020 年 4 月发布的云计算市场追踪数据显示，全球云计算市场中，亚马逊、微软、阿里云、谷歌位居前四名。

2. Hadoop

Hadoop 是云计算和大数据的一种技术实现。

Apache Hadoop 是一个用于在由商用硬件构建的大型集群上运行应用程序的框架。Hadoop 框架透明地为应用程序提供了可靠性和数据移动。

Hadoop 中较常用的是 MapReduce 的编程模型，可在大型机器集群中将非常大的多结构化数据文件分解成可以在集群的成百上千个节点中并行运行的小型工作单元，从而实现高性能。

Hadoop 还提供了一个分布式文件系统，用于在计算节点上存储数据，从而为整个集群提供非常高的聚合带宽。MapReduce 和 Hadoop 分布式文件系统的设计都是为了让框架自动处理节点故障。

除此之外，Hadoop 还提供了其他组件，例如 Hive 可用于开发 SQL 类型的脚本。Facebook 就是用 Hive 来进行日志分析的，淘宝搜索中的自定义筛选使用的也是 Hive。

另外，还有用于数据分析的 Pig，可以处理高级的数据，包括在推特上用于发现你可能认识的人，可以实现类似亚马逊的协同过滤的推荐效果。

3. NoSQL

NoSQL 是 Not Only SQL 的缩写——不仅仅是 SQL。那么什么是 SQL 呢？SQL 英文全称是 Structured Query Language，意为结构化查询语言，也就是可以查询和操作结构化数据的语言。

什么是结构化数据呢？

结构化数据是指由二维表结构来逻辑表达和实现的数据，严格遵循数据格式与长度规范，也称行数据。结构化数据的特点是：数据以行为单位，一行数据表示一个实体的信息，每一行数据的属性是相同的。简单地说，结构化数据就是以行为数据，以列表示属性的表格。而相对的，非结构化数据是指文本、图片、视频、音频等内容。结构化查询语言就是处理结构化数据的语言，而 NoSQL 可以处理大规模的结构化数据。

NoSQL 数据库出现于 2000 年年末，当时数据存储成本大幅下降。随着存储成本的迅速降低，需要存储和查询的数据应用程序数量就增加了。这些数据有各种形状和大小——结构化的、半结构化的和多态的——预先定义模式几乎是不可能的。NoSQL 数据库允许开发人员存储大量的非结构化数据，这给了他们很大的灵活性。

随着云计算越来越受欢迎，开发人员开始使用公共云来托管他们的应用程序和数据。他们希望能跨越多个服务器和地区分发数据，使他们的应用程序具有弹性，能够智能地放置数据。例如，一些 NoSQL 数据库(如 MongoDB)就提供了这些功能。

三、数据挖掘的一般流程

1. 理解问题

数据挖掘的第一步不是采集数据。

很多人会认为数据挖掘的工作要从采集数据开始：采集数据—进行分析—得出结果。这条线索看似顺理成章，但是却忽略了数据挖掘的真正源头——理解问题。

我的数据分析要解决和分析什么问题呢？这才是我们首先要明确的问题。只有想清楚了数据分析的目的，我们才能知道收集哪一类的数据，才能知道用什么方式去分析。

我们需要提出的问题从哪儿来呢？

当然是从我们对业务的需求理解中来。我们只有清楚地了解业务目标，例如"我们的产品在市场上是什么定位""本季度销售行情预测是怎样的"……有了这个坚实的"第一步"，我们才开始收集数据，进入后面第二步、第三步……的工作。

数据挖掘不是漫无目的进行数据的泛泛分析，而是本着具体目的聚焦于问题的深入分析。

2. 采集数据

在明确了数据挖掘的目的后，就可以开始采集数据了。采集数据阶段分为两种情况：一种是公司已经有大数据库的，直接从数据库提取数据即可；另一种是公司没有建立集成数据库的，就需要去寻找数据源。获取数据的方法通常是通过一段爬虫程序，捕获并保存目标网站公开可获取的数据。

3. 准备数据

收集完数据后，需要做准备数据工作。准备数据又可以称为数据预处理，例如我们之前所述，大数据是非常"嘈杂"的，有太多错误的、重复的、无意义的数据，我们在数据预处理的这个阶段，要对这些数据进行处理，得到可进行分析的、标准化的数据。

4. 建立模型

什么是模型？为何数据挖掘需要建立模型呢？简言之，建立数据分析模型就是以一部分数据为样本，构建一个数据分析算法的模型结构，将已有数据放入这个模型进行计算后，能够得出相应的结果。例如，现有一堆身高数据，将研究对象分为男、女两类，就可以构建一个分类算法的模型。假设以身高 1.8 m 这个数据特征为界线，高于 1.8 m 的判定为男性，而低于 1.8 m 的判定为女性，这就构成了一种分类模型。然而，这样的分类方法准确度是比较低的，现实社会中的问题要比这个复杂许多，因此需要针对不同问题选用适合的方式构建模型，以便使数据判断结果更为准确。

5. 评估模型

在模型构建完成之后还不能立刻把数据放入模型去分析，因为我们并不知道模型的准确度是否足够高。例如之前以 1.8 m 为界线判定性别的这个模型，如果直接进行部署实施，那么得出的结果和实际情况可能差别巨大。那么在建立模型时，是不是只把那部分数据的准确度提高到 100%就可以了呢？这需要视情况而定。

虽然数据分析模型所得出的准确度确实是越高越好，但是依然要考虑另外两个维度的问题，一是普适性，二是简约性。

普适性是指模型不仅要符合建模时所使用的那一部分数据，还要能够匹配待进行分析的那一部分数据。这两者有什么不同呢？这里就要说到一个"过度拟合"的概念了，它是指机器学习的训练误差过小，反而导致泛化能力下降，这是由于学习样本不充分和机器学习设计不合理而引起的。图 2-2 所示的就是一个过度学习的分类问题分割线，它可以百分之百地准确分隔某位顾客是不是房产的所有者，但这种分类就不具有普适性，一旦放入新的数据后，这个模型的错误率就会上升，可能导致错误的数据分析结果。

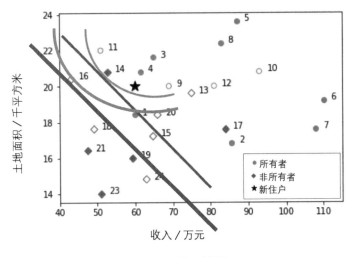

图 2-2　数据模型

而简约性，或者说复杂度，又是我们需要考虑的另一个问题了。考虑到机器学习的成本，在合理的误差范围内，通常选择更为简单的模型。

那么，如何确认模型是否合适呢？一个简单的方法，就是再抽取一系列数据作为测试集，以这部分测试集的结果作为评估模型的绩效。如果准确率既高又简单，那么这个模型就是一个合适的模型。如果准确率不够高，那么就需要重新建模了。

6. 部署实施

到了这一步，我们就可以将数据接入模型中进行分析。

根据用户需求的不同，部署阶段可能很简单(如生成报表)，也可能很复杂(如实现可重复的跨企业数据挖掘过程)。在很多情况下，部署步骤由客户而非数据分析师执行。然而，即使分析师并不执行部署工作，客户也需要预先理解需要执行的操作流程，这样才能真正利用好模型驱动决策。[①]

7. 结果解释

部署实施完成后，数据挖掘的任务基本就完成了。最后，我们要对数据挖掘结果所呈现出的规律有所洞察并做出合理的解释，例如数据之间的关系情况、分类规则等。

练 习 题

1. 试选择一种数据采集工具，说明它的运作方式和运行环境。

2. 简述 SQL 和 NoSQL 的区别。

3. 假设现有目标女性顾客群体的购买商品记录，拟解决的目标问题是预测出哪些是孕妇，并考虑女性客户会在怀孕四个月左右大量购买无香味乳液，推算出预产期后，可以预先将产妇用品、婴儿用品等折扣券赠予客户以激励消费。试说明如何进行这个问题的数据挖掘和分析工作。

 微课视频

扫一扫，获取本章相关微课视频。

数据挖掘的流程.mp4

---

① 拉姆什·沙尔达，杜尔森·德伦，埃弗雷姆·特班. 商务智能：数据分析的管理视角[M]. 赵卫东，译. 北京：机械工业出版社，2018.

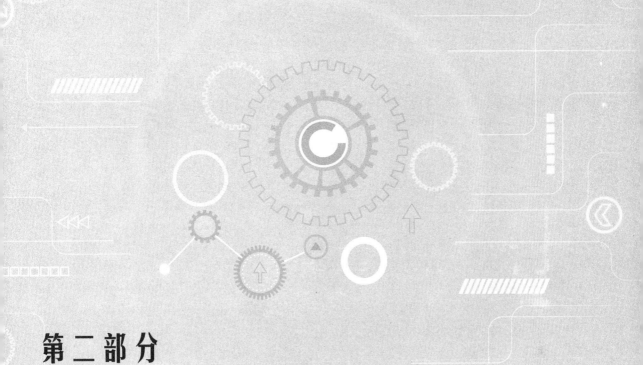

第二部分

Python 编程基础

用于数据挖掘的工具非常多，本书所介绍的工具是 Python。与其他编程语言相比较，Python 的使用方式更便捷，使用范围更广泛，在当今数据挖掘工作中更常用。

第三章学习 Python 的环境搭建，即各版本 Python 的区别及安装方法。

第四章从编程的角度出发，学习 Python 的编程语言，包括数据类型、运算符、控制流、函数和语法等。

第五章基于第四章学到的编程方法，使用 Numpy 和 Pandas 模块进行数据挖掘。

第六章把数据挖掘的结果用数据可视化的方式表达出来，其中将使用 Matplotlib 进行绘图。

第三章 Python 环境搭建

在使用 Python 进行数据挖掘之前，首先要认识 Python 语言及语法。下面将从 Python 的版本与安装讲起。

一、Python 的版本与安装

1. Python 的版本说明

依据官网信息(截至 2024 年 7 月)，现在支持的 Python 版本有 3.6、3.7、3.8、3.9、3.10、3.11 和 3.12，预计 2024 年 10 月发布 3.13 版本。下面简单介绍这几个版本的特点。

3.6 版本保留了关键字参数的顺序，添加文件系统路径协议，添加了框架计算 API 到 CPython，并将文字字符串格式化。

在 3.7 版本中，默认解释器的命令行接口将通过一个新的环境变量——PYTHON-COERCECLOCALE 自动在有可行的基于 UTF8 的环境时转换；加入了一个新的 UTF-8 模式，默认在 POSX 兼容的操作系统上开启；为 pyc 格式文件新增了一个基于哈希值的源码文件验证；新增了 contextvars 模块，通过上下文管理器以防止变量的状态在并发代码中意外泄露到其他代码。

在 3.8 版本中，新增了一个函数形参语法/，用来指明某些函数形参必须使用仅限位置而非关键字参数的形式。这种标记语法与通过 help()所显示的使用 Larry Hastings 的 Argument Clinic 工具标记的 C 函数相同；新增的语法:=可在表达式内部为变量赋值；新增的 PYTHONPYCACHEPREFIX 设置，可将隐式的字节码缓存配置为使用单独的并行文件系统树；增加=说明符 f-string，用于自动记录表达式和调试文档。此外，不论 Python 现在是以发布模式还是调试模式进行构建都将使用相同的 ABI。

3.9 版本在语法上，合并(|)与更新(|=)运算符已被加入内置的 dict 类，它们为现有的 dict.update 和{**d1, **d2}字典合并方法提供了补充；现在在类型标注中可以使用内置多项集类型(如 list 和 dict)作为通用类型，而不必从 typing 导入对应的大写形式类型名(如 List 和 Dict)。

在内置特性上，新增用于移除前缀和后缀的字符串方法，增加了 str.removeprefix(prefix) 和 str.removesuffix(suffix)，用于方便地从字符串移除不需要的前缀或后缀。同时，也增加了 bytes、bytearray 及 collections.UserString 的对应方法。

3.10 版本引入了一项称为结构模式匹配的新功能，添加了关联建议并带有语法错误消息标记。3.11 版本增强了解释器的速度、性能和稳定性。3.12 版本进行了标准库、安全性、解释器和 API 的改进，增加了新特性。

初次接触这些术语可能感觉有点儿复杂，不过没关系，我们先从 Python 安装开始一步一步地学习。

2. Python 的安装步骤

虽然各种渠道网站都能下载 Python 的各个版本，但官网下载更权威、更可靠。登录官网主页 https://www.Python.org/，Python 官网主页如图 3-1 所示。单击 Downloads 跳转至下载页面，找到适合自己电脑系统的安装版本。

图 3-1　Python 官网首页

通常，我们找到最新版本的下载按钮，单击就可以下载了。

当然，你也可以将页面下拉至下方，找到不同版本的下载列表，单击你需要的版本号，就能跳转到一个新的页面。Python 不同版本的下载页面如图 3-2 所示。

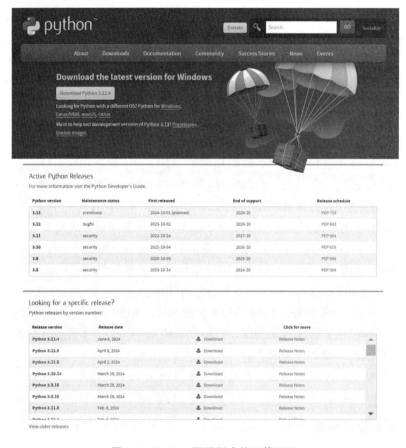

图 3-2　Python 不同版本的下载页面

下载完之后是一个安装包，打开它就是 Python 的安装界面，如图 3-3 所示。

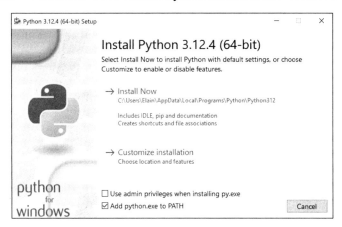

图 3-3　Python 安装界面

单击 Install Now 就能直接将其安装在 C 盘。如果选择 Customize installation，就意味着自由选择安装组件(见图 3-4)和位置路径(见图 3-5)。

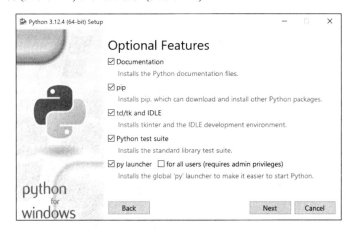

图 3-4　Python 安装界面——选择安装组件

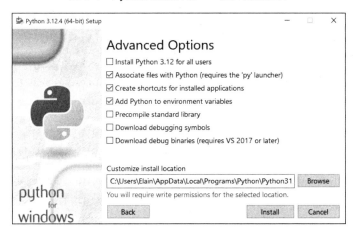

图 3-5　Python 安装界面——选择位置路径

单击 Install，等待完成安装就可以了，如图 3-6 所示。

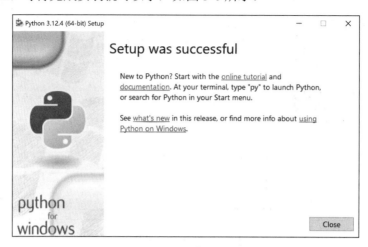

图 3-6　Python 安装界面——安装成功

3. 初识 Python

同时按下键盘上的 Windows 键和 R 键，在弹窗中输入 cmd，即可进入计算机交互模式。在交互模式提示符"＞＞＞"后输入 Python 语句，按下 Enter 键，即可进入 Python 编译程序并实现交互功能，如图 3-7 所示。

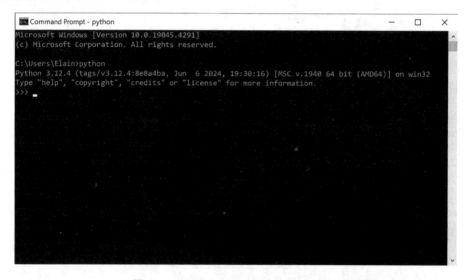

图 3-7　Command Prompt-Python 界面

或者在开始菜单中找到最近添加的 Python，单击打开程序，也可迅速进入 Python 交互模式。尝试输入最简单的语句，在"＞＞＞"后输入"print('hello world')"，注意使用英文半角符号，按下 Enter 键。此时 Python 回复了你一个"hello world"。这是因为 print() 是一个打字的编程语句，会把括号里的内容作为结果显示出来，如图 3-8 所示。

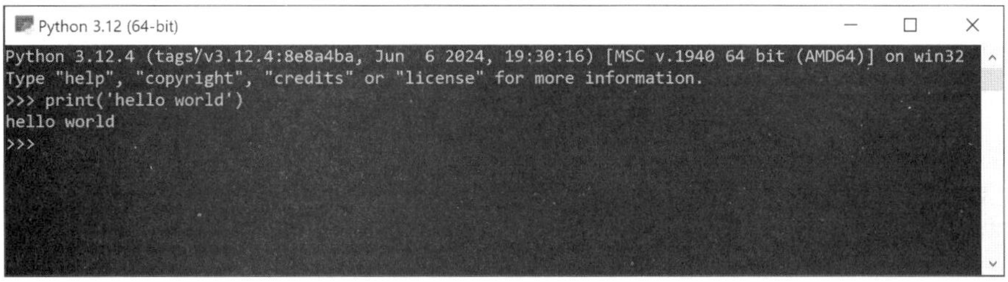

图 3-8 Python 主界面——"hello world"

以上是 Python 最基础的交互方式。

二、PyCharm 的安装与使用

接下来需要认识的是一款名为 PyCharm 的开发工具。为什么我们已经安装了 Python，还要安装 PyCharm 呢？

1. PyCharm 简介

PyCharm 拥有一整套可以帮助用户在使用 Python 语言开发时提高效率的工具，具备基本的调试、语法高亮、项目管理、代码跳转、智能提示、自动填补、单元测试、版本控制的功能。此外，该 IDE 提供了一些高级功能，以支持 Django 框架下的专业 Web 开发。

2. PyCharm 的安装

PyCharm 可从官网获得安装软件：https://www.jetbrains.com/pycharm/，在首页(见图 3-9)单击 DOWNLOAD 按钮，会跳到下载页面，如图 3-10 所示。

图 3-9 PyCharm 首页

在下载页面中选择适合系统的版本进行下载。

双击安装包进行安装，如图 3-11 所示。安装后打开 PyCharm 会出现隐私权条款界面，选中底部的"我确认我已阅读并接受本用户协议的条款(I confirm that I have read and accept the terms of this User Agreement)"复选框，单击"继续(Continue)"按钮，然后是一个数据共享条款，可以选择"不发送(Don't Send)"复选框。接着是个性化自定义的环节，可以按自己的需求进行自定义，之后就能开始正式的 PyCharm 体验之旅了。

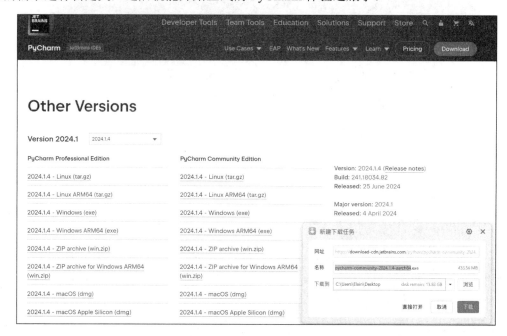

图 3-10　PyCharm 下载页面

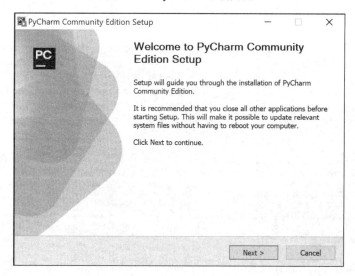

图 3-11　PyCharm 安装页面

3. PyCharm 的使用

第一次打开 PyCharm，我们就会看到如图 3-12 所示的界面。首先新建一个项目，单击"New Project"按钮，弹出新建项目窗口(见图 3-13)，在地址(Location)栏输入文件存放位置，展开"新增虚拟环境(Python Interpreter New Virtualenv environment)"，在"Base interpreter"

组合框中选择 python.exe 的位置，单击"新建(Create)"按钮，打开 PyCharm 窗口。

图 3-12　PyCharm——首页

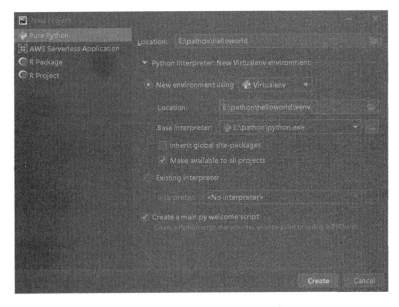

图 3-13　PyCharm——新建项目

右键单击项目名称"hello world"，在快捷菜单中选择"新建(New)"命令，在其展开的子菜单中选择"文件(Python File)"命令，如图 3-14 所示。

在弹出的对话框中输入新建的文件名，如图 3-15 所示，这里输入"hello world"，然后单击 Enter 键，就进入了"hello world"的编辑窗口。

在右侧编辑窗口中同样输入"print('hello world')"，如图 3-16 所示。再在菜单中单击"Run"按钮，选择运行"hello world"，运行结果就会出现在下方，如图 3-17 所示。

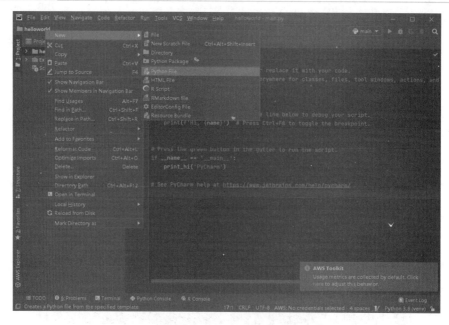

图 3-14　PyCharm——选择"Python File"

图 3-15　PyCharm——进入"hello world"编辑窗口

图 3-16　PyCharm——运行"hello world"

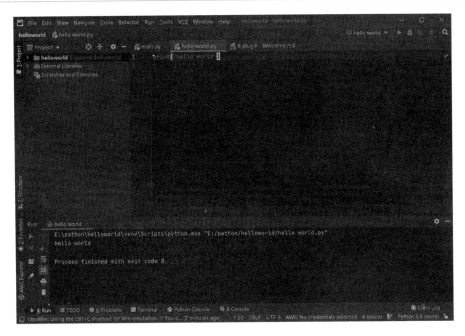

图 3-17　PyCharm——"hello world" 运行结果

三、Anaconda 的安装与使用

Anaconda 是 Python 的开源发行版，是在计算机上执行 Python/R 数据科学和机器学习的最简单的方法。它是为独立实践者开发的，提供了成千上万的开源包和库，以满足个性化需求。Anaconda 安装软件可从官网获得：https://www.anaconda.com/，在首页单击"Download"按钮，如图 3-18 所示，会跳转到下载页面，如图 3-19 所示，单击"下载"按钮即可。

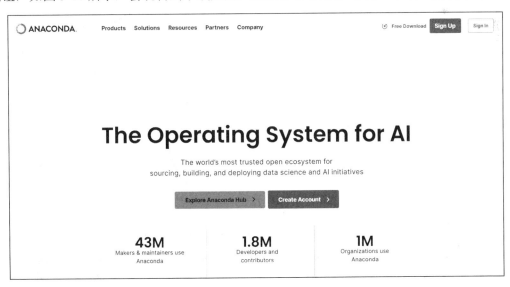

图 3-18　Anaconda 网页

双击安装包进入 Anaconda 安装界面，如图 3-20 所示，单击"Next"按钮进入 Anaconda

用户许可协议界面，再单击"I Agree"按钮，同意许可协议，进入下一步，如图 3-21 所示。选择仅供个人账户或选择所有用户使用选项(见图 3-22)，进一步完成安装。

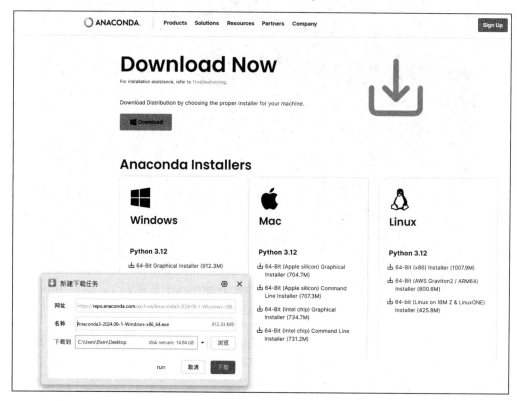

图 3-19　Anaconda 下载页面

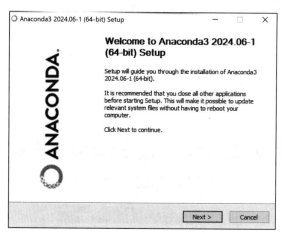

图 3-20　Anaconda 安装页面

安装完成后即可单击图标进入软件平台界面，如图 3-23 所示。选择 Jupyter Notebook，单击"Launch"按钮，就可以打开程序了。

单击展开下拉菜单 New，选择 Python3 选项，如图 3-24 所示，即可打开 Python 编程交互界面，如图 3-25 所示，实现代码编写和运行结果操作。

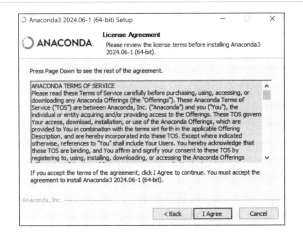

图 3-21　Anaconda 用户许可协议

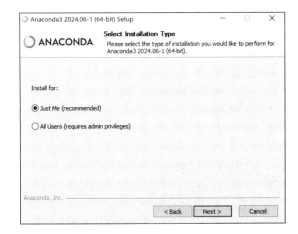

图 3-22　Anaconda 选择使用对象

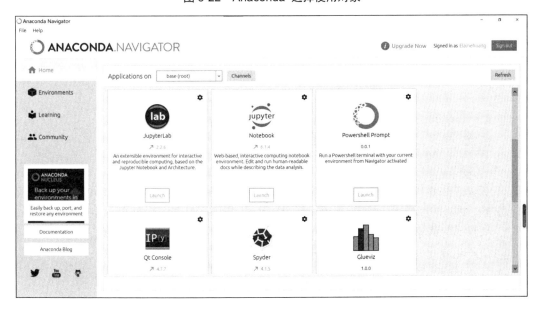

图 3-23　Anaconda 平台界面

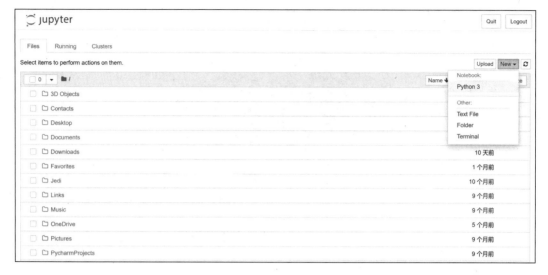

图 3-24　Jupyter Notebook 界面

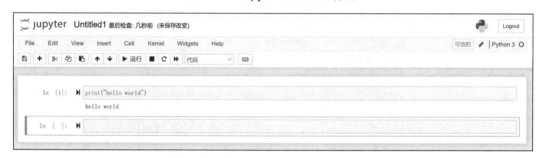

图 3-25　Jupyter Notebook-Python3 编程交互界面

综上所述，作为初学者，在计算机内存允许的条件下，安装 Anaconda 是不二的选择，因为它可以直接调用需要的开源包或者库，而 Jupyter Notebook 更是提供了清晰的编程和笔记模式。如果计算机内存受限或者仅需要使用部分资源包或库，那么建议选择单独安装 Python，并下载需要的开源包和库完成安装。如果涉及网页程序设计开发等项目，那么可以选择 PyCharm。

练　习　题

1. 学习目标来源于升学和就业需求。试查询商务分析等硕士专业申请条件或在就业招聘信息中查找对编程语言和数据分析技能的市场需求，基于需求制订个人学习计划。

2. 根据学习需求选择 Anaconda、Python 或 PyCharm，下载并完成安装。

3. 试对比编程交互的不同方式。

第四章　Python 编程基础

从本章开始，我们将学习如何使用 Python 进行编程，内容包括 Python 的数据类型、Python 的运算符、控制流、常用函数和 Python 基础语法等。

一、Python 变量设定和赋值数据类型

Python 中可自定义变量，并对变量进行赋值。

(一)变量

Python 中的每个变量在使用前都必须为其赋值，赋值以后该变量才会被创建。
通常用等号"="来给变量赋值。
例如：
变量名　赋值符号　变量值
A　　　　　=　　　　　"100"
这行代码就意味着 A 这个变量就是 100。我们可以试着自己去定义其他的变量。例如：

```
>>>A = "100"                    #将变量 A 赋值 100
>>>B = "999"                    #将变量 B 赋值 999
>>>C = "HELLO WORLD"            #将变量 C 赋值 HELLO WORLD
```

同时，当变量被定义的时候，会在内存中申请一块空间专门用来存放变量值，而变量名就是这个空间的门牌号，能方便地找到这块内存空间。我们可以用 id()函数查看变量中保存数据所在的内存地址。例如：

```
>>>id(A)                        #查询 A 的内存地址
2176252938544
>>> id(B)                       #查询 B 的内存地址
2176252939056
>>> id(C)                       #查询 C 的内存地址
2176252939120
```

这里，id()后的数字就是这个变量的内存位置。
如何检查变量赋值是否正确呢？我们可以使用 print()函数来检查。例如：

```
>>>print (A)                    #输出 A
100
>>> print(B)                    #输出 B
999
>>> print(C)                    #输出 C
HELLO WORLD
```

我们发现，print(A)的结果就是我们赋值的变量 100，这就说明我们的赋值是正确的。

(二)数据类型

赋值的基本数据类型有数值、字符串、列表、元组、字典和集合等。赋值后也可以根据需要转换数据类型。Python 的数值类型分为整型、浮点型、复数型和布尔型。下面来逐一解释。

1. 数值

1) 整型

整型就是整数的类型。例如，给 A 一个赋值 100，然后使用 print()函数来查看，100 是整数，所以是整型。当然，我们还有更简单的方法来证明一个数是什么类型，那就是使用 type()函数来查询对象类型。例如：

```
>>>A = 100              #变量 A 赋值 100
>>>print(A)             #输出 A
100
>>>type(A)              #查询 A 的类型
<class'int'>
```

我们还是用 A= "100" 来看看效果，100 是整数，而 type(A)输出的是<class 'int' >，这是什么意思呢？其实，int 的意思就是整型数值。

2) 浮点型

浮点型就是小数的意思。例如，将 B 赋值为 0.5，使用 type()函数查看会得到什么结果呢？

```
>>>B = 0.5              #变量 B 赋值 0.5
>>>print(B)             #输出 B
0.5
>>>type(B)              #查询 B 的类型
<class'float'>
```

而 type(B)输出的是<class 'float' >，这里的 float 就是浮点型数值的意思。

3) 复数型

相比于整型与浮点型，整数与小数、复数型和布尔型就比较难理解一些，因为这并非完全数字意义上的形态。它是指由实部和虚部组成的数字，例如我们用 C=1+2j 来试验。

```
>>>C = 1 + 2j           #变量 C 赋值 1+2j
>>>type(C)              #查询 C 的类型
<class'complex'>
```

用 type(C)得到的结果是 complex，也就是复数型。

4) 布尔型

所谓布尔型的值只有 True 和 False 两个。在运算中，True 表示为 1，False 表示为 0。需要注意的是，True 和 False 的首字母要大写。

```
>>>type(True)           #查询 True 的类型
<class'bool'>
```

```
>>>type(False)              #查询 False 的类型
<class'bool'>
```

2. 字符串

字符串就是一个或多个字符。Python 中的字符串用单引号或双引号括起来。需要注意的是，单引号和双引号都必须是英文字符。我们同样可以用 type()函数来查看它的性质。

```
>>>type("HELLO WORLD")      #查询 HELLO WORLD 的类型
<class'str'>
```

使用 type()判断 HELLO WORLD 字符的结果为 str，这里的 str 即为字符串的意思。

而字符串也是可以运算的，其中加号 "+" 是字符串的连接符，星号 "*" 表示复制当前字符串，与之结合的数字为复制的次数。例如：

```
>>>A = "HELLO WORLD" + "I love you"    #将 A 赋值为 HELLO WORLD 加 I love you
>>>print(A)                            #输出 A
HELLO WORLD I love you
>>>B = "HELLO WORLD"*3                 #将 A 赋值为 HELLO WORLD 复制 3 次
>>>B                                   #输出 B
'HELLO WORLDHELLO WORLDHELLO WORLD'
```

除了运算符以外，我们还有许多方法对字符串进行操作，具体如表 4-1 所示。[①]

表 4-1 字符串操作方法

方　　法	功能描述
string.capitalize()	将字符串中的第一个字母大写
string.count(sub[start[,end]])	统计字符串中某个子字符串从 start 位置开始到 end 位置为止出现的个数
string.find(sub[start[,end]])	返回某子字符串出现的起始位置，无则返回-1
string.isalnum()	检测字符串中是否仅包含 0~9、a~z、A~Z
string.isalpha()	检测字符串中是否只包含 a~z、A~Z
string.isdigit()	检测字符串中是否只包含 0~9
string.islow()	检测字符串中是否均为小写字母
string.isspace()	检测字符串中是否均为空白字符
string.istitle()	检测字符串中的单词是否均为首字母大写
string.isupper()	检测字符串中是否均为大写字母
string.join(iterable)	连接字符串
string.lower()	将字符串中的字母全部转换为小写
string.split(sep=None)	分隔字符串，默认用空格分隔
string.swapcase()	将字符串中的大写字母转换为小写，将小写字母转换为大写
string.title()	将字符串中单词的首字母大写
string.upper()	将字符串中的全部字母大写
len(string)	返回字符串的长度
string.strip([chars])	去除字符串首尾的空格。\n、\r、\t，如果指定，就去除首尾指定的字符

[①] 丁辉. Python 基础与大数据应用[M]. 北京：人民邮电出版社，2020.

此外，还有一种转义字符，我们通常用反斜杠"\"表示转义特殊字符。转义字符如表 4-2 所示。①

表 4-2 转义字符

转义字符	含　义	转义字符	含　义
\n	换行	\\	字符串中的反斜杠本身
\t	制表符(Tab)	\"	字符串中的双引号本身
\r	回车	\ddd	3 位八进制数对应的 ASCII 码字符
\'	字符串中的单引号本身	\xhh	2 位十六进制数对应的 ASCII 码字符

3. 列表

1) 列表的创建

列表是 Python 中使用最频繁的数据类型，列表可以完成大多数集合类的数据结构实现。列表中元素的类型可以不相同，它支持数字、字符串甚至可以包含列表。

列表是将要构建或编辑的元素写在方括号"[]"之内，是用逗号分隔开的元素列表。此外，列表还是一种可变序列类型，所以可以对其进行添加或删除等操作。

同样，我们还是使用等号"="来给列表进行赋值。具体如下：

```
>>>alist = [1,2,3,4]          #将 alist 赋值为列表 1，2，3，4
>>>alist                      #输出 alist
[1,2,3,4]
>>>type(alist)                #查询 alist 的类型
<class'list'>
```

列表的类型表示为 list，可用 type 函数查询。

和字符串一样，列表也可以进行运算，列表运算方法如表 4-3 所示。

表 4-3 列表运算方法

方　法	功能描述
list.append(object)	在列表的尾部追加元素
list.count(value)	返回列表中某元素出现的次数
list.extend (iterable)	在列表的尾部追加另一个列表
list.index(value,[start[,stop]])	返回某元素在列表中的位置
list.insert(index,object)	在列表的某个位置插入一个元素
list.pop([index])	返回列表中 index 位置的元素，并删除该元素；省略 index 是指返回列表尾部元素，并删除该元素
list.remove(value)	删除列表中指定的元素，若有多个，则删除第一个
list.reverse()	将列表中元素的顺序颠倒
list sort(reverse=False)	将列表中的元素默认按升序排序

---

① 丁辉. Python 基础与大数据应用[M]. 北京：人民邮电出版社，2020.

既然是多个元素的集合，就会涉及排序问题。在 Python 中，序列的序号既可以从左向右以 0 开始依次增加，也可以从右向左以-1 开始依次减少，因此通过序号来访问序列中的元素，同一个元素可以有两个序号(见图 4-1)。

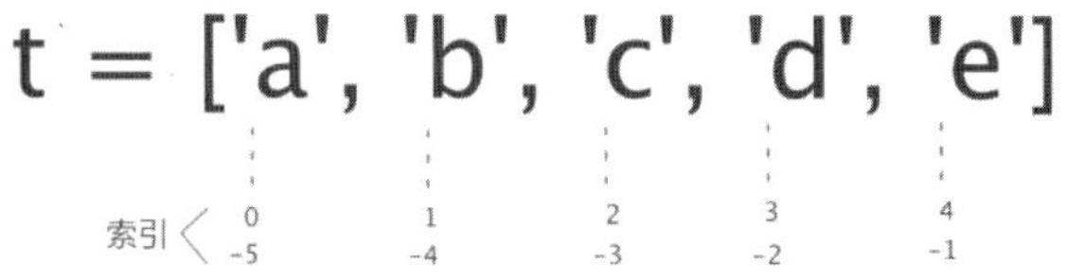

图 4-1　列表元素的排序

2) 切片

所谓切片，是指将列表进行拆分，输出部分自己想要的元素。如何对列表进行切片修改呢？下面通过几个案例看一下。

```
>>>alist = [1,2,3,4,5,6,7,8]
>>>print(alist[0])              #输出左边第 0 个位置的元素
1
>>>print(alist(-len(alist)))    #输出最左边的元素
1
>>>print(alist[-1])             #输出最右边的元素
8
>>>alist[0] = 99                #修改列表第 0 个元素的值
>>>print(alist[0])
99
>>>alist[:]                     #取全部元素
[99,2,3,4,5,6,7,8]
>>>alist[0:]                    #取全部元素
[99,2,3,4,5,6,7,8]
>>>alist[:-1]                   #取除最后一个元素外的所有元素
[99,2,3,4,5,6,7]
>>>alist[1:4]                   #取序号 1，2，3 的元素
[2,3,4]
>>>alist[::2]                   #从 0 开始隔一个取一个元素
[99,3,5,7]
>>>alist[1:5:2]                 #从 1 开始隔一个取一个元素，直到 5 为止
 [2,4]
>>>alist[::-1]                  #从右向左取全部成员
[8,7,6,5,4,3,2,99]
>>>alist[5:0:-2]                #从右向左隔一个取一个元素，不包含 0
[7,5,3]
```

切片操作通过使用两个冒号分隔 3 个数字来实现，第一个数字表示切片的开始位置，默认为 0；第二个数字表示切片的终止位置(但不包含该位置的元素)，默认为列表的长度；第三个数字为切片的步长，默认为 1，当省略步长时，可以同时省略后一个冒号。

进行切片操作有什么用呢？通过切片操作可以生成子集、批量修改、删除列表元素。例如：

```
>>>alist = [1,2,3,4,5,6,7,8]          #列表赋值
>>>alistA = alist[1:6:2]              #创建子集,从1开始隔一个取一个元素,直到6为止
>>>alistA                             #输出子集
[2,4,6]
>>>alist[1:6:2] = [99,88,66]          #修改元素值
>>>alist                              #输出列表
[1,99,3,88,5,66,7,8]
>>>del alist[3:5]                     #删除元素
>>>alist                             #输出列表
[1,99,3,66,7,8]
```

除了列表之外,字符串同样也可以通过切片进行操作。

4. 元组

相比于之前的列表和字符串,提到元组大家可能感觉比较陌生。元组和列表从元素构建上来看非常相似,然而两者是有显著区别的。列表是可变序列,可以修改其中元素的值;元组是不可变序列,不能修改其中元素的值,所以元组被用来存储一些固定值。列表使用[]表示,而元组使用()表示,元素之间同样用逗号隔开。

元组和列表类似,也能实现运算功能。例如:

```
>>>tuple = (1,2,3, 'hello')
>>>tuple2 = ('world',)         # 创建一个元素的元组要注意,元素后要加一个","
>>>print(tuple[0])             # 输出元组的第一个元素
1
>>> print (tuple[1:3])         # 输出从第二个元素开始到第三个元素为止
(2,3)
>>> print (tuple*2)            # 输出两次元组
 (1,2,3, 'hello', 1,2,3, 'hello')
>>>tupleA = tuple + tuple2     # 连接元组
>>>tupleA
(1,2,3, 'hello', 'world')
```

5. 字典

如果元组和列表都是有序的对象集合,那么字典就是无序的对象集合。换言之,字典不以下标排列元素,而是以"键"来寻找对象,所以都是以"键:值"这个形式存在。字典用花括号"{}"表示。例如:

```
>>>dict = {'a':1, 'b':2, 'c': 'hello'}          #创建一个字典
>>>dict['a']                                    #通过键访问元素的值
1
>>>dict['a'] = 0.5                              #修改字典元素
>>>dict
{'a':0.5, 'b':2, 'c': 'hello'}
>>>dict['d']= 'world'                          #增加字典元素
>>>dict
{'a':0.5, 'b':2, 'c': 'hello', 'd': 'world'}
>>>del dict['d']                               #删除字典元素
> >>dict
{'a':0.5, 'b':2, 'c': 'hello'}
```

此外，还有一些操作字典的常用函数，如表 4-4 所示[①]。

表 4-4　字典运算方法

方　　法	功能描述
dict.clear()	清空字典
dict.copy()	复制字典
dict.get(k,[default])	获得 k(键)对应的值，不存在则返回 default
dict.items	获得由键和值组成的元组，作为元素的列表
dict.keys()	获得键的迭代器
dict.pop(k[,d])	删除 k(键)对应的键：值对
dict.update(addict)	从另一个字典更新字典元素的值，如果不存在，就添加此元素
dict.values()	获得值的迭代器
dict.fromkeys(iter,value)	以列表或元组中给定的键建立字典，默认值为 value
dict.popitem()	从字典中删除任一 k：v 元素，并返回它
dict.setdefault(k[,default])	若字典中存在键为 k 的元素，则返回其对应的值，否则在字典中建立一个 k: default 的元素

6. 集合

集合是由一个或数个不同类型的数据共同组成的，构成集合的事物或对象称作元素或者成员。它的基本功能是进行元素关系测试和删除重复元素。

使用{}或者 set()函数创建集合时需要注意，创建一个空集合必须用 set()，而不是用{}，因为{}是用来创建一个空字典的。例如：

```
>>>a = set('acjbanaba')
>>>b = set('apacamam')
>>>print(a)                    # a 中的元素
{'b', 'c', 'j', 'a', 'n'}
>>>print(a - b)                # a 和 b 的差集
{'b', 'j', 'n'}
>>>print(a | b)                # a 和 b 的并集
{'b', 'c', 'p', 'j', 'a', 'n', 'm'}
>>>print(a ^ b)                # a 和 b 中不同时存在的元素
{'b', 'p', 'j', 'n', 'm'}
```

(三)数据类型转换

有时候，我们需要对数据内置的类型进行转换。对于数据类型的转换，只需要将数据类型作为函数名即可。

表 4-5 所示的内置函数，可以执行数据类型之间的转换。这些函数返回一个新的对象，表示转换的值。

---

① 丁辉. Python 基础与大数据应用[M]. 北京：人民邮电出版社，2020.

表 4-5 Python 内置函数

函　数	描　述
int(x [,base])	将 x 转换为一个整数
float(x)	将 x 转换到一个浮点数
complex(real [,imag])	创建一个复数
str(x)	将对象 x 转换为字符串
repr(x)	将对象 x 转换为表达式字符串
eval(str)	用来计算在字符串中的有效 Python 表达式，并返回一个对象
tuple(s)	将序列 s 转换为一个元组
list(s)	将序列 s 转换为一个列表
set(s)	转换为可变集合
dict(d)	创建一个字典。d 必须是一个 (key, value)元组序列
frozenset(s)	转换为不可变集合
chr(x)	将一个整数转换为一个字符
ord(x)	将一个字符转换为它的整数值
hex(x)	将一个整数转换为一个十六进制字符串
oct(x)	将一个整数转换为一个八进制字符串

二、Python 的运算符

(一)运算符分类

Python 的运算符大致分为算术运算符、比较运算符、赋值运算符、位运算符、逻辑运算符、成员运算符和身份运算符等。

1. 算术运算符

算术运算符是我们最熟悉的一种运算符，就是数学中的运算概念，通过已知元素的可能组合获得新的元素。在 Python 中共有 7 种运算符号，具体如表 4-6 所示。

表 4-6 算术运算符

运　算　符	意　义
+	加
−	减
*	乘
/	除法(和数学中的规则一样)
//	整除(只保留商的整数部分)
%	取余，即返回除法的余数
**	幂运算/次方运算，即返回 x 的 y 次方

实例如下：

```
>>>53 + 7              #运算 53 加 7
60
>>>85 - 6              #运算 85 减 6
79
>>>12 * 5              #运算 12 乘以 5
60
>>>30 / 2              #运算 30 除以 2
15.0
>>>10 % 3              #运算 10 除以 3 的余数
1
>>>2 ** 2              #运算 2 的 2 次方
4
```

2. 比较运算符

比较运算符也比较容易理解。比较运算符又称关系运算符，用于对常量、变量或表达式的结果进行大小比较。比较运算符如表 4-7 所示。

表 4-7　比较运算符

运 算 符	意 义	运 算 符	意 义
>	大于	>=	大于等于
<	小于	<=	小于等于
==	等于	! =	不等于

比较运算的返回结果是"True"(正确)和"False"(错误)。具体举例如下：

```
>>>7 < 4               #判断 7 小于 4
False
>>>12 > 9              #判断 12 大于 9
True
>>>67 != 67            #判断 67 不等于 67
False
```

3. 赋值运算符

与之前的符号不同，赋值运算符是在算术运算符的基础上，增加了一个赋值功能，如表 4-8 所示。

表 4-8　赋值运算符

运 算 符	描 述	实 例
=	简单的赋值运算符	c = a + b 将 a + b 的运算结果赋值为 c
+=	加法赋值运算符	c += a 等效于 c = c + a
-=	减法赋值运算符	c -= a 等效于 c = c - a
*=	乘法赋值运算符	c *= a 等效于 c = c * a
/=	除法赋值运算符	c /= a 等效于 c = c / a
%=	取模赋值运算符	c %= a 等效于 c = c % a

续表

运 算 符	描 述	实 例
**=	幂赋值运算符	c **= a 等效于 c = c ** a
//=	取整除赋值运算符	c //= a 等效于 c = c // a

相信大家都发现了，赋值运算符就是在算术运算符之后加了个等号。意思就是，将这个运算结果赋值于运算符前的这个对象。

4. 位运算符

位运算符可能是比较难的运算符了，因为它使用的运算方式不同，它是将数字作为二进制进行运算的位。位运算符如表 4-9 所示。

表 4-9 位运算符

运算符	描 述
&	按位与运算符：参与运算的两个值，如果两个相应位都为 1，那么该位的结果为 1，否则为 0
|	按位或运算符：只要对应的两个二进位有一个为 1，结果位就为 1
^	按位异或运算符：当两个对应的二进位相异时，结果为 1
~	按位取反运算符：对数据的每个二进制位取反，即把 1 变为 0、把 0 变为 1。~x 类似于 −x-1
<<	左移动运算符：运算数的各二进位全部左移若干位，由 "<<" 右边的数指定移动的位数，高位丢弃，低位补 0
>>	右移动运算符：把 ">>" 左边的运算数的各二进位全部右移若干位，">>" 右边的数指定移动的位数

下面简单练习一下二进制的算法：

```
>>>a = 60
>>>b = 13
>>>c = 0
>>>c = a & b        #将 c 赋值为 a 与 b 的与运算结果
>>>print(c)         #输出 c
12
>>>c = a | b        #将 c 赋值为 a 与 b 的或运算结果
>>>print(c)         #输出 c
61
>>>c = a ^ b        #将 c 赋值为 a 与 b 的异或运算结果
>>>print(c)         #输出 c
49
>>>c = ~a           #将 c 赋值为 a 的取反运算结果
>>>print(c)         #输出 c
-61
>>>c = a << 2       #将 c 赋值为 a 左移两位的结果
>>>print(c)         #输出 c
240
>>>c = a >> 2       #将 c 赋值为 a 右移两位的结果
>>>print(c)         #输出 c
15
```

5. 逻辑运算符

逻辑运算符看上去比较简单，它的运算符只有三种，具体如表 4-10 所示。

表 4-10 逻辑运算符

逻辑运算符	含　义	基本格式	说　明
and	逻辑与运算，等价于数学中的"且"	a and b	如果 a 为 False，那么 a and b 返回 False，否则它返回 b 的计算值
or	逻辑或运算，等价于数学中的"或"	a or b	如果 a 是 True，那么它返回 a 的值，否则它返回 b 的计算值
not	逻辑非运算，等价于数学中的"非"	not a	如果 a 为 True，那么返回 False。如果 a 为 False，那么它返回 True

在表 4-10 中，所谓的 True 和 False 判断，在 Python 看来，非空即为真，空即为假。

6. 成员运算符

成员运算符用于判断一个对象是不是另一个对象的成员。它的运算符只有两种，如表 4-11 所示。

表 4-11 成员运算符

运　算　符	描　述
in	如果在指定的序列中找到值就返回 True，否则返回 False
not in	如果在指定的序列中没有找到值就返回 True，否则返回 False

举例如下：

```
a = 10                   #a 赋值为 10
list = [1,2,3,4,5]        #list 为列表，元素包括 1, 2, 3, 4, 5
if(a in lit):            #如果 a 在 list 列表中
  print('true')          #输出 true
else:                    #否则
  print('false')         #输出 false
```

7. 身份运算符

Python 的身份运算符主要用于判断两个变量是否引用自同一个对象。身份运算符如表 4-12 所示。

表 4-12 身份运算符

运　算　符	描　述
is	is 是判断两个标识符是不是引用自同一个对象
is not	is not 是判断两个标识符是不是引用自不同对象

身份运算符与成员运算符看上去十分相似，但实际使用却完全不同。例如：

```
a = 10                    #a 赋值为 10
b = 10                    #b 赋值为 10
if(a is b):               #如果 a 是 b
  print('True')           #输出 True
else:                     #否则
  print('False')          #输出 False
```

(二)运算符优先级

当然，和数学运算一样，Python 的运算也有优先级之分，具体优先级如表 4-13 所示(由上至下排列)。

表 4-13　运算符优先级

运 算 符	描 述
**	指数运算
~、+、-	按位翻转、一元加号和减号
*、/、%、//	乘、除、求余数和取整除
+、-	加法、减法
>>、<<	右移、左移运算符
&	位运算符：与
^、|	位运算符：或、异或
<=、<、>、>=	比较(不等)运算符
==、!=	比较(等于)运算符
=、%=、/=、//=、-=、+=、*=、**=	赋值运算符
is、is not	身份运算符
in、not in	成员运算符
not、and、or	逻辑运算符

三、控制流

所谓控制流，就是运行逻辑。Python 的控制流总共分为三种，分别是顺序结构、分支结构和循环结构。

在选择控制流时，要先了解程序设计的 IPO 模式。注意，这里的 IPO 并不是我们常说的股票的 IPO，而是 I(input)输入、P(process)处理、O(output)输出，这是一个基本的步骤。在程序设计时，要明确输入数据是什么，需要得到什么结果。重点是如何根据输入数据获得输出结果，也就是如何对输入数据进行处理，以便得出最后的结果，这个处理过程称为算法。

(一)顺序结构程序

在程序运行中最为常见的是顺序结构程序。若用程序流程图解释，如图 4-2 所示。

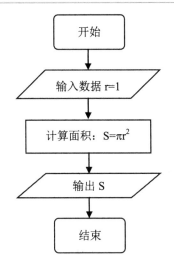

图 4-2　顺序结构程序

可以看到，顺序结构程序流程图的特征非常明显，从输入数据到输出结果都是单线条的，并没有转向另外方向的箭头。此外，构建程序时不同的框代表着不同的意义，合理设计程序流程图，会让我们在编程时事半功倍。下面简单复习一下。

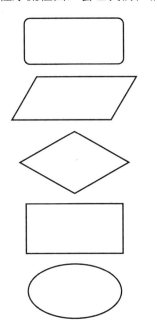

- 开始和结束框，代表一个流程的开始和结束。

- 输入和输出框，用于输入和输出数据。

- 判定框，常用于分支结构，通过一个指标判断条件是否满足，按结果输出为两个流程分支。

- 处理框，进行运算处理。

- 连接框，当由于空间问题流程图写不下的时候，可以用连接框来表示控制流的持续，通常圈内是一个字母或数字。

- 流线，表示流程图的前进方向。

(二)分支结构程序

分支结构程序又分为单分支结构、双分支结构和多分支结构。

1. 单分支结构

单分支结构是分支结构中最简单的形式，如图 4-3 所示。

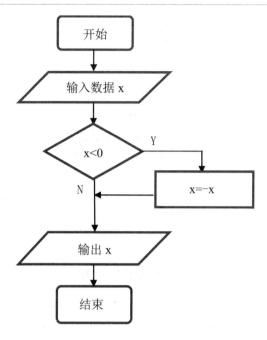

图 4-3　单分支结构

在进行单分支结构编程的时候，通常使用 if 语句，例如上面这个程序，我们可以这样表达：

```
x = float(input('please input a number:'))    #输入 x
if x < 0:                    #当 if 后的条件为真，即 x 小于 0 时，执行 if 语句
  x = -x                     #将 x 变成 x 的负数
print(x)                     #输出 x
```

2. 双分支结构

双分支结构比单分支结构难一些，如图 4-4 所示。

这个流程图说的是当 x 小于等于 0 的时候，就输出它的绝对值，当 x 是正数的时候，就输出 x+1 的值。

我们在进行双分支结构编程的时候，通常使用 if…else…语句，例如上面这个程序，我们可以用以下语句表达：

```
x = float(input('please input a number:'))    #输入 x
if x > 0:                    #当 if 后的条件为真，即大于 0 时，执行 if 语句
  x = x + 1                  #将 x 加 1
else:                        #否则
  x = -x                     #将 x 变成 x 的负数
print(x)                     #输出 x
```

if…else…是指当 if 的条件不为真时，执行 else 语句。需要注意的是，在调试语句时，每个分支都要执行一次，以便确认正误。

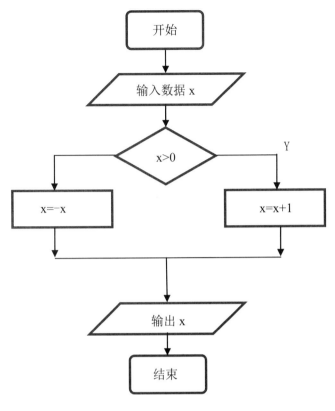

图 4-4　双分支结构

3. 多分支结构

分支结构中最难的是多分支结构，例如制作一个按成绩评选等第的程序，它的流程如图 4-5 所示。

通过这个流程图可以看出，在 90 分及以上的为优，80~90 分的为良，60 分以上的为及格，而不到 60 分的是不及格。我们用 Python 表达如下：

```
x=float(input('please input a number:'))        #输入 x
if x >= 90:                    #当 if 后的条件为真，即大于 90 时，执行 if 语句
  grade = '优'                 #grade 赋值为优
elif: x >= 80:                 #如果大于 80 时
  grade = '良'                 #grade 赋值为良
elif: x >= 60:                 #如果大于 60 时
  grade = '及格'               #grade 赋值为及格
else:                          #否则
  grade = '不及格'             #grade 赋值为不及格
print(grade)                   #输出 grade
```

我们可以看到，在编程时是用 if...elif...else 语句进行判断的，if 语句为真，执行 if 语句，之后的语句不执行。if 语句不为真，就判断 elif 语句是否为真，若为真，就执行；若不为真，就判断下一个 elif；若都不为真，就执行 else 语句。

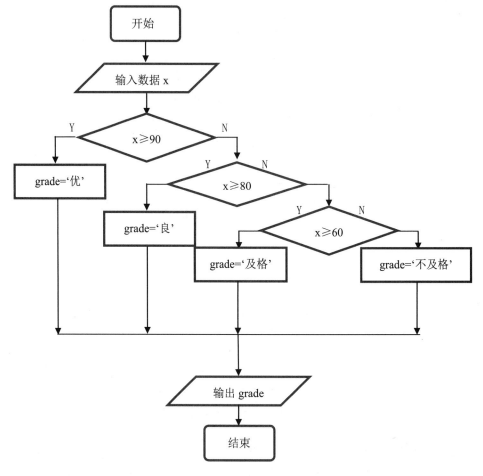

图 4-5 多分支结构

(三)循环结构程序

循环结构大致可分为两种：一是 for 语句循环，二是 while 语句循环。循环结构中的选择语句包括 break 语句和 continue 语句。

1. 循环结构

1) for 语句循环

for 语句循环可以用来遍历字符串、元组、列表、字典的 key、value。for 语句循环流程图如图 4-6 所示。

用 Python 的语句可以表达为：

```
for <取值> in <序列或迭代对象>:
    语句块 A
[else:
语句块 B]
```

也就是说，for 语句的意思是：

首先，从序列或迭代对象中依次取一个值。

其次，执行语句块 A。

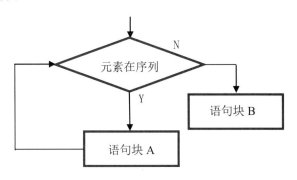

图 4-6　for 语句循环

最后，不断重复前两步，直到序列或迭代对象全部完成。如果有 else 部分，就执行语句块 B，执行完成后，结束 for 语句，执行 for 之后的语句；如果没有 else 部分，就结束 for 语句，执行后面的语句。

例如：

```
str1 = 'hello world'
for a in str1:
    print(a, end=' ')
print('\n ')
```

我们可以通过这个 for 语句的程序，遍历 "hello world" 字符串，然后逐个输出字母。

2) while 语句循环

while 语句循环和 for 语句循环的用法稍有不同。while 是用来循环操作和判断输入的元素是否符合条件的循环语句。while 语句循环的流程结构如图 4-7 所示。

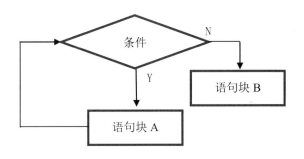

图 4-7　while 语句循环

用 Python 的语句可以表达为：

```
while 条件:
    语句块:
[else:
语句块 B]
```

我们可以看到，和 for 语句一样，while 语句也可以有 else 部分，当循环到 while 表达式的值为 False 时才执行 else 部分。如果是 break 结束的循环，就不执行 else 部分。

例如，我们用 while 语句计算从整数 1 到 100 的总和，可以写出以下语句：

```
n =100
sum = 0
counter =1
while counter <= n:
     sum = sum + counter
     counter += 1
print('1 到%d之和为: %d' %(n,sum))
```

在这里，我们设定了一个 sum 为总和值，sum 的起始值为 0，然后设定了 while 的判断条件，即数字小于等于 100。然后语句块为当数字小于等于 100 时，总和加上输入的值。同时，输入的值加上 1，再次进入循环，直到数值大于 100，则输出 sum 的总和值。这就是 while 循环语句的基础用法。

2. 循环结构中的选择语句

1) break 语句

break 是"停止"的意思，即当满足 break 条件时，结束循环。例如，我们输出 4 以下 2 以上的整数时，可以写出下面的语句：

```
i = 4
while i > 1:
i = i - 1
if i == 2:
   break
print(i)
print("end")
```

这个程序意味着，虽然从 while 语句来看是输出 4 以下的正整数，但是当 i=2 时，触发了 break 语句，则循环直接结束，所以得到了 4 以下 2 以上的整数。

break 语句流程结构如图 4-8 所示。

2) continue 语句

continue 虽然是继续的意思，但是我们可以将其视为跳过。continue 和 break 的区别在于 break 满足条件时，就直接结束循环，而 continue 是仅跳过此次循环。例如，输出除 2 以外的 4 以下的正整数，可以写出以下代码：

```
i = 4
while i > 1:
i = i - 1
if i == 2:
   continue
print(i)
print("end")
```

我们看到，当循环到 k=2 时，语句的表达式 k=2 的值为 True，则执行 continue 语句，跳过后面的 print(k)语句，直接转入 while 语句表达式 k>1 的计算，即 k=2，2>1 为 True，继续执行循环体，直到 k=0 时结束循环，执行 print(end)语句，输出 "end"。由此可见，执行到 continue 语句时，就结束了当次的循环。

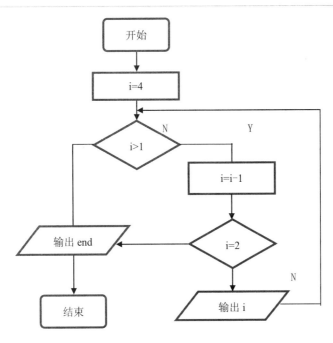

图 4-8　break 语句

四、常用函数

要活用 Python 进行编程，就要记住常用的内置函数。Python 的常用函数如表 4-14 所示。

表 4-14　常用函数

函　数	功能描述
abs(x)	返回 x 的绝对值或复数的模
hasattr(object,name)	测试 object 是否具有 name 元素
input(["提示字符串"])	从控制台获得输入字符串
isinstance(object,class_or_tuple)	测试 object 是否属于指定类型的实例，如果有多个类型，就需要放入元组中
list([x])、tuple([x])、dict([x])	把 x 转换为列表、元组、字典，或生成空列表、空元组、空字典
map(func,seq)	返回以 seq 序列的元素作为 func 参数进行计算得到的新序列
open(filename[,mode])	以指定的模式 mode 打开文件 filename，并返回文件对象
print(value……,sep=",end=' \n, file=sys. stdout,flush=False)	基本输出函数
range([start,]end[,step])	返回 range 对象，包含区间[start,end]内以 step 为步长的整数
reversed(seq)	将 seq 序列反转(逆序)
round(x[小数位数])	对 x 进行四舍五入，保留指定的小数位数，省略小数位数则返回整数
str(object)	将 object 转换为字符串
sorted(iterable,key=none,reverse=false)	对 iterable 进行排序，key 指定排序的规则，reverse 指定升序或降序排列

续表

函　　数	功能描述
zip(seq1[,seq2[…]])	返回以(seq1[,seq2[…]])序列对应元素形成的元组
dir([obj])	列出对象的所有属性和方法
help([obj])	函数或模块的详细说明
id([obj])	获取对象的内存地址
type([obj])	返回对象的类型
divmod(a,b)	把除数和余数的运算结果结合起来，返回一个包含商和余数的元组(a//b,a%b)
filter(function,iterable)	用于过滤序列，过滤掉不符合条件的元素，返回由符合条件元素组成的新列表
Hex(x)	用于将一个整数转换成十六进制，以字符串形式表示
Bin(x)	用于将一个整数转换成二进制，以字符串形式表示
Oct(x)	用于将一个整数转换成八进制，以字符串形式表示
Ord(char)	将字符转换成对应的十进制 ASCII 码
chr(x)	将一个 ASCII 码转换成对应的字符
all(iterable)	判断给定的可迭代参数 iterable 中的所有元素是否都为 True，如果是，就返回 True，否则返回 False
any(iterable)	any()函数用于判断给定的可迭代参数 iterable 是否全部为 False。如果是，就返回 False；如果有一个为 True，就返回 True

五、Python 基础语法

在简单地了解了 Python 的基础内容后，我们来学习 Python 的基础语法，了解 Python 的编写规范。

(一)标识符

标识符就是一个名字，就好像每件商品都有特定的商品条形码，配送中的物流订单都有特定的物流单号一样。标识符的主要作用是作为变量、函数、类、模块及其他对象的名称。

但是，Python 中标识符的命名不是随意的，而是要遵守一定的命名规则。

(1) 标识符由字符(A~Z 和 a~z)、下画线和数字组成，但第一个字符不能是数字。

(2) 标识符不能和 Python 中的保留字符相同。

(3) Python 中的标识符不能包含空格、@、%及$等特殊字符。

(4) 在 Python 中，标识符中的字母是严格区分大小写的。也就是说，两个同样的单词，如果大小写格式不一样，那么代表的意义也是完全不同的。

(5) 在 Python 语言中，以下画线开头的标识符有特殊含义。

● 以单下画线开头的标识符(例如_width)，表示不能直接访问的类属性，其无法通过

from...import* 的方式导入。

● 以双下画线开头的标识符(例如__add)表示类的私有成员。

● 以双下画线作为开头和结尾的标识符(例如__init__)，是专用标识符。

(二)保留字符

保留字符即关键字符，不能把它们用作任何标识符名称。Python 的标准库提供了一个 keyword 模块，可以编辑 help('keywords')，可以输出当前版本的所有保留字符，具体理解如表 4-15 所示。

表 4-15　保留字符

保留字符	说　　明
False	布尔型的值，表示假，与 True 对应
None	None 是一个特殊的常量，None 和 False 不同，None 不是 0。None 不是空字符串。None 和任何其他数据类型比较永远返回 False。None 有自己的数据类型 NoneType。我们可以将 None 复制给任何变量，但是不能创建其他 NoneType 对象
True	布尔型的值，表示真，与 False 相反
and	逻辑判断语句，若 and 左右两边都为真，则判断结果为真，否则都是假
as	结合 with 使用
assert	断言，用来在运行中检查程序的正确性，和其他语言的作用一样
break	break 语句是用来终止循环语句的，即使循环条件没有称为 False 或者序列还没有被完全递归，也会停止循环语句
class	定义类的关键字
continue	continue 语句被用来告诉 Python 跳过当前循环块中的剩余语句，然后继续进行下一轮循环
def	定义函数用的
del	del 用于 list 列表操作，删除一个或者连续几个元素
elif	和 if 配合使用
else	与 if 配合使用
except	使用 try 和 except 语句来捕获异常
finally	异常处理使用的关键字，用它可以指定始终执行的代码，指定代码在 finally 里面
for	for 循环语句可以遍历任何序列的项目，例如一个列表或者一个字符串
from	用 import 或者 from...import 来导入相应的模块
global	定义全局变量
if	if 语句用来检验一个条件，如果条件为真，就运行一个块语句
import	用 import 或者 from...import 来导入相应的模块
lambda	匿名函数提升了代码的简洁程度
nonlocal	nonlocal 关键字用来在函数或其他作用域中使用外层(非全局)变量
not	逻辑判断，取反的意思
or	逻辑判断，or 两边有一个为真，判断结果就是真
pass	pass 的意思是什么都不要做，其作用是为了弥补语法和空定义上的冲突

续表

保留字符	说　明
raise	raise 抛出异常
return	函数返回值 return，函数中一定要有 return 返回值才是完整的函数。如果没有 Python 定义函数返回值，那么会得到一个结果是 None 的对象，而 None 表示没有任何值
try	程序员可以使用 try…except 语句来处理异常。把通常的语句块放在 try 块中，而把错误处理的语句放在 except 块中
while	while 语句重复执行一个块语句。while 是循环语句的一种，while 语句有一个可选的 else 从句
with	with 是一个控制流语句，可以用来简化 try…finally 语句
yield	yield 用起来像 return，yield 在告诉程序，要求函数返回一个生成器

(三)其他标识符

1. 行和缩进

Python 使用缩进来表示各代码块之间的逻辑关系，Python 的代码块从尾部带"："的行开始。"："后面所有缩进的行，表示一个代码块。

缩进的空格数是可变的，但是同一个代码块的语句必须包含相同的缩进空格数。例如：

```
if True:
    print ("Answer")
    print ("True")
else:
    print ("Answer")
    print ("False")
```

需要注意，以上代码中的 print 需要缩进一致。

2. 多行语句

通常，Python 是一行写完一条语句，但如果语句很长，我们可以使用反斜杠"\"来实现多行语句。例如：

```
total = id_one + \
        id_two + \
        id_three
```

需要注意的是，在[]、{}或()中的多行语句，不需要使用反斜杠"\"。例如：

```
total = ['id_one', 'id_two', 'id_three',
        'id_four', 'id_five']
```

3. 引号

Python 中的引号分为两种：一是之前提到过的用于定义字符串的引号，可以使用成对的单引号、双引号和三引号；二是一对三个单引号或双引号可以表示多行注释。

4. 注释

注释是用来说明这段代码的意思，是给出的代码提示，便于分享交流。养成良好的注释习惯，就能增强程序的可读性。注释以"#"开始，标识本行。

5. 空行

空行不是无意义的，它也是程序的一部分。

空行用在函数之间或类的方法之间，起分隔作用，表示一段新代码的开始。

空行与代码缩进不同，它并不是 Python 语法的一部分。书写时不插入空行，Python 解释器运行也不会出错。但是，空行的作用在于分隔两段不同功能或含义的代码，便于日后代码的维护或重构。

6. 等待用户输入

在 Python 中，可以使用"input()"函数进行输入操作。

7. 同一行显示多条语句

在 Python 中，多条语句可以写在同一行，这时可以用";"进行分隔。

8. print 输出

在 Python 中，使用 print() 函数进行输出。需要注意的是，print 默认输出是换行的，如果要实现不换行就需要在变量末尾加上 end=""。

(四)多个语句构成代码组

什么是代码组呢？在之前的分支语句中，我们发现这个分支流程是通过多条代码块组成的一个完整的代码组。像这种语句，我们要从关键字开始，以":"结束，然后在该行之后的一行和多行都可以构成一个代码组。例如：

```
x=float(input('please input a number:'))    #输入 x
if x >= 90:                                  #当 if 后的条件为真，即大于 90 时，执行 if 语句
  grade = '优'                              #grade 赋值为优
elif: x >= 80:                               #如果大于 80 时
  grade = '良'                              # grade 赋值为良
elif: x >= 60:                               #如果大于 60 时
  grade = '及格'                            # grade 赋值为及格
else:                                        #否则
  grade = '不及格'                          # grade 赋值为不及格
print(grade)                                 #输出 grade
```

(五)命令行参数

当从命令行调用 Python 脚本程序时，用户可能需要添加命令行参数，将这些参数传递到脚本中。

Python 中可以用 sys 的 sys.argv 来获取命令行参数，其中 sys.argv 是命令行参数列表，

len(sys.argv) 是命令行参数个数。例如：

```
import sys                          # 加载 sys 这个模块
for i in range(len(sys.argv)):
    print "第%d个参数是: %s" % (i,sys.argv[i])
print
```

运行上面的脚本，可以得到如下结果：

第 0 个参数是 argv.py。

第 1 个参数是 1。

第 2 个参数是 2。

第 3 个参数是 3。

从上面脚本运行的结果能看得出来，第一个参数是脚本名本身，也就是第 0 个参数，其余的依次类推。

有了 sys.argv 参数就可以向脚本传递一些用户想要用的参数了。

此外，Python 还提供了 getopt 模块，用来获取命令行参数。

getopt.getopt 方法用于解析命令行参数列表，语法格式如下：

```
getopt.getopt(args, options[, long_options])
```

其中，args 是要解析的命令行参数列表。

options 是以字符串的格式定义，options 后的冒号“:”表示该选项必须有附加的参数，不带冒号表示该选项不附加参数。

long_options 是以列表的格式定义，long_options 后的等号“=”表示如果设置该选项，就必须有附加的参数，否则就不附加参数。

该方法返回值出两个元素组成：一是(option, value) 元组的列表；二是参数列表，包含那些没有短选项模式“-”和长选项模式“—”的参数。

练 习 题

1. 尝试写一段语句，将 a 赋值为 100，将 b 赋值为 99，将 c 赋值为 a 乘以 b 的结果，输出 c。

2. 尝试写一段语句，输出 50 以下 10 以上的整数。

3. 编写一个程序，当输入正数时，输出 True；当输入 0 和负数时，输出 False。

第五章 Python 数据挖掘

大家有没有想过这样一个问题：如果退出 Python 再进入 Python，之前所定义的方法和变量都会消失。这时该怎么办呢？为此，Python 提供了一个办法，把这些定义存放在文件中，供一些脚本或者交互式的解释器使用，这个文件被称为模块。

模块是一个包含所有用户定义的函数和变量的文件，其后缀名是.py，在 Jupyter Notebook 下文件的后缀则是.ipynb。模块可以被其他程序引入，以便使用该模块中的函数等功能，这也是使用 Python 标准库的方法。本章将介绍两个用于数据挖掘的模块。

一、NumPy 模块

在 Python 中，NumPy(numerical python)是 Python 语言的一个扩展程序库，支持大量的维度数组与矩阵运算，也针对数组运算提供大量的数学函数库。NumPy 具有运算速度快、效率高、节省空间等特点，被大型金融和互联网公司等科学计算使用。

(一)NumPy 的安装

想要学会 NumPy，首先得安装 NumPy，我们可以从网上(https://pypi.org/project/numpy/#downloads)找到最新的 NumPy，如图 5-1 所示。

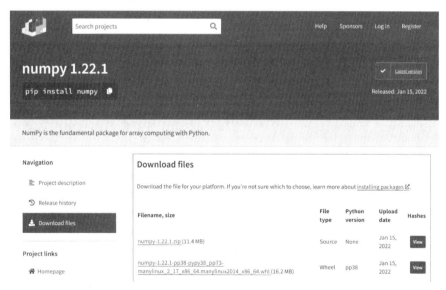

图 5-1　NumPy 下载页面

其中，NumPy 后的数字是 NumPy 的版本号，pp 后的数字是 Python 的版本号，例如 38 就是 Python3.8，linux 或 win 后面的数字是系统位数。

将下载好的 whl 后缀的文件放在 scripts 文件夹下，接着用 pip 命令进行安装。具体操作是用运行打开命令控制符 cmd，输入以下命令：

```
pip install --user numpy
```

横杠后的文字是下载的文件的文件名，等待程序完成，NumPy 就安装完了。

为了验证 NumPy 的安装正确，我们可以打开 Python，然后输入以下代码：

```
import numpy as np
print(numpy.__version__)
```

如果 Python 弹出版本号，就表示安装完成。

除此以外，在 Anaconda 下用 Jupyter Notebook 可以直接输入 import 模块调用很多开源库和包，而不用逐一安装。

(二)ndarray 与 matrix

在 NumPy 模块中，我们在这里所使用的主要是 N 维数组 ndarray 和矩阵类型 matrix。

1. ndarray

ndarray 是一系列同类型数据的集合，以 0 下标为开始进行集合中元素的索引。

之前已经介绍了列表，可以试着用列表的方式来写出数组，比如 List1 = [1, 2, 3]。那么什么是 N 维数组呢？我们可以看一个小例子：

一维数组 List1 = [1, 2, 3]

二维数组 Tuple1 = ([1, 2, 3], [4, 5, 6], [7, 8, 9])

但列表是动态指针数组，它保存的是对象的指针，其元素可以是任意类型的对象。比如要保存 List1，需要 3 个指针和 3 个整数对象，占用内存且耗费计算时间。

好在 Python 有 array 函数 array.array()也能够创建数组，但问题依然存在，array 模块中的 array 函数不支持多维数组，那该怎么办呢？这就是我们需要 ndarray 的原因——处理多维数组。

需要注意的是，在 ndarray 中，所有元素必须为同一种类型，而且必须是 NumPy 中基础的数据结构。

2. matrix

除了 ndarray 以外，还有一个比较常用的数据类型是 matrix。其实，matrix 也是一种数组，只不过它是一种非常特殊的数组，也就是维数是 2 的数组。

同时，matrix 的维数是固定的，永远是 2，这和一般的数组不同，即便进行加减乘除各种运算，matrix 的维数都不会发生变化。

Python 中的数组 array 转换成 matrix 使用 np.mat()、np.matrix()或者 np.asmatrix()，而 matrix 转换成 array 用 np.asarray 或者 matrix 的 A 属性(mat1.getA())，再查看行向量或者列向量对应 array 和 matrix 的实际维数。

(三)NumPy 支持的数据类型

NumPy 支持的数据类型比 Python 种类更多(见表 5-1),它所支持的原始类型与 C 语言中的原始类型紧密相关。

表 5-1　NumPy 支持的数据类型

名　称	描　述
bool_	布尔型数据类型(True 或者 False)
int_	默认的整数类型(类似于 C 语言中的 long、int32 或者 int64)
intc	与 C 语言的 int 类型一样,一般是 int32 或 int 64
intp	用于索引的整数类型(类似于 C 语言的 ssize_t,一般情况下仍然是 int32 或 int64)
int8	字节(−128 ~ 127)
int16	整数(−32768 ~ 32767)
int32	整数(−2147483648 ~ 2147483647)
int64	整数(−9223372036854775808 ~ 9223372036854775807)
uint8	无符号整数(0 ~ 255)
uint16	无符号整数(0 ~ 65535)
uint32	无符号整数(0 ~ 4294967295)
uint64	无符号整数(0 ~ 18446744073709551615)
float_	float64 类型的简写
float16	半精度浮点数,包括 1 个符号位、5 个指数位、10 个尾数位
float32	单精度浮点数,包括 1 个符号位、8 个指数位、23 个尾数位
float64	双精度浮点数,包括 1 个符号位、11 个指数位、52 个尾数位
complex_	complex128 类型的简写,即 128 位复数
complex64	复数,表示双 32 位浮点数(实数部分和虚数部分)
complex128	复数,表示双 64 位浮点数(实数部分和虚数部分)

NumPy 的数值类型即 dtype,它用来描述如何使用与数组对应的内存区域,这依赖以下几个方面。

(1) 数据的类型(整数、浮点数或者 Python 对象)。

(2) 数据的大小(例如,整数使用多少个字节存储)。

(3) 数据的字节顺序(小端法或大端法)。

(4) 在结构化类型的情况下,字段的名称、每个字段的数据类型和每个字段所取的内存块的部分。

(5) 子数组的形状和数据类型。

数组类型之间可以进行转换,dtype 对象就是使用以下语法构造的:

```
numpy.dtype(object, align, copy)
```

其中,object 是要转换为的数据类型对象;align 如果为 True,那么填充字段使其类似 C 语言的结构体;copy 复制 dtype 对象,如果为 False,就是对内置数据类型对象的引用。

通常使用函数 astype() 方法进行数据转换，我们可以通过举例来看一下。[①]

```
>>> a=np.array([1.1, 1.2])
>>> a.dtype
dtype('float64')
>>> a.astype(np.int16)
array([1, 1], dtype=int16)
>>> a.dtype
dtype('float64')  #a 的数据类型并没有变
>>> a=a.astype(np.int16)  #赋值操作后 a 的数据类型变化
>>> a.dtype
dtype('int16')
>>> a
array([1, 1], dtype=int16)
```

我们发现，调用 astype 返回数据类型修改后的数据，源数据的类型不会变，需要进一步对源数据的赋值操作才能改变。

(四)数组属性

接下来，我们来了解 NumPy 数组的一些基本属性。

NumPy 数组的维数称为秩(rank)，秩就是轴的数量，即数组的维度，一维数组的秩为 1，二维数组的秩为 2，以此类推。

在 NumPy 中，每一个线性的数组称为一个轴(axis)，也就是维度(dimensions)。比如，二维数组相当于两个一维数组，其中第一个一维数组中每个元素又是一个一维数组。所以，一维数组就是 NumPy 中的轴，第一个轴相当于底层数组，第二个轴是底层数组里的数组；而轴的数量——秩，就是数组的维数。

很多时候可以声明 axis。axis=0，表示沿着第 0 轴进行操作，即对每一列进行操作；axis=1，表示沿着第 1 轴进行操作，即对每一行进行操作。[②]

下面介绍 NumPy 数组中比较重要的 ndarray 对象的属性(见表 5-2)。

表 5-2　ndarray 对象的属性

属　性	说　明
ndarray.ndim	秩，即轴的数量或维度的数量
ndarray.shape	数组的维度，对于矩阵，n 行 m 列
ndarray.size	数组元素的总个数，相当于 .shape 中 n*m 的值
ndarray.dtype	ndarray 对象的元素类型
ndarray.itemsize	ndarray 对象中每个元素的大小，以字节为单位
ndarray.flags	ndarray 对象的内存信息

---

① RUNOOB.COM. NumPy 数据类型[EB/OL]. https://www.runoob.com/numpy/numpy-dtype.html. 2020-11-22.

② RUNOOB.COM. NumPy 数组属性[EB/OL]. https://www.runoob.com/numpy/numpy-array-attributes.html. 2020-11-22.

续表

属 性	说 明
ndarray.real	ndarray 元素的实部
ndarray.imag	ndarray 元素的虚部
ndarray.data	包含实际数组元素的缓冲区，由于一般通过数组的索引获取元素，所以通常不需要使用这个属性

下面列举一个实例。

```
import numpy as np
# numpy.arange(start, stop, step, dtype) 返回 ndarray 的数据类型, 如果没有提供,
就会使用输入数据的类型
a = np.arange(6, dtype=np.int8)
# ndarray.ndim 用于返回数组的维数, 等于秩
print('a 的维数: ', a.ndim)
# 调整其大小
b = a.reshape(2, 3)
print('b 的维数:', b.ndim)
#ndarray.shape 返回一个元组, 这个元组的长度就是维度的数目, 即 ndim 属性(秩), 代表每
个维度的长度
print('b.shape: ', b.shape)
# ndarray.size 数组元素的总个数
print('数组 b 元素总数: ',b.size)
#ndarray.itemsize 以字节的形式返回数组中每一个元素的大小
x = np.array([1, 2, 3, 4, 5], dtype=int)
print('a 的元素字节大小: {}, x 的元素的字节大小: {}'.format(a.itemsize, x.itemsize))
```

1. 创建数组

ndarray 创建数组的方式有许多种，其中比较常用的是 array()函数。它可将输入的数据(元组、列表、数组或其他序列的对象)转换成多维数组 ndarray，根据数组元素类型自动推断或制定 dtype 类型，默认直接复制输入的数据，产生一个新的多维数组 ndarray。例如：

```
>>> import numpy as np          #导入 numpy 模块, 重命名为 np
>>> x=np.array((1,2,3,4))       #创建一维数组
>>>x
array([1,2,3,4])                #一维数组[1,2,3,4]
>>> print(x.size)               #输出 x2 全部元素的数量
4
>>> print(x.dtype)              #输出 x 中每个元素的类型
int64
>>> print(x.itemsize)           #输出中的每个元素占几个字节 8
>>>x.ndim                       #显示 x 的维度
1
>>>x.shape                      #显示 x 的维度大小, 一行共 4 个元素(4)
array()函数接收列表创建的数组, 指定类型为 float64
>>>y=np.array([1,2,3,4,5],dtype='float64')
>>>y
array([1.,2.,3.,4.,5.])
```

```
#[1.,2.,3.,4.,5.]数字后的点表示数组中的元素类型是浮点型
>>> print(y)
[1.2.3.4.5.]
>>>y.dtype
dtype('float64')
>>>y.ndim
```

一维数组创建起来容易，那我们如何创建 N 维数组呢？例如：

```
>>> import numpy as np
>>> x1=np.array([1,2,3,4])              #创建一维数组
>>>x1
array([1,2,3,4])
>>> print(x1.ndim)                      #输出 x1 的维度
1
>>>print(x1.shape)
(4,)
x2=np.array([[1,2,3,4]])                #创建二维数组：注意参数的形式
>>>x2
array([[1,2,3,4]])
>>> print(x2.ndim)                      #输出 x2 的维度
2
>>>print(x2.shape)
(1,4)
=np.array([[1,2,3,4],[5,6,7,8]])        #创建二维数组
>>> print(x3)
[[1234]
[5678]]
>>> print(x3.dtype)
int64
>>> print(.ndim)                        #输出 x3 的维度
2
>>> print(x3.shape)                     #输出 x3 各维度大小，(2,4)表示 2 行 4 列
(2,4)
```

除此之外，我们还可以用其他函数生成数组。例如，使用 np.zeros()函数就能生成全都是 0 的数组。

```
np.zeros(10, dtype=int)   #创建一个数组中有 10 个 0。
>>>array([0, 0, 0, 0, 0, 0, 0, 0, 0, 0])
np.zeros((3, 5), dtype=float)
>>>array([[0., 0., 0., 0., 0.],
        [0., 0., 0., 0., 0.],
        [0., 0., 0., 0., 0.]])
```

使用 np.ones()函数就能生成全都是 1 的数组。

```
np.ones(10,dtype=float)
>>>array([1., 1., 1., 1., 1., 1., 1., 1., 1., 1.])
np.ones((2,4), dtype=float)
>>>array([[1., 1., 1., 1.],
        [1., 1., 1., 1.]])
```

使用 np.arange()函数就能生成等差数列的数组。

```
np.arange(0, 20, 2)
>>>array([ 0,  2,  4,  6,  8, 10, 12, 14, 16, 18])
```

此外，还有其他函数大家也可以尝试，如表 5-3 所示。

表 5-3　NumPy 函数

函数名称	功能说明
np.empty()	创建空数组，只分配存储空间，不填充数据，随机值
np.eye()	生成对角矩阵
np.random.randint(x,y,(m,n))	创建以 x 为起始值、y 为截止值、m 行 n 列的随机整数数组
np,linspace(x,y,z)	等间距生成以 x 为起始值、y 为截止值、z 个数据的一维数组

2. 常用函数

当然，只是创建数组还不够，更重要的是需要对这些数组进行运算。最常见的运算方法是使用加减乘除进行计算。例如：

```
>>>a=np.array(np. arange(1,5))
>>>b=a
>>>a
array([1.2.3.4])
>>>b
array([1.2.3.4])
>>>print(a+b)
[2 4 6 8]
>>>print(a-b)
[0 0 0 0]
>>>print(a*b)
[1 4 9 16]
>>> print(a/b)
[1 1 1 1]
>>>print(a+2)                    #每个元素都进行同样的运算
[3 4 5 6]
>>> print(a-2)
[-1 0 1 2]
>>>print(a+2)
[2 4 6 8]
>>>print(a/2)
[0 1 1 2]
```

这只是最基本的运算，NumPy 支持多种函数运算，具体如表 5-4 所示。[①]

---

① WSX_WOLF. NumPy 包函数的使用(史上最全)[EB/OL]. https://www.cnblogs.com/WSX1994/articles/
9061516.html. 2018-05-19.

表 5-4 NumPy 函数运算

函　数	说　明
np.abs(ndarray)	计算绝对值
np.fabs(ndarray)	计算绝对值(非复数)
np.mean(ndarray)	求平均值
np.sqrt(ndarray)	计算 x^0.5
np.square(ndarray)	计算 x^2
np.exp(ndarray)	计算 e^x
log、log10、log2、log1p	计算自然对数、底为 10 的对数、底为 2 的对数、底为(1+x)的对数
np.sign(ndarray)	计算正负号：1(正)、0(0)、−1(负)
np.ceil(ndarray)	计算大于等于该值的最小整数
np.floor(ndarray)	计算小于等于该值的最大整数
np.rint(ndarray)	四舍五入到最近的整数，保留 dtype
np.modf(ndarray)	将数组的小数和整数部分以两个独立的数组方式返回
np.isnan(ndarray)	返回一个判断是不是 NaN 的 bool 型数组
np.isfinite(ndarray)	返回一个判断是不是有穷(非 inf，非 NaN)的 bool 型数组
np.isinf(ndarray)	返回一个判断是不是无穷的 bool 型数组
cos、cosh、sin、sinh、tan、tanh	普通型和双曲型三角函数
arccos、arccosh、arcsin、arcsinh、arctan、arctanh	反三角函数和双曲型反三角函数
np.logical_not(ndarray)	计算各元素 not x 的真值，相当于-ndarray
np.add(ndarray, ndarray)	相加
np.subtract(ndarray, ndarray)	相减
np.multiply(ndarray, ndarray)	乘法
np.divide(ndarray, ndarray)	除法
np.floor_divide(ndarray, ndarray)	圆整除法(丢弃余数)
np.power(ndarray, ndarray)	次方
np.mod(ndarray, ndarray)	求模
np.maximum(ndarray, ndarray)	求最大值
np.fmax(ndarray, ndarray)	求最大值(忽略 NaN)
np.minimun(ndarray, ndarray)	求最小值
np.fmin(ndarray, ndarray)	求最小值(忽略 NaN)
np.copysign(ndarray, ndarray)	将参数 2 中的符号赋予参数 1
np.greater(ndarray, ndarray)	>
np.greater_equal(ndarray, ndarray)	>=
np.less(ndarray, ndarray)	<
np.less_equal(ndarray, ndarray)	<=
np.equal(ndarray, ndarray)	==

函　数	说　明
np.not_equal(ndarray, ndarray)	!=
logical_and(ndarray, ndarray)	&
logical_or(ndarray, ndarray)	|
logical_xor(ndarray, ndarray)	^
np.dot(ndarray, ndarray)	计算两个 ndarray 的矩阵内积
np.ix_([x,y,m,n],...)	生成一个索引器，用于 Fancy indexing(花式索引)
ndarray.mean(axis=0)	求平均值
ndarray.sum(axis= 0)	求和
ndarray.cumsum(axis=0)	累加
ndarray.cumprod(axis=0)	累乘
ndarray.std()	方差
ndarray.var()	标准差
ndarray.max()	最大值
ndarray.min()	最小值
ndarray.argmax()	最大值索引
ndarray.argmin()	最小值索引
ndarray.any()	是否至少有一个 True
ndarray.all()	是否全部为 True
ndarray.dot(ndarray)	计算矩阵内积

我们来看一个简单的实例。[①]

```
>>> import numpy as np
>>>a=np. array(np. arange(1,9). reshape(2,4))
>>>a
Array([[1,2,3,4],
[5,6,7,8]])
B=np.square(a)                    #元函数 square()，计算平方
>>> print(b)
[[1 4 9 16]
[25 36 49 64]]
>>>c=np.sqrt(b)                    #一元函数 sqrt()，计算平方根
>>> print(c)
[[1. 2. 3. 4.]
[5. 6. 7. 8.]]
>>> d=np.array([[1.22,3.44,5,6,21],[8.99,7,4,.82]])
>>> print(d)
[[122 3.44 5.  6.21]
[8.99 7.  4.  0.82]]
```

---

① 丁辉. Python 基础与大数据应用[M]. 北京：人民邮电出版社，2020.

```
>>>e=np.modf(d)                     #一元函数 modf()，整数和小数分离，返回两个数组
>>>print(e)_
(array([[0.22,0.44,0. , 0.21],
[0.99,0. ,0. , 0.82]]))
array([[1., 3., 5., 6.],
[8., 7., 4., 0.]])
>>> print(np.add(a,a))              #二元函数 add(array1, array2)，计算和
[[2 4 6 8]
[10 12 14 16]]
>>> print(np.subtract(a,a))         #二元函数 subtract(array1, array2)，计算差
[[0 0 0 0]
[0 0 0 0]]
>>> print(np. multiply(a,a))        #二元函数 multiply(array1, array2)，计算积
[[1 4 9 16]
[25 36 49 64]]
>>> print(np.divide(a,a))           #二元函数 divide(array1, array2)，计算商
[[1111]
[1111]]
```

3. 其他操作

相比一元和二元的函数计算，NumPy 还可以实现一些特别的操作，那就是索引、切片、迭代、广播、字节交换和线性代数运算。

1) 索引

数组的索引是通过元素位置获取元素的方法。ndarray 数组可以基于 $0\sim n$ 的下标进行索引，当然也可以有整数数组索引、布尔索引及复杂索引。

比如，在整数数组索引中，我们要获取数组中(0,0)、(1,1)和(2,0)位置处的元素。

```
import numpy as np
x = np.array([[1, 2], [3, 4], [5, 6]])
y = x[[0,1,2], [0,1,0]]
print (y)
```

我们也可以通过一个布尔数组来索引目标数组。布尔索引可以通过布尔运算(例如比较运算符)来获取符合指定条件的元素的数组。

例如，获取 x 中大于 5 的元素。[①]

```
import numpy as np
x = np.array([[ 0, 1, 2],[ 3, 4, 5],[ 6, 7, 8],[ 9, 10, 11]])
print ('我们的数组是：')
print (x)
print ('\n')
#现在我们会打印出大于 5 的元素
print ('大于 5 的元素是：')
print (x[x > 5])
```

---

① RUNOOB.COM. NumPy 高级索引[EB/OL]. https://www.runoob.com/numpy/numpy-advanced-indexing.html. 2020-12-22.

复杂索引是 NumPy 用来描述使用整型数组(这里的数组既可以是 NumPy 的数组，也可以是 Python 自带的 list)作为索引的术语，其意义是根据索引数组的值作为目标数组的某个轴的下标来取值。使用一维整型数组作为索引，如果目标是一维数组，那么索引的结果就是对应位置的元素；如果目标是二维数组，那么就是对应下标的行。例如：

```
x = numpy.array([1,2,3,4,5,6])
print x[[0,1,2]] # [1 2 3]
print x[[-1,-2,-3]] # [6,5,4]
x = numpy.array([[1,2],[3,4],[5,6]])
print x[[0,1]] # [[1,2],[3,4]]
print x[[0,1],[0,1]] # [1,4] 打印 x[0][0]和 x[1][1]
print x[[0,1]][:,[0,1]] # 打印 01 行的 01 列 [[1,2],[3,4]]
# 使用 numpy.ix_()函数增强可读性
print x[numpy.ix_([0,1],[0,1])] #同上 打印 01 行的 01 列 [[1,2],[3,4]]
x[[0,1],[0,1]] = [0,0]
print x # [[0,2],[3,0],[5,6]]
```

2) 切片

切片这个操作我们在之前的基础教程中也学过了，可以通过内置的 slice 函数，并设置 start、stop 及 step 的参数，从原数组中切割出一个新数组。

```
>>>import numpy as np
>>>arr = np.arange(20)
>>>arr
array([0,1,2,3,4,5,6,7,8,9,10,11,12,13,14,15,16,17,18,19])
>>>arr[0:20:5]
array([0,5,10,15])
>>>arr[0:7]
array([0,1,2,3,4,5,6])
>>>arr[:7]
array([0,1,2,3,4,5,6])
>>>arr[15:]
array([15,16,17,18,19])
```

3) 迭代

迭代的目的也是访问元素，NumPy 提供了迭代器对象 NumPy.nditer，是一个高效的多维迭代器对象，可以使用它对数组进行迭代，使用 Python 的标准迭代器接口访问数组元素。[①]

```
import numpy as np
a = np.array([[1,2,3,4],[2,4,5,6],[10,20,39,3]])
print("打印数组:")
print(a);
print("\n")
print("数组迭代:")
for x in np.nditer(a):
    print(x, end=' ')
print("\n")
```

---

① 奇客谷. NumPy 数组迭代[EB/OL]. https://www.qikegu.com/docs/3444. 2019-06-20.

4）广播

说起"广播"这个词语大家都会想到收音机里的电台，但 NumPy 中的广播自然不是这个意思。NumPy 中的广播是指对不同形状的数组进行数值计算的方式，对数组的算术运算通常在相应的元素上进行。

受某些约束的影响，较小的数组在较大的数组上"广播"，以便它们具有兼容的形状。广播提供了一种矢量化数组操作的方法，以便在 C 语言而不是 Python 中进行循环。它可以在制作必要的数据副本的情况下实现这一点，通常导致高效的算法实现。

NumPy 操作通常在逐个元素的基础上在数组对上完成。在最简单的情况下，两个数组必须具有完全相同的形状。例如：

```
>>> a = np.array([1.0, 2.0, 3.0])
>>> b = np.array([2.0, 2.0, 2.0])
>>> a * b
array([ 2.,  4.,  6.])
```

当数组的形状满足某些约束时，当一个数组和一个变量值在一个操作中组合时，会发生最简单的广播示例：

```
>>> a = np.array([1.0, 2.0, 3.0])
>>> b = 2.0
>>> a * b
array([ 2.,  4.,  6.])
```

我们发现，其实本例和前例的结果是相同的。也就是说，在此条件下，b = 2.0 等价于 b = np.array([2.0, 2.0, 2.0])，这种操作叫作"拉伸"，新元素 b 只是原始变量的副本。[1]

我们再来看一个例子：

```
import numpy as np
a = np.array([[ 0, 0, 0],
        [10,10,10],
        [20,20,20],
        [30,30,30]])
b = np.array([1,2,3])
print(a + b)
```

因此，可以得出广播的规则如下。[2]

(1) 让所有输入数组都向其中形状最长的数组看齐，形状中不足的部分都通过在前面加 1 补齐。

(2) 输出数组的形状是输入数组形状的各个维度上的最大值。

(3) 如果输入数组的某个维度和输出数组的对应维度的长度相同或者其长度为 1，那么

---

① NumPy 中文网. 广播(Broadcasting)[EB/OL]. https://www.numpy.org.cn/user/basics/broadcasting.html#一般广播规则. 2019-09-22.

② RUNOOB.COM. NumPy 广播(Broadcast)[EB/OL]. https://www.runoob.com/numpy/numpy-broadcast.html. 2020-12-22.

这个数组就能用来计算，否则就出错。

(4) 当输入数组的某个维度的长度为 1 时，沿着此维度运算时都用此维度上的第一组值。

5) 字节交换

在几乎所有的机器上，多字节对象都被存储为连续的字节序列。字节顺序是跨越多字节的程序对象的存储规则。

字节顺序有两种(见图 5-2)，一种是大端模式，另一种是小端模式。

大端模式是指数据的高字节保存在内存的低地址中，而数据的低字节保存在内存的高地址中。这样的存储模式有点儿类似于把数据当作字符串顺序处理：地址由小向大增加，而数据从高位往低位放，这和我们的阅读习惯一致。

小端模式是指数据的高字节保存在内存的高地址中，而数据的低字节保存在内存的低地址中。这种存储模式将地址的高低和数据位权有效地结合起来，高地址部分权值高，低地址部分权值低。

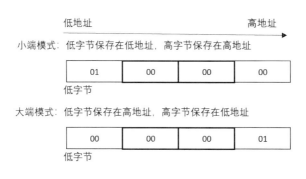

图 5-2　字节交换的逻辑

下面使用 numpy.ndarray.byteswap()函数将 ndarray 中每个元素的字节进行大小端转换。例如：[①]

```
import numpy as np
a = np.array([1, 256, 8755], dtype = np.int16)
print ('我们的数组是：')
print (a)
print ('以十六进制表示内存中的数据：')
print (map(hex,a))
# byteswap() 函数通过传入 True 来原地交换
print ('调用 byteswap() 函数：')
print (a.byteswap(True))
print ('十六进制形式：')
print (map(hex,a))
# 我们可以看到字节已经交换了
```

此外，当数据和 dtype 字节顺序不匹配时，我们可以更改 dtype 以便匹配数据。例如：

---

① RUNOOB.COM. NumPy 字节交换[EB/OL]. https://www.runoob.com/numpy/numpy-byte-swapping.html.
2020-12-22.

```
>>> wrong_end_dtype_arr = np.ndarray(shape=(2,),dtype='<i2',
buffer=big_end_buffer)
>>> wrong_end_dtype_arr[0]
256
>>> fixed_end_dtype_arr = wrong_end_dtype_arr.newbyteorder()
>>> fixed_end_dtype_arr[0]
1
```

而当数据和类型字节顺序不匹配时，通过更改数据可以匹配 dtype。例如：[①]

```
>>> fixed_end_mem_arr = wrong_end_dtype_arr.byteswap()
>>> fixed_end_mem_arr[0]
1
```

6）线性代数运算

最后，我们再看一下 NumPy 中的线性代数运算，NumPy 中包含了 numpy.linalg 模块，提供线性代数运算功能。表 5-5 描述了该模块中的一些重要功能。[②]

表 5-5　numpy.linalg 模块的功能

函　数	描　述
dot()	两个数组的点积
vdot()	两个向量的点积
inner()	两个数组的内积
matmul()	两个数组的矩阵乘积
det()	计算矩阵的行列式
solve()	解线性矩阵方程
inv()	求矩阵的乘法逆矩阵

这些函数的使用公式和之前学习的运算是相同的，我们以 dot()简单举例说明。[③]

```
import numpy.matlib
import numpy as np
a = np.array([[1,2],[3,4]])
b = np.array([[11,12],[13,14]])
print(np.dot(a,b))
```

大家可以试试做一个线性代数的运算程序。

二、Pandas 模块

我们介绍的第二个模块是 Pandas 模块，Pandas 是 Python 的一个数据分析包。Python

---

① NumPy 中文网. 更改字节顺序[EB/OL]. https://www.numpy.org.cn/user/basics/byteswapping.html#更改字节顺序. 2019-09-22.

② 奇客谷. NumPy 线性代数[EB/OL]. https://www.qikegu.com/docs/3469. 2019-06-21.

③ RUNOOB.COM. NumPy 线性代数[EB/OL]. https://www.runoob.com/numpy/numpy-linear-algebra.html. 2020-12-22.

在数据处理和准备方面一直做得很好，但在数据分析和建模方面就没那么好了。Pandas 填补了这个空白，使我们能够在 Python 中执行整个数据分析工作流程，而不必切换到特定领域的语言，例如 R 语言。

Python 中的所有数据类型在 Pandas 中依然适用，例如以下几种。

Series：一维数组，与 NumPy 中的一维 array 类似。二者与 Python 基本的数据结构 List 也很相近。Series 如今能保存不同种数据类型，如字符串、boolean 值、数字等。

Time-Series：以时间为索引的 Series。

DataFrame：二维的表格型数据结构，很多功能与 R 语言中的 data.frame 类似。可以将 DataFrame 理解为 Series 的容器。

Panel：三维数组，可以将 Panel 理解为 DataFrame 的容器。

Panel4D：像 Panel 一样的四维数据容器。

PanelND：拥有 factory 集合，可以创建像 Panel4D 一样命名 N 维容器的模块。

(一)Pandas 的安装

和 NumPy 一样，Pandas 同样需要安装后才能使用。Pandas 可以用和 NumPy 相同的方法进行安装。查找 Pandas 扩展包，下载符合系统版本的 Pandas，在 cmd 中输入 Set-Location +所在路径，按 Enter 键。然后，输入 pip install +pandas 的文件名，就安装完成了。在完成安装后，可以在 Python 中输入 import pandas as pd, pd.__version__ 来查询版本号，验证安装；或者在 Jupyter 中通过以下代码直接调用 Pandas。

```
>>> import pandas as pd
```

(二)Pandas 的数据结构

如前所述，Pandas 的数据结构包括 Series、Time-Series、DataFrame、Panel、Panel4D、PanelND 等，但最主要的是 Series 和 DataFrame。Series 是带标签的一维同构数组，DataFrame 是带标签的、大小可变的二维异构表格。

Pandas 数据结构就像是低维数据的容器。比如，DataFrame 是 Series 的容器，Series 是变量的容器。使用这种方式，可以在容器中以字典的形式插入或删除对象。

此外，通用 API 函数的默认操作要顾及时间序列与截面数据集的方向。多维数组存储二维数据或三维数据时，编写函数要注意数据集的方向，这对用户来说是一种负担。如果不考虑 C 语言或 FORTRAN 语言中连续性对性能的影响，那么在一般情况下，不同的轴在程序里其实没有什么区别。在 Pandas 里，轴的概念主要是为了给数据赋予更直观的语义，即用更恰当的方式表示数据集的方向，这样做可以让用户编写数据转换函数时更便捷。

处理 DataFrame 等表格数据时，index(行)或 columns(列)比 axis 0 和 axis 1 更直观。用这种方式迭代 DataFrame 的列，代码易读易懂。[1]

---

① Pandas 中文网. Pandas 概览[EB/OL]. https://www.pypandas.cn/docs/getting_started/overview.html#数据结构. 2019-12-05.

下面创建一个 Series 对象。①

```
>>> import numpy as np
>>> import pandas as pd
#用 Series()创建 Series 类型对象
#np.nan 的值为 NaN,表示数据值缺失
>>>s = pd.Series([1,3,4,5,6,np.nan,8,np.nan,10])
>>>print(s)       #输出 S,显示成一列,有索引,元素类型默认是 float64
0    1
1    3
2    4
3    5
4    6
5    NaN
6    8
7    NaN
8    10
dtype: float64
>>> print(s.dtype)          #输出 s 中的元素类型,默认是 float64
float64
>>> print(s.ndim)           #输出 s 的维数
1
>>>print(s.shape)           #输出 s 的形状
(9,)
>>> print(type)             #输出 s 的类型,是 Series 类型
<class'pandas.core.series.Series'>
>>> print(s.values)         #输出 s 的 values 值
[  1.  3.  4.  5.  6.  nan  8.  nan  10.]
>>>s.values                 #输出 s 的值,值是数组类型
array([  1.,  3.,  4.,  5.,  6.,  nan,  8.,  nan,  10.])
>>> print(type(s.values))   #输出 s.values 的类型,是 ndarray 数组类型
 <type 'numpy.ndarray'>
>>> print(s.index)          #输出 s 的 index 值
Int64Index([0,1,2,3,4,5,6,7,8], dtype='int64')
>>>s.index                  #输出 s 的值,值是 Int64Index 类型
Int64Index([0,1,2,3,4,5,6,7,8], dtype='int64')
>>> print(type(s.index))    #输出 s.index 的类型是 int64 Index
 <class'pandas. core. index. Int64 index'>
>>> print(s.sum())          #输出 s 的各元素的和
37.0
#输出 s 的每个元素是否为空值 NaN, False 表示非空值, True 表示空值
>>> print(s.isnull())
0   False
1   False
2   False
3   False
4   False
5   True
```

---

① 丁辉. Python 基础与大数据应用[M]. 北京：人民邮电出版社，2020.

```
6    False
7    True
8    False
dtype: bool
#查看列是否存在空值，True 表示有空值， False 表示无空值
>>> print(s.isnull().any(axis=0))
True
>>> print(s.isnull().any())    #省略 any 的参数 axis=0,功能同上
True
#计算有空值列的数量，要么是 1,要么是 0，因为只有一列
>>> print(s.isnull().any(axis=0).sum())
1
```

接着，用 NumPy 数组创建 DataFrame：

```
import numpy as np
import pandas as pd
pd.set_option('display.max_columns', 100)
pd.set_option('display.max_rows', 100)
pd.set_option('display.width', 1000)
```

需要注意的是，在默认行标签和列标签的情况下，DataFrame 可以这样创建：

```
data = np.random.randn(6, 4)
df = pd.DataFrame(data)
print(df)
```

而在指定行标签和列标签的情况下，DataFrame 可以这样创建：

```
row_index = pd.date_range('20180101', periods=6)
column_label = list('ABCD')
df = pd.DataFrame(data, index=row_index, columns=column_label)
print(df)
```

我们也可以通过字典创建 DataFrame：[1]

```
data = {'A':['A0', 'A1', 'A2'],
        'B':['B0', 'B1', 'B2'],
        'C': ['C0', 'C1', 'C2'],}
df = pd.DataFrame(data)
df = pd.DataFrame(data, index=['L0', 'L1', 'L2'])
print(df)
```

(三)Pandas 文件读写

通常，我们都是通过读取文件创建 DataFrame，读写文件是 Pandas 最基本的功能，DataFrame 提供了许多 read_*方法可以从不同的数据源创建 DataFrame。例如：

---

[1] shangboerds. Pandas 如何创建 DataFrame [EB/OL]. https://blog.csdn.net/shangboerds/article/details/83514207. 2018-10-29.

```
data = pd.read_csv( my_file.csv )
data = pd.read_csv( my_file.csv , sep= ; , encoding= latin-1 , nrows=1000,
skiprows=[2,5])
```

在此语句中，sep 代表的是分隔符。

除此之外，Pandas 的读取函数还包括 read_csv、read_json、read_html、read_clipboard、read_excel、read_hdf、read_feather、read_parquet、read_msgpack、read_stata、read_sas、read_pickle、read_sql、read_gbq 等。

在写入数据时一般会使用 data.to_csv(my_new_file.csv, index=None)的语句，其中 index=None 表示将会以数据本来的样子写入。如果没有写 index=None，那么程序会多出一个第一列，内容是 1、2、3……，一直到最后一行。

当然，依据习惯的不同，可以使用.to_excel、.to_json、.to_pickle 等函数，但.to_csv 是最常用的表格保存方式，故而推荐此函数。

在查看数据时，我们可以使用 data.head()函数查看数据的前几行，用 data.head()函数查看数据的后几行。当然，也可以用 data.loc[]函数查看数据的某一行。

(四)与 MySQL 交互

在第一章我们就已经提到，MySQL 是非常常用的一个数据库，而要进行数据挖掘就要与这类数据库交互。下面以 MySql 为例来展示 Pandas 与数据库的交互方式。

建立数据库连接需要用到的两个第三方库：sqlalchemy 和 pymysql。其中，pymysql 是可以不用导入的，但必须确认安装过这个包。

首先，我们要链接 MySql 数据库。在 SQLAlchemy 中，session 用于创建程序与数据库之间的会话，所有对象的载入和保存都需要通过 session 对象。例如：

```
from sqlalchemy import create_engine
from sqlalchemy.orm import sessionmaker
# 链接数据库采用 PyMySQL 模块做映射，后面的参数是最大连接数 5
ENGINE=create_engine("mysql+pymysql://root@127.0.0.1:3306/digchouti?char
set=utf8", max_overflow=5)
Session = sessionmaker(bind=engine)
session = Session()
```

然后我们可以创建映射。

```
import sqlalchemy
from sqlalchemy import create_engine
from sqlalchemy.ext.declarative import declarative_base
from sqlalchemy import Column, Integer, String
from sqlalchemy.orm import sessionmaker

ENGINE=create_engine("mysql+pymysql://root@127.0.0.1:3306/digchouti?char
set=utf8", max_overflow=5)

#生成一个 SQLORM 基类，创建表必须继承它
Base = declarative_base()
```

```
class Person(Base):
    __tablename__ = 'userinfo'

    id   = Column(Integer, primary_key=True)
    name = Column(String(32))

    def __repr__(self):
        return "<Person(name='%s')>" % self.name
```

然后将新的对象添加到数据库中。

```
#创建一个 person 对象
person = Person(name='王五')
#添加 person 对象，但是仍然没有提交到数据库
session.add(person)
#提交数据库
session.commit()
```

当然，我们也可以通过浏览"本地批量"从指定文件夹读入数据，分行将其存储至 MySQL 数据库中。

简单利用 Pandas 读入数据存入 mysql：df.to_sql(name='表名'、con=连接、if_exists=append:追加、replace:删除原表，建立新表再添加、fail:无视 index=False：不插入索引 index)。

```
import pandas as pd
from sqlalchemy import create_engine
import os
import time

def ReadFile():
    starttime=time.time()
    file_dir = './资源详情/'
    filenames = os.listdir(file_dir)
    os.path.splitext(filenames[0])
    dfs = []
    for file in filenames:
        filename, ext = os.path.splitext(file)
        if ext == '.xls' or '.xlsx':
            eachdffile = pd.read_excel(file_dir + file)
            dfs.append(eachdffile)
            print('已读入%s，历时%f秒' %(file,(time.time()-starttime)))
    data = pd.concat(dfs,axis=0,ignore_index=True)#忽视索引，否则不能切片
    return data

def Dato2Mysql(data,conn):
    #分多次导入，超过 5000 条会报错！
    starttime=time.time()
    for i in range(0,data.shape[0],5000):
        newdata=data.loc[i:(i+4999),]
        try:
```

```
            newdata.to_sql(name='jiakuanziyuanxiangqing', con=conn,
if_exists='append', index=False)
            print('第%d行开始导入 5000 条数据，共历时%f 秒
' %(i,(time.time()-starttime)))
        except:
            print('第%d行数据导入失败' %i)

def main():
    #1.建立引擎
    engine = create_engine("mysql+mysqlconnector://{}:{}@{}/{}?charset
={}".format('root', 'xinzhi', '127.0.0.1:3306', 'complaint', 'utf8'))
    conn = engine.connect()#是否相当于原生 sql 的 consor
    #2.读本地数据
    data=ReadFile()
    # 使用原生 SQL 语句
    # createsql = 'create table tousutest(gongdanliushuihao varchar(50)
primary key not null,dierlie varchar(20))'原生语句创建表
    # conn.execute(createsql)
    # #3.存入数据库
    Dato2Mysql(data,conn)
    # conn.execute('''alter table tousutest2 modify 工单流水号 varchar(50)
primary key not null''')#第一创建后修改一下列表属性
    # #4.查看数据
    print(pd.read_sql(sql='select count(*) from
jiakuanziyuanxiangqing',con=conn))
    conn.close()

if __name__ == '__main__':
    main()
```

这样，我们从 MySQL 导入数据及添加对象到 MySQL 的操作就都完成了。当然，为了验证数据库索引是否正确，我们可以查询数据。

```
#获取所有数据
session.query(Person).all()

#获取 name='王五'的那行数据
session.query(Person).filter(Person.name=='王五').one()

#获取返回数据的第一行
session.query(Person).first()

#查找 id 大于 1 的所有数据
session.query(Person.name).filter(Person.id>1).all()

#limit 索引取出第一行和第二行数据
session.query(Person).all()[1:3]

#order by, 按照 id 从大到小排列
session.query(Person).ordre_by(Person.id)
```

```
#equal/like/in
query = session.query(Person)
query.filter(Person.id==1).all()
query.filter(Person.id!=1).all()
query.filter(Person.name.like('%ay%')).all()
query.filter(Person.id.in_([1,2,3])).all()
query.filter(~Person.id.in_([1,2,3])).all()
query.filter(Person.name==None).all()

#and or
from sqlalchemy import and_
from sqlalchemy import or_
query.filter(and_(Person.id==1, Person.name=='王五')).all()
query.filter(Person.id==1, Person.name=='王五').all()
query.filter(Person.id==1).filter(Person.name=='王五').all()
query.filter(or_(Person.id==1, Person.id==2)).all()

# count 计算个数
session.query(Person).count()

# 修改 update
session.query(Person).filter(id > 2).update({'name' : '王五'})
```

(五)用 Pandas 进行数据清洗

简单地说，数据清洗就是对数据洗尽铅华、去伪存真。因为我们得到的数据是非常"不清洁"的，这里的"不清洁"是指数据有许许多多的空缺、错误及重复数据，只有处理掉这些资料，才能更好地运用数据。如果数据源头是错误的，那么得出的结果也会出错。数据清洗主要是对数据中的重复值、异常值、空值、多余的空格和大小写错误等进行处理。下面将介绍几种常用的数据清洗方法。

1. 检查数据表中的空值数量

清洗数据的第一步是检查数据表中的空值。Python 中的空值显示为 NaN，因此我们要对关注的关键字段进行空值查找。Pandas 查找数据表中空值的函数有两个：一是函数 isnull()，如果是空值就显示为 True；二是函数 notnull()，该函数则正好相反，如果是空值就显示为 False。我们要用这两个函数检查数据中的空值，再进行相应的处理。

```
>>> import numpy as np
>>> import pandas as pd
>>> df =
pd.DataFrame({ "id":[1001,1002,1002.1003,1004,1004,1005,1006,np.nan],
"date":pd.date_range('20180101', periods=9), "city": ['BeiJing',
'ShangHai', 'ShangHai     ', 'GuangZhou   ', 'ShenZhen', 'ShenZhen   ',
'NanJing', 'ChangZhou',np.nan],"city":['BeiJing', 'ShangHai',
'ShangHai','ChangZhou  ', 'ShenZhen','ShenZhen',   'NanJing',
'ChangZhou',np.nan], "age":[-18,20,20,28,36,36,42,  152, np.nan],
"categoary":['2018-A','2018-B','2018-B','2018-C','2018-D','2018-D',
'2018-E', '2018-F',np.nan],  "age":[18,20,20,28,36,42, 152,np.nan],
```

```
"price":[1200, np.nan,np.nan,2500,5500,5500,np.nan,4300, np.nan],
"na":[np.nan,np.nan,np.nan,np.nan, np.nan,np.nan,np.nan,np.nan,np.nan]},
columns   =['id','date','city','city','age','price','na'])
>>> df =
id   date        city      city       age category age   price  na
0 1001.0 2018-01-01  Beiing  BeiJing     18.0 2018-A  18.0  1200.0 NaN
1 1002.0 2018-01-02 ShangHai ShangHai    20.0 2018-B  20.0   NaN  NaN
2 1002.0 2018-01-03 ShangHai ShangHai    20.0 2018-B  20.0   NaN  NaN
3 1003.0 2018-01-04 GuangZhou GuangZhou  28.0 2018-C  28.0  2500.0 NaN
4 1004.0 2018-01-05 ShenZhen ShenZhen    36.0 2018-D  36.0  5500.0 NaN
5 1004.0 2018-01-06 ShenZhen ShenZhen    36.0 2018-D  36.0  5500.0 NaN
6 1005.0 2018-01-07  NanJing  NanJing    42.0 2018-E  42.0   NaN  NaN
7 1006.0 2018-01-08 ChangZhou ChangZhou 152.0 2018-F 152.0  4300.0 NaN
8 NaN   2018-01-09    NaN     NaN        NaN  NaN    NaN    NaN  NaN
>>>df.shape                    #df 的维度为 9 行 9 列
(9,9)
>>>df.isnull().any(axis=0).sum()    #df 有空值列的列数量为 8
8
>>>df.isnull().all(axis=0).sum()       #df 中全部是空值列的列数量为 1
1
>>>df. isnull(). any(axis=0) #df 各列空值的情况，True 表示有空值，False 表示无空值
id           True
date         False
city         True
city         True
age          True
category     True
age          True
price        True
na           True
dtype: bool
>>>df.isnull().any(axis=0).sum()       #df 有空值行的行数量为 9
9
>>>df.isnull.all(axis=1).sum()         #df 中全部是空值行的行数量为 0
0
>>>df.isnull().any(axis=1) #df 各行的空值情况，True 表示有空值，False 表示无空值
 0    True
 1    True
 2    True
 3    True
 4    True
 5    True
 6    True
 7    True
 8    True
dtype: bool
```

2. 处理缺失数据的方法

处理完空值之后，接着要处理缺失的数据。处理空缺值的方法是对空缺值进行填充，例如初始值、均值或高频值都可以代替数据缺失的记录进行填充。更有甚者，可以直接删

除缺失的数据。

在 Pandas 中，我们可以使用 fillna()函数对空值进行填充，例如选择填充 0 值或者其他合适的值。使用 dropna()函数可直接将包含空值的数据删除。

下面以填充 0 值和均值为例书写语句。

```
>>> df1 = df
>>>df1
#用 0 进行填充，当然填充的值要根据具体处理对象进行选择
>>> df1.fillna(value=0)
     id       date       city       city     age  category   age    price    na
0  1001.0  2018-01-01   BeiJing    BeiJing   18.0  2018-A    18.0   1200.0   0.0
1  1002.0  2018-01-02   ShangHai   ShangHai  20.0  2018-B    20.0      0.0   0.0
2  1002.0  2018-01-03   ShangHai   ShangHai  20.0  2018-B    20.0      0.0   0.0
3  1003.0  2018-01-04   GuangZhou  GuangZhou 28.0  2018-C    28.0   2500.0   0.0
4  1004.0  2018-01-05   ShenZhen   ShenZhen  36.0  2018-D    36.0   5500.0   0.0
5  1004.0  2018-01-06   ShenZhen   ShenZhen  36.0  2018-D    36.0   5500.0   0.0
6  1005.0  2018-01-07   NanJing    NanJing   42.0  2018-E    42.0      0.0   0.0
7  1006.0  2018-01-08   ChangZhou  ChangZhou 152.0 2018-F    152.0  4300.0   0.0
8     0.0  2018-01-09         0          0    0.0       0     0.0      0.0   0.0
#对 price 列所有值的均值进行填充
>>> df1['price'] = df1['price'].fillna(value=df1['price']. mean())
>>> df1
     id       date       city       city     age  category   age    price    na
0  1001.0  2018-01-01   BeiJing    BeiJing   18.0  2018-A    18.0   1200.0   0.0
1  1002.0  2018-01-02   ShangHai   ShangHai  20.0  2018-B    20.0   3800.0   0.0
2  1002.0  2018-01-03   ShangHai   ShangHai  20.0  2018-B    20.0   3800.0   0.0
3  1003.0  2018-01-04   GuangZhou  GuangZhou 28.0  2018-C    28.0   2500.0   0.0
4  1004.0  2018-01-05   ShenZhen   ShenZhen  36.0  2018-D    36.0   5500.0   0.0
5  1004.0  2018-01-06   ShenZhen   ShenZhen  36.0  2018-D    36.0   5500.0   0.0
6  1005.0  2018-01-07   NanJing    NanJing   42.0  2018-E    42.0   3800.0   0.0
7  1006.0  2018-01-08   ChangZhou  ChangZhou 152.0 2018-F    152.0  4300.0   0.0
8     NaN  2018-01-09       NaN        NaN    NaN      NaN     NaN   3800.0   NaN
```

接着，我们要用 dropna()函数删除不完整的行和列。

```
>>> df1
     id       date       city       city     age  category   age    price    na
0  1001.0  2018-01-01   BeiJing    BeiJing   18.0  2018-A    18.0   1200.0   NaN
1  1002.0  2018-01-02   ShangHai   ShangHai  20.0  2018-B    20.0   3800.0   NaN
2  1002.0  2018-01-03   ShangHai   ShangHai  20.0  2018-B    20.0   3800.0   NaN
3  1003.0  2018-01-04   GuangZhou  GuangZhou 28.0  2018-C    28.0   2500.0   NaN
4  1004.0  2018-01-05   ShenZhen   ShenZhen  36.0  2018-D    36.0   5500.0   NaN
5  1004.0  2018-01-06   ShenZhen   ShenZhen  36.0  2018-D    36.0   5500.0   NaN
6  1005.0  2018-01-07   NanJing    NanJing   42.0  2018-E    42.0   3800.0   NaN
7  1006.0  2018-01-08   ChangZhou  ChangZhou 152.0 2018-F    152.0  4300.0   NaN
8     NaN  2018-01-09       NaN        NaN    NaN      NaN     NaN   3800.0   NaN
>>> df1. dropna(axis=1,how='all')    #删除全为空值(NaN)的列
     id       date       city       city     age  category   age    price
0  1001.0  2018-01-01   BeiJing    BeiJing   18.0  2018-A    18.0   1200.0
1  1002.0  2018-01-02   ShangHai   ShangHai  20.0  2018-B    20.0   3800.0
```

```
2  1002.0  2018-01-03   ShangHai ShangHai  20.0   2018-B  20.0   3800.0
3  1003.0  2018-01-04  GuangZhou GuangZhou 28.0   2018-C  28.0   2500.0
4  1004.0  2018-01-05   ShenZhen ShenZhen  36.0   2018-D  36.0   5500.0
5  1004.0  2018-01-06   ShenZhen ShenZhen  36.0   2018-D  36.0   5500.0
6  1005.0  2018-01-07    NanJing  NanJing  42.0   2018-E  42.0   3800.0
7  1006.0  2018-01-08 ChangZhou ChangZhou 152.0   2018-F 152.0   4300.0
8     NaN  2018-01-09        NaN      NaN   NaN      NaN   NaN   3800.0
>>> df1. dropna(axis=1,how='any')    #删除任何包含空值(NaN)的列,不删除行
        date      price
0  2018-01-01    1200.0
1  2018-01-02    3800.0
2  2018-01-03    3800.0
3  2018-01-04    2500.0
4  2018-01-05    5500.0
5  2018-01-06    5500.0
6  2018-01-07    3800.0
7  2018-01-08    4300.0
8  2018-01-09    3800.0
#删除全为空值(NaN)的列和有空值(NaN)的行
>>> df1. dropna(axis=1,how='all'). dropna(axis=0,how='any')
      id        date       city      city      age category age price
0  1001.0  2018-01-01   BeiJing   BeiJing   18.0   2018-A  18.0  1200.0
1  1002.0  2018-01-02  ShangHai  ShangHai   20.0   2018-B  20.0  3800.0
2  1002.0  2018-01-03  ShangHai  ShangHai   20.0   2018-B  20.0  3800.0
3  1003.0  2018-01-04 GuangZhou GuangZhou   28.0   2018-C  28.0  2500.0
4  1004.0  2018-01-05  ShenZhen  ShenZhen   36.0   2018-D  36.0  5500.0
5  1004.0  2018-01-06  ShenZhen  ShenZhen   36.0   2018-D  36.0  5500.0
6  1005.0  2018-01-07   NanJing   NanJing   42.0   2018-E  42.0  3800.0
7  1006.0  2018-01-08 ChangZhou ChangZhou  152.0   2018-F 152.0  4300.0
```

3. 去重

在需要处理的数据中,往往会有一些重复的内容,这些内容对输出的结果是无效的,所以我们要进行去重操作。在 DataFrame 中存在重复的行或者行中某几列的值重复时,一般使用 drop()和 drop_duplicates()方法,其结果是产生一个新的 DataFrame。如果将 inplace 参数设置为 True,那么程序将在原来的 DataFrame 上修改数据。

```
>>>dfqc = pd.DataFrame({'a':[1,1,4,3,3],'b'[2,2,3,2,2],'c':[3,3,2,2,4]})
>>>dfqc1 = dfqc
>>>dfqc1
   a  b  c
0  1  2  3
1  1  2  3
2  4  3  2
3  3  2  2
4  3  2  4
#a 列元素有重复,重复的第一行保留,其余行去除
>>> dfqc1.drop_duplicates(subset=['a'],keep='first', inplace=False)
   a  b  c
0  1  2  3
```

```
2    4    3    2
3    3    2    2
```

#a 列元素有重复，重复的最后一行保留，其余行去除
```
>>> dfqc1.drop_duplicates(subset=['a'],keep='last')
     a    b    c
1    1    2    3
2    4    3    2
4    3    2    4
```

#a 列元素有重复的行全部去除，inplace 省略
```
>>> dfqc1.drop_duplicates(subset=['a'], keep=False)

a    b    c
2    4    3    2
```

#a、b、C 列元素都有重复，重复的第一行保留，其余行去除
```
>>> dfqc1.drop_duplicates(subset=['a','b','c'])
     a    b    c
0    1    2    3
2    4    3    2
3    3    2    2
4    3    2    4
```

#subset=None 表示去除所有列元素相同的行
```
>>> dfqc1.drop_duplicates(subset=None,keep='first',inplace=False)
     a    b    c
0    1    2    3
2    4    3    2
3    3    2    2
4    3    2    4
```

#dfqc1 的值经过以上操作未发生变化，因为 inplace 默认为 False，即生成一个副本
#并未在原 DataFrame 上进行删除
```
>>>dfqc1
     a    b    c
0    1    2    3
1    1    2    3
2    4    3    2
3    3    2    2
4    3    2    4
```

#inplace=True 表示在原 DataFrame 上删除重复行，默认为 False，表示生成副本
```
>>> dfqc1.drop_duplicates(inplace=True)
>>> dfqc1
     a    b    c
0    1    2    3
2    4    3    2
3    3    2    2
4    3    2    4
```

```
>>> dfqc    #dfqc 的值发生变化，原因是 dfqc1 = dfqc 是浅复制，如果需要深复制，那么可
```
以用 copy()
```
     a    b    c
0    1    2    3
2    4    3    2
3    3    2    2
4    3    2    4
```

4. 删除数据间的空格

数据间的空格会影响后续数据的统计和计算，所以我们要删除数据间的空格。Python中删除空格的方法有三种：一是删除数据两边的空格；二是单独删除左边的空格；三是单独删除右边的空格。

```
>>> df = pd.DataFrame({"id":[1001, 1002, 1003,1004,1005 1006],"date":
pd.date_range('20180101', periods=6), "city":['BeiJing',' ShangHai ',
'GuangZhou', 'ShenZhen ', ' NanJing', ' ChangZhou '],
"age":[-18,20 ,28,36,36,152], "category":['2018-A','2018-B' ,'2018-C',
'2018-D' ,'2018-E','2018-F'], "price":[1200,2500,5500,5500,4300,62001]},
columns =['id','date','city','age', 'category','price'])
>>> df
    id    date        city          age     category    price
0   1001  2018-01-01  BeiJing       -18     2018-A      1200
1   1002  2018-01-02  ShangHai      20      2018-B      2500
2   1003  2018-01-03  GuangZhou     28      2018-C      5500
3   1004  2018-01-04  ShenZhen      36      2018-D      5500
4   1005  2018-01-05  NanJing       36      2018-E      4300
5   1006  2018-01-06  ChangZhou     152     2018-F      6200
>>> df1 = df.copy()
>>> df1['city'] = df1['city'].map(str.lstrip)      #删除数据两边的空格
>>> df1
    id    date        city          age     category    price
0   1001  2018-01-01  BeiJing       -18     2018-A      1200
1   1002  2018-01-02  ShangHai      20      2018-B      2500
2   1003  2018-01-03  GuangZhou     28      2018-C      5500
3   1004  2018-01-04  ShenZhen      36      2018-D      5500
4   1005  2018-01-05  NanJing       36      2018 E      4300
5   1006  2018-01-06  ChangZhou     152     2018-F      6200
>>> df1['city'] = df1['city'].map(str.lstrip)      #单独删除左边的空格
>>> df1
    id    date        city          age     category    price
0   1001  2018-01-01  BeiJing       -18     2018-A      1200
1   1002  2018-01-02  ShangHai      20      2018-B      2500
2   1003  2018-01-03  GuangZhou     28      2018-C      5500
3   1004  2018-01-04  ShenZhen      36      2018-D      5500
4   1005  2018-01-05  NanJing       36      2018-E      4300
5   1006  2018-01-06  ChangZhou     152     2018-F      6200
>>> df1['city'] = df1['city'].map(str.rstrip)      #单独删除右边的空格
>>> df1
    id    date        city          age     category    price
0   1001  2018-01-01  BeiJing       -18     2018-A      1200
1   1002  2018-01-02  ShangHai      20      2018-B      2500
2   1003  2018-01-03  GuangZhou     28      2018-C      5500
3   1004  2018-01-04  ShenZhen      36      2018-D      5500
4   1005  2018-01-05  NanJing       36      2018-E      4300
5   1006  2018-01-06  ChangZhou     152     2018-F      6200
>>> df1 = df
>>> df1
```

```
      id      date          city          age     category    price
0    1001    2018-01-01    BeiJing       -18     2018-A      1200
1    1002    2018-01-02    ShangHai       20     2018-B      2500
2    1003    2018-01-03    GuangZhou      28     2018-C      5500
3    1004    2018-01-04    ShenZhen       36     2018-D      5500
4    1005    2018-01-05    NanJing        36     2018-E      4300
5    1006    2018-01-06    ChangZhou     152     2018-F      6200
```

5. 字母大小写转换

为了让数据处理结果更为易读，我们可能要对字母的大小写进行统一。在 Python 中，字母大小写转换的方法有 3 种，分别为全部转换为大写、全部转换为小写、转换首字母为大写。

```
>>> df1['city'] = df1['city'].str.lower()        #转换成小写字母
>>> df1
      id      date          city          age     category    price
0    1001    2018-01-01    beijing       -18     2018-A      1200
1    1002    2018-01-02    shanghai       20     2018-B      2500
2    1003    2018-01-03    guangzhou      28     2018-C      5500
3    1004    2018-01-04    shenzhen       36     2018-D      5500
4    1005    2018-01-05    nanjing        36     2018-E      4300
5    1006    2018-01-06    changzhou     152     2018-F      6200
>>> df1['city'] = df1['city'].str.upper()        #转换成大写字母
>>>df1
      id      date          city          age     category    price
0    1001    2018-01-01    BEIJING       -18     2018-A      1200
1    1002    2018-01-02    SHANGHAI       20     2018-B      2500
2    1003    2018-01-03    GUANGZHOU      28     2018-C      5500
3    1004    2018-01-04    SHENZHEN       36     2018-D      5500
4    1005    2018-01-05    NANJING        36     2018-E      4300
5    1006    2018-01-06    CHANGZHOU     152     2018-F      6200
>>> df1['city'] = df1['city'].map(str.lower)     #转换成小写字母
>>>df1
      id      date          city          age     category    price
0    1001    2018-01-01    beijing       -18     2018-A      1200
1    1002    2018-01-02    shanghai       20     2018-B      2500
2    1003    2018-01-03    guangzhou      28     2018-C      5500
3    1004    2018-01-04    shenzhen       36     2018-D      5500
4    1005    2018-01-05    nanjing        36     2018-E      4300
5    1006    2018-01-06    changzhou     152     2018-F      6200
>>> df1['city'] = df1['city'].map(str.upper)     #转换成大写字母
>>>df1
      id      date          city          age     category    price
0    1001    2018-01-01    BEIJING       -18     2018-A      1200
1    1002    2018-01-02    SHANGHAI       20     2018-B      2500
2    1003    2018-01-03    GUANGZHOU      28     2018-C      5500
3    1004    2018-01-04    SHENZHEN       36     2018-D      5500
4    1005    2018-01-05    NANJING        36     2018-E      4300
5    1006    2018-01-06    CHANGZHOU     152     2018-F      6200
```

```
>>> df1['city'] = df1['city'].map(str.title)          #转换首字母为大写
>>>df1
      id        date        city        age    category    price
0    1001    2018-01-01    Beijing     -18    2018-A      1200
1    1002    2018-01-02    Shanghai     20    2018-B      2500
2    1003    2018-01-03    Guangzhou    28    2018-C      5500
3    1004    2018-01-04    Shenzhen     36    2018-D      5500
4    1005    2018-01-05    Nanjing      36    2018-E      4300
5    1006    2018-01-06    Changzhou   152    2018-F      6200
```

6. 关键字段内容统一性检查

为了确保关键字段中的内容统一，需要对数据表中关键字段的内容进行检查。检查内容主要包括数据是否全部为字符或数字，或者是否字符及数字的组合。如果不符合标准就可能存在问题。

```
>>> df =
pd.DataFrame({'a':[18,88,92,22,200],'b':[22,'a',100,90,42],'c':['a','c',
'd','e','f'],'d':['d','e','a',66,'k'],'e':['q','z','#','e','r']},columns
=list('abcde'))
>>> df
a     b     c    d     e
0    18    22    a    d     q
1    88     a    c    e     z
2    92   100    d    a     #
3    22    90    e   66     e
4   200    42    f    k     r
>>>df.info()              #查看 df 的基本信息
<class 'pandas. core. frame. DataFrame'>
RangeIndex: 5 entries, 0 to 4
Data columns (total 5 columns):
 a  5 non-null int64
 b  5 non-null object
 c  5 non-null object
 d  5 non-null object
 e  5 non-null object
dtypes: int64(1), object(4)
memory usage: 280.0 + bytes
 >>>df ['a'].astype(np. string_)     #将 a 列内容转换成字符串
0    b'18'
1    b'88'
2    b'92'
3    b'22'
4    b'200'
Name: a, dtype: bytes168
>>> df['a'] = df['a'].astype(np.string_)     #修改 a 列内容, 转换成字符串类型
>>> df.info()
<class 'pandas.core.frame.DataFrame'>
RangeIndex: 5 entries, 0 to 4
Data columns (total 5 columns):
```

```
a  5 non-null  | S21
b  5 non-null  object
c  5 non-null  object
d  5 non-null  object
e  5 non-null  object
dtypes: bytes 168(1), object(4)
memory usage: 345.0+ bytes
>>>df['a'].apply(lambda x: x.isdigit())    #判断 a 字符串的内容是否全部为数字
 0  True
 1  True
 2  True
 3  True
 4  True
Name: a, dtype: bool
>>>df
a      b    c  d  e
0  b'18'   22   a  d  q
1  b'88'    a   c  e  z
2  b'92'  100   d  a  #
3  b'22'   90   e  66 e
4  b'200'  42   f  k  r
>>>df['b'] = df['b'].astype(np.string_)    #修改 b 列内容，转换成字符串类型
>>>df['b'].apply(lambda x:x.isdigit())     #判断列的内容是否全部为数字
0  True
1  False
2  True
3  True
4  True
Name: b, dtype: bool
>>>df['c'].apply(lambda x:x.isalnum())     #判断 c 列的内容是否全部为字母和数字
0  True
1  True
2  True
3  True
4  True
Name: c, dtype: bool
>>>df['e'].apply(lambda x:x.isalnum())     #判断 e 列的内容是否全部为字母和数字
0  True
1  True
2  False
3  True
4  True
Name: e, dtype: bool
>>>df['c']. apply(lambda x:x.isalpha())    #判断 c 列的内容是否全部为字母
0  True
1  True
2  True
3  True
4  True
Name: c, dtype: bool
```

7. 异常值和极端值查看

正如我们之前所说，在处理数据的过程中会遇到一些特殊的、极端的值，或者是离群点，这些值一般不符合业务逻辑。我们不可能用肉眼一个一个地查找这些数值，所以依然要使用 Python 中的函数来查找异常值和极端值，然后再进行处理。我们查看的方法是使用 describe()函数生成数据的描述统计结果，该函数只会针对数值型变量做计算，主要关注最大值和最小值的情况。

```
>>> df1 = pd.DataFrame(np.arange(12).reshape(3,4))
>>> df1
   0  1  2   3
0  0  1  2   3
1  4  5  6   7
2  8  9  10  11
>>> df1.describe().T    #查看数值型列的汇总统计，并转置
     count  mean  std  min  25%  50%  75%  max
0    3.0    4.0   4.0  0.0  2.0  4.0  6.0  8.0
1    3.0    5.0   4.0  1.0  3.0  5.0  7.0  9.0
2    3.0    6.0   4.0  2.0  4.0  6.0  8.0  10.0
3    3.0    7.0   4.0  3.0  5.0  7.0  9.0  11.0
>>> df1.describe().astype(np.int64)       #查数值型列的汇总统计，并转换成整型
          0      1      2       3
count     3      3      3       3
mean      4      5      6       7
std       4      4      4       4
min       0      1      2       3
25%       2      3      4       5
50%       4      5      6       7
75%       6      7      8       9
max       8      9      10      11
```

8. 数据替换

数据清洗还要对部分错误或非标准化的数据进行统一替换处理，通常使用 replace()函数。replace()函数的基本结构是 df.replace(原值1,新值1, inplace=True)。原值和新值可以用列表或字典给出，例如 df. Replace([原值1,新值1],[原值2,新值2],……)df.replace([原值1:新值1,原值2:新值2])；也可以将多个原值替换成一个值，例如 df.replace([原值1,原值2,原值3,……]，新值)。

replace()函数可以搜索整个 DataFrame，并将其中的所有原值替换成新值，例如 df.replace()；也可以对某一列或几列数据的值进行替换，例如 df[列名].replace()。replace()函数还可以对部分列的字符串进行部分或全部替换，例如 df[列名]=df[列名].str.replace(原字符串的全部或部分，新字符串)。另外，还可以用正则表达式，例如 df.replace('[A-Z]','中国', regex=True),将 df 的 "A-Z" 字母替换为 "中国"，regex=True 必不可少。

```
>>>df1  #如果最大值11和最小值0是异常值，那么可以使用 replace()函数替换异常数据
   0  1  2  3
0  0  1  2  3
```

```
1  4  5  6  7
2  8  9  10  11
#用平均值替换，抛出异常，平均值形状不一致
>>>df1replace([0,11], df1.mean())
Traceback (most recent call last):
  File"<pyshell#183>", line 1, in <module>
    df1.replace([0,11],df1.mean())
 File "C:
\Users\Administrator\AppData\Local\Programs\Python\Python36\lib\site-pac
kages\pandas\core\generic.py", line 4575, in replace
    (len(to_replace), len(value))
ValueError: Replacement lists must match in length. Expecting 2 got 4
>>>df1.mean()
0  4
1  5
2  6
3  7
dtype: float64
>>>df1.mean().mean()    #对 df1 各列的平均值再求平均值
5.5
#replace()中的前一个参数列表内有多个值，后一个参数有一个值
>>> df1.replace([0, 11 ],df 1.mean(). mean())
   0   1  2   3
0  5.5  1  2  3.0
1  4.0  5  6  7.0
2  8.0  9  10  5.5
>>df1       #df1 的值未改变
   0  1  2  3
0  0  1  2  3
1  4  5  6  7
2  8  9  10  11
# inplace=True 表示原地操作，df1 的值被改变
>>> df1.replace([0, 11], df1.mean().mean(), inplace=True)
   0   1  2   3
0  5.5  1  2  3.0
1  4.0  5  6  7.0
2  8.0  9  10  5.5
>>>df = pd.DataFrame({'省份':['城市-A','城市-A','城市 B','城市-B','城市-C',
'城市-C'],'编码':['ab33.33gp','ab33.335s','ab33.88ps','ab33.899g',
'ab33.92ag','ab33.92ap'],'城市':['城市-B','城市-C','城市-A','城市-C',
'城市-A','城市-B'],'suzhilie1':[np.nan,211.86,211.87,211.85,211.85]',
'suzhilie2':[33.88,33.92,np.nan,33.92,33.33,33.38],'suzhile3':
.[211.87,211.85,211.86,211.85,np.nan,211.87]},columns=['省份','编码',
'城市','suzhile1','suzhilie2','suzhilie3'])
>>>df
```

	省份	编码	城市	suzhilie1	suzhilie2	suzhilie3
0	城市-A	ab3333gp	城市-B	NaN	33.88	211.87
1	城市-A	ab33.335s	城市-C	211.86	33.92	211.85
2	城市-B	ab33.88ps	城市-A	211.87	NaN	211.86
3	城市-B	ab33.899g	城市-C	211.87	33.92	211.85
4	城市-C	ab33.92ag	城市-A	211.85	33.33	NaN

```
5   城市-C   ab33.92ap 城市-B   211.85      33.88      211.87
>>>df1 = df.copy()   #深复制备份
>>>df1
      省份      编码      城市   suzhilie1   suzhilie2   suzhilie3
0   城市-A   ab3333gp 城市-B   NaN        33.88      211.87
1   城市-A   ab33.335s 城市-C   211.86     33.92      211.85
2   城市-B   ab33.88ps 城市-A   211.87     NaN        211.86
3   城市-B   ab33.899g 城市-C   211.87     33.92      211.85
4   城市-C   ab33.92ag 城市-A   211.85     33.33      NaN
5   城市-C   ab33.92ap 城市-B   211.85     33.88      211.87
>>>df 1.info()
<class 'pandas.core.frame.DataFrame'>
Int64Index: 6 entries, 0 to 5
Data columns (total 6 columns):
省份        6 non-null object
编码        6 non-null object
城市        6 non-null object
suzhilie1  5 non-null float64
suzhilie2  5 non-null float64
suzhilie3  5 non-null float64
dtypes: float64(3), object(3)
memory usage: 336.0+ bytes
#对df1指定一列进行原地操作，数值211.85被字符A代替
>>>df1['suzhilie3']. replace(211.85,'A',inplace=True)
>>>df1
      省份      编码      城市   suzhilie1   suzhilie2   suzhilie3
0   城市-A   ab3333gp 城市-B   NaN        33.88      211.87
1   城市-A   ab33.335s 城市-C   211.86     33.92      A
2   城市-B   ab33.88ps 城市-A   211.87     NaN        211.86
3   城市-B   ab33.899g 城市-C   211.87     33.92      A
4   城市-C   ab33.92ag 城市-A   211.85     33.33      NaN
5   城市-C   ab33.92ap 城市-B   211.85     33.88      211.87
>>>df1.info()   #suzhilie3列的数值211.85字符A代替后,数据类型由float变为object6
<class 'pandas.core.frame.DataFrame'>
Int64Index: 6 entries, 0 to 5
Data columns (total 6 columns):
省份        6 non-null object
编码        6 non-null object
城市        6 non-null object
suzhilie1  5 non-null float64
suzhilie2  5 non-null float64
suzhilie3  5 non-null object
dtypes: float64(2), object(4)
memory usage: 336.0+bytes
#对df1的整体操作，前列表值对应替换为后列表值
>>>df1.replace(['A',33.88],['B',100])
      省份      编码      城市   suzhilie1   suzhilie2   suzhilie3
0   城市-A   ab3333gp 城市-B   NaN        33.88      211.87
1   城市-A   ab33.335s 城市-C   211.86     33.92      B
2   城市-B   ab33.88ps 城市-A   211.87     NaN        211.86
3   城市-B   ab33.899g 城市-C   211.87     33.92      B
```

	省份	编码	城市	suzhilie1	suzhilie2	suzhilie3
4	城市-C	ab33.92ag	城市-A	211.85	33.33	NaN
5	城市-C	ab33.92ap	城市-B	211.85	33.88	211.87

```
>>>df1  #上一步操作没有给 df1 重新赋值，或使用 inplace=True，因此 df1 未变
```

	省份	编码	城市	suzhilie1	suzhilie2	suzhilie3
0	城市-A	ab3333gp	城市-B	NaN	33.88	211.87
1	城市-A	ab33.335s	城市-C	211.86	33.92	A
2	城市-B	ab33.88ps	城市-A	211.87	NaN	211.86
3	城市-B	ab33.899g	城市-C	211.87	33.92	A
4	城市-C	ab33.92ag	城市-A	211.85	33.33	NaN
5	城市-C	ab33.92ap	城市-B	211.85	33.88	211.87

```
#对 df1 的整体操作，功能同上，这里使用字典，键替换为值
>>>df1.replace({'A':'B',33.88:100})
```

	省份	编码	城市	suzhilie1	suzhilie2	suzhilie3
0	城市-A	ab3333gp	城市-B	NaN	100:00	211.87
1	城市-A	ab33.335s	城市-C	211.86	33.92	B
2	城市-B	ab33.88ps	城市-A	211.87	NaN	211.86
3	城市-B	ab33.899g	城市-C	211.87	33.92	B
4	城市-C	ab33.92ag	城市-A	211.85	33.33	NaN
5	城市-C	ab33.92ap	城市-B	211.85	100:00	211.87

```
>>>df1
```

	省份	编码	城市	suzhilie1	suzhilie2	suzhilie3
0	城市-A	ab3333gp	城市-B	NaN	33.88	211.87
1	城市-A	ab33.335s	城市-C	211.86	33.92	A
2	城市-B	ab33.88ps	城市-A	211.87	NaN	211.

	省份	编码	城市	suzhilie1	suzhilie2	suzhilie3
0	城市-A	ab3333gp	城市-B	NaN	B	211.87
1	城市-A	ab33.335s	城市-C	211.86	33.92	B
2	城市-B	ab33.88ps	城市-A	211.87	NaN	211.86
3	城市-B	ab33.899g	城市-C	211.87	33.92	B
4	城市-C	ab33.92ag	城市-A	211.85	33.33	NaN
5	城市-C	ab33.92ap	城市-B	211.85	B	211.87

```
#df1 的一列有多个值，替换为对应的多个值
>>>df1['城市'].replace(['城市-B','城市-A'],['A','E'],inplace=True)
>>>df1
```

	省份	编码	城市	suzhilie1	suzhilie2	suzhilie3
0	城市-A	ab3333gp	A	NaN	33.88	211.87
1	城市-A	ab33.335s	城市-C	211.86	33.92	A
2	城市-B	ab33.88ps	E	211.87	NaN	211.86
3	城市-B	ab33.899g	城市-C	211.87	33.92	A
4	城市-C	ab33.92ag	E	211.85	33.33	NaN
5	城市-C	ab33.92ap	A	211.85	33.88	211.87

```
#对 df1 的整体操作，regex=Ture 表示用正则表达式，所有的字母 A~Z 替换为城市
>>>df1.replace('[A-Z]','城市',regex=Ture)
```

	省份	编码	城市	suzhilie1	suzhilie2	suzhilie3
0	城市-A	ab3333gp	城市	NaN	33.88	211.87
1	城市-A	ab33.335s	城市-城市	211.86	33.92	城市
2	城市-B	ab33.88ps	城市	211.87	NaN	211.86
3	城市-B	ab33.899g	城市-城市	211.87	33.92	城市
4	城市-C	ab33.92ag	城市	211.85	33.33	NaN
5	城市-C	ab33.92ap	城市	211.85	33.88	211.87

```
>>>df1  #上一步操作没有给 df1 重新赋值，或使用 inplace=True，因此 df1 未变
```

```
      省份        编码        城市    suzhilie1   suzhilie2   suzhilie3
0   城市-A    ab3333gp      A       NaN         33.88       211.87
1   城市-A    ab33.335s  城市-C     211.86       33.92         A
2   城市-B    ab33.88ps     E       211.87       NaN        211.86
3   城市-B    ab33.899g  城市-C     211.87       33.92         A
4   城市-C    ab33.92ag     E       211.85       33.33        NaN
5   城市-C    ab33.92ap     A       211.85       33.88       211.87
>>>df1info()     #查看df1各列的类型
<class 'pandas.core.frame.DataFrame'>
 RangeIndex: 6 entries,0 to 5
 Data columns (total 6 columns):
省份         6 non-null object
编码         6 non-null object
城市         6 non-null object
suzhilie1  5 non-null float64
suzhilie2  5 non-null float64
suzhilie3  5 non-null object
dtypes: float64(2), object(4)
memory usage: 368.0+ bytes
#对df1的整体操作,只有suzhile2列的数值型数据33.88替换为字符型数据B
>>>df1.replace(33.88,'B')
      省份        编码        城市    suzhilie1   suzhilie2   suzhilie3
0   城市-A    ab3333gp      A       NaN          B          211.87
1   城市-A    ab33.335s  城市-C     211.86       33.92         A
2   城市-B    ab33.88ps     E       211.87       NaN        211.86
3   城市-B    ab33.899g  城市-C     211.87       33.92         A
4   城市-C    ab33.92ag     E       211.85       33.33        NaN
5   城市-C    ab33.92ap     A       211.85        B          211.87
>>>df1
      省份        编码        城市    suzhilie1   suzhilie2   suzhilie3
0   城市-A    ab3333gp      A       NaN         33.88       211.87
1   城市-A    ab33.335s  城市-C     211.86       33.92         A
2   城市-B    ab33.88ps     E       211.87       NaN        211.86
3   城市-B    ab33.899g  城市-C     211.87       33.92         A
4   城市-C    ab33.92ag     E       211.85       33.33        NaN
5   城市-C    ab33.92ap     A       211.85       33.88       211.87
#不能将编码列33.88替换为B
>>>df1['编码']=df1['编码'].replace('33.88','B')
>>>df1
      省份        编码        城市    suzhilie1   suzhilie2   suzhilie3
0   城市-A    ab3333gp      A       NaN         33.88       211.87
1   城市-A    ab33.335s  城市-C     211.86       33.92         A
2   城市-B    ab33.88ps     E       211.87       NaN        211.86
3   城市-B    ab33.899g  城市-C     211.87       33.92         A
4   城市-C    ab33.92ag     E       211.85       33.33        NaN
5   城市-C    ab33.92ap     A       211.85       33.88       211.87
#用str转换为字符型,实现将编码列33.88替换为B
>>>df1['编码'] = df1['编码'].replace(33.88,B)
>>>df1
      省份        编码        城市    suzhilie1   suzhilie2   suzhilie3
0   城市-A    ab3333gp      A       NaN         33.88       211.87
```

```
1    城市-A    ab33.335s 城市-C    211.86       33.92         A
2    城市-B    ab33.88ps    E      211.87       NaN          211.86
3    城市-B    ab33.899g 城市-C    211.87       33.92         A
4    城市-C    ab33.92ag    E      211.85       33.33         NaN
5    城市-C    ab33.92ap    A      211.85       33.88         211.87
>>>df1['编码'] = df1['编码'].str.replace(33.88,B)
>>>df1
     省份       编码       城市    suzhilie1    suzhilie2    suzhilie3
0    城市-A    ab3333gp     A      NaN          33.88         211.87
1    城市-A    ab33.335s 城市-C    211.86       33.92         A
2    城市-B    abBps        E      211.87       NaN          211.86
3    城市-B    ab33.899g 城市-C    211.87       33.92         A
4    城市-C    ab33.92ag    E      211.85       33.33         NaN
5    城市-C    ab33.92ap    A      211.85       33.88         211.87
>>>df1 = df1.str.replace('33.92','Y')      # DataFrame 不可用.str
Traceback ( most recent call last):
……
AttributeError:'DataFrame' object has no attribute 'str'
>>>df1[['编码','suzhilie2']].str.replace('33.92','Y')
#原因同上
Traceback ( most recent call last):
……
AttributeError:'DataFrame' object has no attribute 'str'
```

9. 更改数据格式

在数据处理过程中，我们需要根据需求设置数据格式。例如，贷款金额通常为整数，因此数据格式设置为 int64；如果是利息字段，由于会有小数，因此通常设置数据格式为 float64。我们更改数据格式使用的函数是 astype()。

```
>>>df1
     省份       编码       城市    suzhilie1    suzhilie2    suzhilie3
0    城市-A    abY.Ygp      A      NaN          33.88         211.87
1    城市-A    abY.Y5s   城市-C    211.86       33.92         A
2    城市-B    abBps        E      211.87       NaN          211.86
3    城市-B    abY.899g  城市-C    211.87       33.92         A
4    城市-C    abY.92ag     E      211.85       33.33         NaN
5    城市-C    abY.92ap     A      211.85       33.88         211.87
>>>df1.info()
<class'pandas.core.frame. DataFrame'>
Int64Index: 6 entries, 0 to 5
Data columns (total 6 columns):
省份            6 non-null object
编码            6 non-null object
城市            6 non-null object
suzhilie1     5 non-null float64
suzhilie2     5 non-null float64
suzhilie3     5 non-null object
dtypes: float64(2), object(4)
memory usage: 336.0+bytes
```

```
# suzhilie2 列有空值 (NaN)，不能更改数据格式
>>> df1['suzhilie2'] = df1['suzhilie2'].astype(np.int64)
Traceback(most recent call last):
...
ValueError: Cannot convert non-finite values (NA or inf) to integer
...
```

```
#用该列的均值填充
>>>df1['suzhilie2'] = df1['suzhilie2'],fillna(df1['suzhilie2'].mean())
>>>df1
```

	省份	编码	城市	suzhilie1	suzhilie2	suzhilie3
0	城市-A	abY.Ygp	A	NaN	33.880	211.87
1	城市-A	abY.Y5s	城市-C	211.86	33.920	A
2	城市-B	abBps	E	211.87	33.786	211.86
3	城市-B	abY.899g	城市-C	211.87	33.920	A
4	城市-C	abY.92ag	E	211.85	33.330	NaN
5	城市-C	abY.92ap	A	211.85	33.880	211.87

```
#将 suzhilie2 列的数据格式改为np.int64
>>> df1['suzhilie2'] = df1['suzhilie2'].astype(np.int64)
>>>df1
```

	省份	编码	城市	suzhilie1	suzhilie2	suzhilie3
0	城市-A	abY.Ygp	A	NaN	33	211.87
1	城市-A	abY.Y5s	城市-C	211.86	33	A
2	城市-B	abBps	E	211.87	33	211.86
3	城市-B	abY.899g	城市-C	211.87	33	A
4	城市-C	abY.92ag	E	211.85	33	NaN
5	城市-C	abY.92ap	A	211.85	33	211.87

```
>>> df1.info()
<class 'pandas.core.frame.DataFrame'>
Int64Index: 6 entries, 0 to 5
Data columns (total 6 columns):
省份          6 non-null object
编码          6 non-null object
城市          6 non-null object
suzhilie1   5 non-null float64
suzhilie2   6 non-null int64
suzhilie3   5 non-null object
dtypes: float64(1), int64(1), object(4)
memory usage: 336.0+ bytes
```

```
#将 suzhilie2 列的数据格式改为np.float64
>>> df1['suzhilie2'] = df1['suzhilie2'].astype(np.float64)
>>> df1
```

	省份	编码	城市	suzhilie1	suzhilie2	suzhilie3
0	城市-A	abY.Ygp	A	NaN	33.0	211.87
1	城市-A	abY.Y5s	城市-C	211.86	33.0	A
2	城市-B	abBps	E	211.87	33.0	211.86
3	城市-B	abY.899g	城市-C	211.87	33.0	A
4	城市-C	abY.92ag	E	211.85	33.0	NaN
5	城市-C	abY.92ap	A	211.85	33.0	211.87

```
>>> df1.info()
<class 'pandas.core.frame.DataFrame'>
RangeIndex: entries, 0 to 5
```

```
Data columns (total 6 columns):
省份          6 non-null object
编码          6 non-null object
城市          6 non-null object
suzhilie1    5 non-null float64
suzhilie2    6 non-null float64
suzhilie3    5 non-null object
dtypes: float64(2), object(4)
memory usage: 368.0+ bytes
```

10. 重命名列名

最后我们还可以依据需求对列的名称进行赋值修改，可用 rename()函数实现浅复制，或通过 inplace = True 实现深复制。

```
>>>df1
     省份      编码       城市    suzhilie1   suzhilie2   suzhilie3
0   城市-A   abY.Ygp    A        NaN        33        211.87
1   城市-A   abY.Y5s   城市-C   211.86      33          A
2   城市-B   abBps      E       211.87      33        211.86
3   城市-B   abY.899g  城市-C   211.87      33          A
4   城市-C   abY.92ag   E       211.85      33         NaN
5   城市-C   abY.92ap   A       211.85      33        211.87
>>> df1.columns       #当前的列名称
Index(['省份','编码','城市','suzhilie1','suzhilie2','suzhilie3'],
dtype='object')
#重命名列名称 columns 为 0、1、2、3、4、5，原地修改
>>>df1.columns=[0,1,2,3,4,5]
>>>df1
       0         1        2         3          4          5
0   城市-A   abY.Ygp    A        NaN        33        211.87
1   城市-A   abY.Y5s   城市-C   211.86      33          A
2   城市-B   abBps      E       211.87      33        211.86
3   城市-B   abY.899g  城市-C   211.87      33          A
4   城市-C   abY.92ag   E       211.85      33         NaN
5   城市-C   abY.92ap   A       211.85      33        211.87
#重命名 columns，原地修改
df1.columns=['省份','编码','城市','suzhilie1','suzhilie2','suzhilie3']
>>>df1
     省份      编码       城市    suzhilie1   suzhilie2   suzhilie3
0   城市-A   abY.Ygp    A        NaN        33        211.87
1   城市-A   abY.Y5s   城市-C   211.86      33          A
2   城市-B   abBps      E       211.87      33        211.86
3   城市-B   abY.899g  城市-C   211.87      33          A
4   城市-C   abY.92ag   E       211.85      33         NaN
5   城市-C   abY.92ap   A       211.85      33        211.87
#非原地修改
>>> df1.rename(columns={'省份':0,'编码':1,'城市
':2,'suzhilie1':3,'suzhilie2':4,'suzhilie3':5}
       0        1        2        3          4          5
0   城市-A   abY.Ygp    A       NaN        33        211.87
```

```
1   城市-A   abY.Y5s    城市-C   211.86      33          A
2   城市-B   abBps      E        211.87      33          211.86
3   城市-B   abY.899g   城市-C   211.87      33          A
4   城市-C   abY.92ag   E        211.85      33          NaN
5   城市-C   abY.92ap   A        211.85      33          211.87
>>>df1  #非原地修改，df1 的 columns 未变
       省份     编码      城市   suzhilie1   suzhilie2   suzhilie3
0   城市-A   abY.Ygp    A        NaN         33          211.87
1   城市-A   abY.Y5s    城市-C   211.86      33          A
2   城市-B   abBps      E        211.87      33          211.86
3   城市-B   abY.899g   城市-C   211.87      33          A
4   城市-C   abY.92ag   E        211.85      33          NaN
5   城市-C   abY.92ap   A        211.85      33          211.87
# rename()原地修改，可用 inplace=True
>>> df1.rename(columns={'省份':0,'编码':1,'城市
':2,'suzhilie1':3,'suzhilie2':4,'suzhilie3':5},inplace=True)
>>>df1
         0         1        2         3           4           5
0   城市-A   abY.Ygp    A        NaN         33          211.87
1   城市-A   abY.Y5s    城市-C   211.86      33          A
2   城市-B   abBps      E        211.87      33          211.86
3   城市-B   abY.899g   城市-C   211.87      33          A
4   城市-C   abY.92ag   E        211.85      33          NaN
5   城市-C   abY.92ap   A        211.85      33          211.87
>>>type(df1.columns)
<class 'pandas.core.indexes.numeric.Int64Index'>
>>> type(df1.index)
<class 'pandas.core.indexes.range.RangeIndex'>
>>>df1.columns
Int64index([0,1,2,3,4,5], dtype=int64)
```

经过前面这几步，数据的清洗工作就基本完成了。那么，我们能够直接使用这些数据了吗？其实也可以，但为了在之后的数据处理工作中更为便捷，我们可以继续对数据进行处理。

(六)Pandas 数据预处理方法

1. 数据表合并

有时数据存在于多个表单之中，需要将表单进行合并以便得到我们需要的数据。

在 Python 中，可以用两种函数进行数据表合并：一是 merge()，二是 concat()。

merge()函数可以根据一个或多个键将不同 DataFrame 类型的数据按行连接起来，而 concat()函数可以沿着一条轴将多个对象堆叠到一起。

首先，我们使用 merge()函数合并数据表。

merge()函数的格式如下：

```
merge(left, right, how='inner', on=None, left_on=None, right_on=None,
left_index=False, right_index= False, sort=True, suffixes=('_x','_y'),
copy= True, indicator=False)
```

其中，left 与 right 是两个不同的 DataFrame 类型数据。

How。How 是指合并(连接)的方式，有 inner(内连接)、left(左外连接)、right(右外连接)、outer(外连接)，默认为 inner。

On。On 是指用于连接的列索引名称，必须存在于左、右两个 DataFrame 对象中。如果没有指定 DataFrame 对象且其他参数也未指定，就以两个 DataFrame 的重叠列名作为连接键。

left_on。左侧 DataFrame 对象中用作连接键的列名。当两个 DataFrame 对象中没有相同的列名，但有含义相同的列时，就可以使用这个参数。

right_on。与 left_on 配合使用，是右侧 DataFrame 对象中用作连接键的列名。

left_index。left_index 是指使用左侧 DataFrame 对象中的行索引作为连接键。

right_index。right_index 是指使用右侧 DataFrame 对象中的行索引作为连接键。

sort。sort 是指默认为 True，将合并的数据进行排序。在大多数情况下，将 sort 设置为 False 可以提高性能。

suffixes。suffixes 是指字符串值组成的元组，当左、右 DataFrame 对象中存在相同的列名时，用于指定列名后面附加的后缀名称，默认为('_x', '_y')。

copy。默认为 True，总是将数据复制到数据结构中。在大多数情况下，设置 copy 为 False 可以提高性能。

接下来我们看一个例子。[①]

```
>>> df1 = pd.
DataFrame({'id':['1001','1002','1003'],'name':['mily','jake','merry']})
>>> df1
    id    name
0  1001   mily
1  1002   jake
2  1003  merry
>>> df2 =
pd.DataFrame({'id':['1001','1002','1004'],'score':['82','95','77']})
   id    score
0  1001    82
1  1002    95
2  1004    77
>>> df3 = pd.merge(df1,df2)      #默认以重叠的列名当作连接键
>>> df3
    id    name   score
0  1001   mily     82
1  1002   jake     95
#当两个 DataFrame 对象中的列名不相同时，需要用 left_on 和 right_on 进行设置
>>> df22 = pd.DataFrame({'sid':['1001','1002','1004'],'score':[82,95,77]})
#df1 中的 id 和 df22 中的 sid 作为连接键
>>> df33=pd.merge(df1, df22, left_ on='id', right_on='sid')
>>> df33
    id    name    score   sid
```

---

① 丁辉. Python 基础与大数据应用[M]. 北京：人民邮电出版社，2020.

```
0  1001   mily     82  1001
1  1002   jake     95  1002
#左连接，保留左边 df1 中的所有行，如果有的列中没有数据，就以 NaN 填充
>>> pd.merge(df1, df2, how='left')
     id    name    score
0  1001   mily     82
1  1002   jake     95
2  1003   merry    NaN
#右连接，保留右边 d2 中的所有行，如果有的列中没有数据，就以 NaN 填充
>>> pd.merge(df1, df2, how='right')
     id    name    score
0  1001   mily     82
1  1002   jake     95
2  1004   NaN      77
>>> pd.merge(df1,df2,how='outer')     #外连接，相当于 df1、df2 并集
     id    name    score
0  1001   mily     82
1  1002   jake     95
2  1003   merry    NaN
3  1004   NaN      77
>>> pd.merge(df1,df2,how='inner')     #内连接，相当于 df1、df2 交集
     id    name    score
0  1001   mily     82
1  1002   jake     95
```

除了 merge()函数以外，我们还可以使用 concat()函数进行拼接。

需要注意的是，concat()函数用于拼接而不是合并，concat()可以指定按某个轴进行连接，也可以指定连接的方式(outer 或 inner)。

concat()函数的格式如下：

```
concat(objs,axis=0, join=outer,join_axes=None,ignore_index=False,
keys=None, levels=None,names=None,verify_integrity=False, copy=True)
```

其中，objs 是指参与连接的对象，唯一必须给定的参数。

axis：指明连接的轴向，0 是纵轴，1 是横轴，默认是 0。

join：inner 是指交集，outer 是指并集，默认是 outer。

```
>>> df1
     id    name
0  1001   mily
1  1002   jake
2  1003   merry
>>>df2
     id    score
0  1001   82
1  1002   95
2  1003   77
#axis=0 是纵轴拼接，索引直接拼接
>>> df3 = pd.concat([df1, df2],axis=0, sort=True)
     id    name    score
```

```
0  1001   mily    NaN
1  1002   jake    NaN
2  1003  merry    NaN
0  1001   NaN     82
1  1002   NaN     95
2  1004   NaN     77
>>>df4 = pd.concat([df1,df2],axis=1)      #axis=1 是横轴拼接
 id    name     id   score
0  1001   mily   1001    82
1  1002   jake   1002    95
2  1003  merry   1004    77
>>>pd.concat([df1,df2],axis=0,join='outer')
    id    name   score
0  1001   mily    NaN
1  1002   jake    NaN
2  1003  merry    NaN
0  1001   NaN    82.0
1  1002   NaN    95.0
2  1004   NaN    77.0
#在横向连接中，要加上 join 参数的属性，如果是 outer，那么得到的是两个表对象的并集
>>>pd.concat([2],==inner)
id
0  1001
1  1002
2  1003
0  1001
1  1002
2  1004
#在横向连接中，要加上 join 参数的属性，如果是 inner，那么得到的是两个表对象的交集
```

2. 设置索引列

前面我们学习了合并数据表的方法，但如果发现数据表中的索引列名称有问题，或者想要对某个索引列进行操作时，就可以用 Pandas 的函数进行设置。

在 Pandas 中，我们可以使用 3 种方式来设置索引。

我们先来看一下 reset_index()函数，它能够使索引按 0、1、2、3 的顺序递增。

```
>>>df1 = pd.
DataFrame({'id':['1001','1002','1003'],'name':['mily','jake','merry']})
>>>df1
    id     name
0  1001    mily
1  1002    jake
2  1003    merry
>>> df2 = pd.DataFrame({'id':['1001','1002','1004'],'score':[82,95,77]})
>>> df2
    id    score
0  1001    82
1  1002    95
2  1004    77
```

```
>>> df3 = pd.concat([df1,df2],axis=0)    # axis=0 是纵轴拼接，索引直接拼接
   id     name    score
0  1001   mily    NaN
1  1002   jake    NaN
2  1003   merry   NaN
0  1001   NaN     82
1  1002   NaN     95
2  1004   NaN     77
#使用 reset_index()设置索引，原行索引作为一列保留，列名为 index
>>> df3.reset_index()
   Index   id    name    score
0      0   1001  mily    NaN
1      1   1002  jake    NaN
2      2   1003  merry   NaN
3      0   1001  NaN     82
4      1   1002  NaN     95
5      2   1004  NaN     77
>>> df3    #重新索引，inplace 默认为 False，所以 df3 保持原状
   id     name    score
0  1001   mily    NaN
1  1002   jake    NaN
2  1003   merry   NaN
0  1001   NaN     82.0
1  1002   NaN     95.0
2  1004   NaN     77.0
>>> df3.reset_index(drop=True)    #drop=True，删除原索引列
   id     name    score
0  1001   mily    NaN
1  1002   jake    NaN
2  1003   merry   NaN
3  1001   NaN     82.0
4  1002   NaN     95.0
5  1004   NaN     77.0
```

我们还可以使用 set_index()函数，使索引按 0、1、2、3 的顺序递增。

```
# drop 为 True，就会移出该列的数据，设置 d 列为新索引
>>> df4 = df3.set_index('id', inplace=False, drop=True)
>>> df4
       name    score
id
1001   mily    NaN
1002   jake    NaN
1003   merry   NaN
1001   NaN     82
1002   NaN     95
1004   NaN     77
>>> df4.index
 Index(['1001','1002','1003','1001', '1002','1004'], dtype='object' name='id')
>>> df4.values
array([['mily',nan],
```

```
['jake',nan],
     [merry, nan],
     [nan, 82.0],
[nan,95.0]
     [nan, 77.0]], dtype=object)
#drop 为 False, 就不移掉该列的数据
>>> df3.set_index('id', inplace=False, drop=False)
        id      name      score
id
1001    1001    mily      NaN
1002    1002    jake      NaN
1003    1003    merry     NaN
1001    1001    NaN       82
1002    1002    NaN       95
1004    1004    NaN       77
```

此外，使用 reindex() 函数可以重新排序索引和指定索引。

在使用 reindex() 创建一个适应新索引的新对象后，原对象不变；而如果某个索引值不存在，就会引入缺失值 NaN。

使用 reindex() 可以通过 fill_value 参数填充默认值，也可以通过 method 参数设置填充方法。method 参数若取值为 ffill 或 pad，就可实现前向填充(或搬运)值；若取值为 bfill 或 backfill，就可实现后向填充(或搬运)值。当然，reindex() 也可以通过 columns 参数对列进行重新索引。

```
>>> df = pd.DataFrame(np. arange().reshape((3, 3),
index=['a','c','d'],columns=['A','B','C'])
>>> df
  A  B  C
a 0  1  2
c 3  4  5
d 6  7  8
#索引值不存在，引入缺失值 NaN，增加 D 列，值为 NaN
>>> df.reindex(index=['a','b','c','d'],columns=list(df.columns)+['D'])
    A     B     C     D
a   0     1     2     NaN
b   NaN   NaN   NaN   NaN
c   3     4     5     NaN
d   6     7     8     NaN
>>> df   #创建一个适应新索引的新对象，原对象不变
  A  B  C
a 0  1  2
c 3  4  5
d 6  7  8
#填充默认值
>>> df.reindex(index=['a', 'b', 'c', 'd'],
columns=list(df.columns)+['D'],fill_value-0)
  A  B  C  D
a 0  1  2  0
b 0  0  0  0
```

```
c  3  4   5   0
d  6  7   8   0
>>> df     #创建一个适应新索引的新对象，原对象不变
   A  B  C
a  0  1  2
c  3  4  5
d  6  7  8
>>>
df.reindex(index=['a','b','c','d'],columns=list(df.columns)+['D'],method
='ffill')
#前向填充
   A  B  C  D
a  0  1  2  2
b  0  1  2  2
c  3  4  5  5
d  6  7  8  8
>>> df.reindex(index=['a','b','c','d'],columns=list
columns)+['D'],method='pad')  #同上      A  B  C  D
a  0  1  2  2
b  0  1  2  2
c  3  4  5  5
d  6  7  8  8
>>> df.reindex(index=['a','b','c','d'],columns=list (columns)+['D'],
method='bfill')
#后向填充
A  B  C  D
a  0  1  2  NaN
b  3  4  5  NaN
c  3  4  5  NaN
d  6  7  8  NaN
>>> df.reindex(index=['a','b','c','d'],columns=list (columns)+['D'],
method='backfill')
#同上
A  B  C  D
a  0  1  2  NaN
b  3  4  5  NaN
c  3  4  5  NaN
d  6  7  8  NaN
```

3. 按索引列排序

接下来，再给大家介绍一些常用的函数与方法。首先是 sort_index()函数，它能够让数据按索引进行排序。下面我们来看一个例子。

```
>>> df3
   id   name  score
0  1001  mily   NaN
1  1002  jake   NaN
2  1003  merry  NaN
0  1001  NaN    82
1  1002  NaN    95
```

```
2 1004  NaN    77
>>> df.sort_index      #按索引排序
   id   name  score
0 1001  mily   NaN
0 1001  NaN    82
1 1002  jake   NaN
1 1002  NaN    95
2 1003  merry  NaN
2 1004  NaN    77
>>> df4
      name   score
id
1001   mily    NaN
1002   jake    NaN
1003   merry   NaN
1001   NaN     82
1002   NaN     95
1004   NaN     77
>>> df.sort_index()      #按索引排序
      name   score
id
1001   mily    NaN
1001   NaN     82
1002   jake    NaN
1002   NaN     95
1003   merry   NaN
1004   NaN     77
```

4. 按特定列的值排序

通常，索引就像是序号，它所具有的意义是比较小的。所以，有时我们更希望使用特定列的值进行排序，能更清晰地说明问题。这时，我们就可以使用 sort_value()的方式进行操作。

```
>>> df3
   id   name  score
0 1001  mily   NaN
1 1002  jake   NaN
2 1003  merry  NaN
0 1001  NaN    82
1 1002  NaN    95
2 1004  NaN    77
>>> df.sort_values(by=['score'])      #按 score 列排序
   id   name  score
2 1004  NaN    77.0
0 1001  NaN    82.0
1 1002  NaN    95.0
0 1001  mily   NaN
1 1002  jake   NaN
2 1003  merry  NaN
```

5. 根据条件填充列

在依据数值排列后，我们可以进一步依据某些值划分区域。此时，我们可以使用 where() 函数填充一列新数据。

```
#如果 price 列的值大于 3000，那么 group 列填充 high，否则填充 low
>>> df = pd.DataFrame({"id":[1001, 1002,1003,1004,1005, 1006], "date":
pd.date_range('20180101', periods=6), "city":['BeiJing', ' ShangHai ',
'GuangZhou ','ShenZhen ','NanJing', ' ChangZhou '], "age":
[-18,20 ,28,36,36,152], "category":['2018-A','2018-B' ,'2018-C',
'2018-D','2018-E','2018-F'], "price":[1200 ,2500,5500,5500,4300,6200]},
columns =['id','date','city','age','category','price'])
>>>df
   id      date         city       age   category   price
0  1001   2018-01-01    BeiJing     -18   2018-A     1200
1  1002   2018-01-02    ShangHai     20   2018-B     2500
2  1003   2018-01-03    GuangZhou    28   2018-C     5500
3  1004   2018-01-04    ShenZhen     36   2018-D     5500
4  1005   2018-01-05    NanJing      36   2018-E     4300
5  1006   2018-01-06    ChangZhou   152   2018-F     6200
增加列 group，并填充 high 或 low
>>> df['group'] =np. where(df['price']>3000,'high', 'low')
>>> df
   id      date         city       age   category   price   group
0  1001   2018-01-01    BeiJing     -18   2018-A     1200    low
1  1002   2018-01-02    ShangHai     20   2018-B     2500    low
2  1003   2018-01-03    GuangZhou    28   2018-C     5500    high
3  1004   2018-01-04    ShenZhen     36   2018-D     5500    high
4  1005   2018-01-05    NanJing      36   2018-E     4300    high
5  1006   2018-01-06    ChangZhou   152   2018-F     6200    high
#对符合条件的数据进行分组标记
#注意，此处的 NanJing 前有一个空格
>>> df.loc[(df['city'] == 'NanJing')&(df['price'] >= 4000),'sign']=1
   id      date         city       age   category   price   group  sign
0  1001   2018-01-01    BeiJing     -18   2018-A     1200    low    NaN
1  1002   2018-01-02    ShangHai     20   2018-B     2500    low    NaN
2  1003   2018-01-03    GuangZhou    28   2018-C     5500    high   NaN
3  1004   2018-01-04    ShenZhen     36   2018-D     5500    high   NaN
4  1005   2018-01-05    NanJing      36   2018-E     4300    high   1.0
5  1006   2018-01-06    ChangZhou   152   2018-F     6200    high   NaN
```

6. 拆分列

最后，我们还可能会遇到一种情况，那就是需要对数据的列进行拆分。这里，我们对 category 的值进行分列并创建数据表，索引值为 df.index，列名称为 category 和 size。

```
>>> df_split = pd.DataFrame((x.split('-') for x in df['category']),
index=df.index,columns=\ ['category','size'])
  category   size
0   2018     A
1   2018     B
```

```
2    2018    C
3    2018    D
4    2018    E
5    2018    F
#合并数据
>>> df = pd.merge(df,df_split,right_index=True,left_ index=True)
>>> df
    id      date      city      age  category_x  price  group  sign category_y  size
0 1001 2018-01-01 BeiJing      -18    2018-A     1200   low   NaN    2018      A
1 1002 2018-01-02 ShangHai      20    2018-B     2500   low   NaN    2018      B
2 1003 2018-01-03 GuangZhou     28    2018-C     5500   high  NaN    2018      C
3 1004 2018-01-04 ShenZhen      36    2018-D     5500   high  NaN    2018      D
4 1005 2018-01-05 NanJing       36    2018-E     4300   high  1.0    2018      E
5  1006 2018-01-06 ChangZhou   152   2018-F     6200   high  NaN    2018      F
```

(七)用 Pandas 提取数据

在处理数据时，我们并不需要所有的数据，否则工作量太大，致使计算机可能处理得很慢，甚至根本处理不过来，这时就需要提取数据。

提取数据主要用到的 3 个函数：loc()、iloc()和 ix()。loc()函数按标签值提取数据，iloc()函数按索引位置提取数据，ix()函数可以同时按标签值和索引位置提取数据。

我们以下面这组数据为例。①

```
>>> df =
pd.DataFrame({"id":[1001.1002,1003,1004,1005,1006],"date":pd.date_range
('20180101', penods=6), "oity":['Beiing',' ShangHai ','GuangZhou ',
'ShenZhen ',' Nanjing',' ChangZhou '], "age":[-18,20 ,28,36,36,152],
"category":['2018-A','2018-B' ,'2018-C','2018-D' ,'2018-E','2018-F'],
"price":[1200,2500,5500,5500,4300,6200]}, columns =['id','date', 'city',
'age','category','price'])
>>>df
    id      date        city      age    category    price
0  1001  2018-01-01  BeiJing     -18    2018-A      1200
1  1002  2018-01-02  ShangHai     20    2018-B      2500
2  1003  2018-01-03  GuangZhou    28    2018-C      5500
3  1004  2018-01-04  ShenZhen     36    2018-D      5500
4  1005  2018-01-05  NanJing      36    2018-E      4300
5  1006  2018-01-06  ChangZhou   152    2018-F      6200
```

1. Pandas 提取数据的方法

1) 提取单行、单列数据

提取单行或单列数据时，可以使用 loc[]函数，在[]中输入数字就能提取该行的数据。如果要提取多行数据，那么可以用冒号隔开起始行和最终行；如果要提取某一列数据，则可以使用 loc[]函数，在[]中输入:,[]，在[]中再写入标签即可。

---

① 丁辉. Python 基础与大数据应用[M]. 北京：人民邮电出版社，2020.

当然，iloc()和 ix()也可以做到提取单行或单列数据，具体操作如下。

```
>>> df.loc[3]      #按行索引的标签 3 提取第 3 行数据
id             1004
date   2018-01-04 00:00:00
city           ShenZhen
age            36
category       2018-D
price          5500
Name: 3, dtype: object
>>> df.loc[3:4]     #冒号前后的数字是行索引的标签名称
      id     date       city      age    category    price
3    1004  2018-01-04  ShenZhen   36     2018-D      5500
4    1005  2018-01-05  NanJing    36     2018-E      4300
#冒号前后的数字是数据所在的行引位置，从第 3 行开始到第 4 行，左闭右开
#注意与 df.loc[3:4]进行比较
>>> df.iloc[3:4]
      id     date       city      age    category    price
3    1004  2018-01-04  ShenZhen   36     2018-D      5500
>>> df['id']    #提取单列数值
0    1001
1    1002
2    1003
3    1004
4    1005
5    1006
Name: id, dtype: int64
>>> df.loc[:,['id']]    #取所有行中列标签为 d 的列
     id
0    1001
1    1002
2    1003
3    1004
4    1005
5    1006
>>> df.iloc[:,{0}]      #取所有行中数据所在的位置为 0 的列
     id
0    1001
1    1002
2    1003
3    1004
4    1005
5    1006
>>> df.ix[:,['id']]
     id
0    1001
1    1002
2    1003
3    1004
4    1005
5    1006
```

```
>>> df.ix[:,[0]]
     id
0   1001
1   1002
2   1003
3   1004
4   1005
5   1006
```

2) 提取行、列区域数值

如果要提取的信息是一个区域，那么比较好用的是 iloc[]，[]中的格式是 x1:x2,y1:y2。x1 是起始行，x2 则是终止行的下一行，y1 是起始列，y2 则是终止列的右边一列。当然，使用 loc[]和 ix[]也可以提取行、列的区域数据。

```
#取第 3~5 行中 0~3 列的数据，左闭右开
>>> df.loc[3:5,0:3]
     id     date        city     age    category    price
3   1004   2018-01-04   ShenZhen   36    2018-D     5500
4   1005   2018-01-05   NanJing    36    2018-E     4300
>>> df.iloc[:,0:3]
     id     date        city
0   1001   2018-01-01   BeiJing
1   1002   2018-01-02   ShangHai
2   1003   2018-01-03   GuangZhou
3   1004   2018-01-04   ShenZhen
4   1005   2018-01-05   NanJing
5   1006   2018-01-06   ChangZhou
>>> df[['id','age']]       #取所有行中 id 列和 age 列的数据
     id     age
0   1001   -18
1   1002   20
2   1003   28
3   1004   36
4   1005   36
5   1006   152
>>> df.loc[:,'id','age']   #取所有行中 d 列到 age 列的数据
     id     date        city       age
0   1001   2018-01-01   BelJing    -18
1   1002   2018-01-02   ShangHai   20
2   1003   2018-01-03   GuangZhou  28
3   1004   2018-01-04   ShenZhen   36
4   1005   2018-01-05   NanJing    36
5   1006   2018-01-06   ChangZhou  152
>>> df.iloc[:,0:3]         #所有行中 0~3 列的数据，左闭右开
     id     date        city
0   1001   2018-01-01   BeiJing
1   1002   2018-01-02   ShangHai
2   1003   2018-01-03   GuangZhou
3   1004   2018-01-04   ShenZhen
4   1005   2018-01-05   NanJing
5   1006   2018-01-06   ChangZhou
```

```
>>> df.ix[:,'id','age']        #取所有行中 d 列到 age 列的数据
     id      date          city         age
0   1001   2018-01-01   BeiJing       -18
1   1002   2018-01-02   ShangHai       20
2   1003   2018-01-03   GuangZhou      28
3   1004   2018-01-04   ShenZhen       36
4   1005   2018-01-05   NanJing        36
5   1006   2018-01-06   ChangZhou     152
>>> df.ix[:.0:3]        #取所有行中 0~3 列的数据，左闭右开
     id      date          city
0   1001   2018-01-01   BeiJing
1   1002   2018-01-02   ShangHai
2   1003   2018-01-03   GuangZhou
3   1004   2018-01-04   ShenZhen
4   1005   2018-01-05   NanJing
5   1006   2018-01-06   ChangZhou
```

3) 提取非连续行列数据

我们也可以用 iloc[]提取非连续行的数据，它和提取区域数据的方法基本相同。

```
>>> df.iloc[[0,2,5],[4,5]]        #提取第 0、2、5 行的 4、5 列对应的数据
     category   price
0    2018-A     1200
2    2018-C     5500
5    2018-F     6200
```

4) 按条件提取数据

在很多情况下，我们是按一定的条件提取数据的，可以用 loc[]结合之前学过的语言书写语句。

```
#提取 date 列日期数据小于等于 2018-01-03 的行
>>> df[['date']<='2018-01-03']
     id      date          city       age      category     price
0   1001   2018-01-01   BeiJing      -18      2018-A       1200
1   1002   2018-01-02   ShangHai      20      2018-B       2500
2   1003   2018-01-03   GuangZhou     28      2018-C       5500
>>> df.loc[df['city'].isin(['ShenZhen','ChangZhou'])]
     id      date          city       age      category     price
3   1004   2018-01-04   ShenZhen      36      2018-D       5500
5   1006   2018-01-06   ChangZhou    152      2018-F       6200
```

5) 数据包含判断

在提取的同时，我们也可以对数据进行简单的判断，以便更明晰地看出自己需要的数据。

```
#city 列中是否包含 shanghai，包含为 True，不包含为 False，区分大小写
>>> df['city'].isin(['shanghai'])
 0  False
 1  False
 2  False
 3  False
```

```
4  False
5  False
Name: city, dtype: bool
```

6) 提取列的部分字符

如果需要提取列的部分字符，就需要使用字符串处理方法。我们以提取 category 列的前 3 个字符为例，看一下具体语句。

```
>>> df.category   #取 df 的 category 列，生成 Series
0  2018-A
1  2018-B
2  2018-C
3  2018-D
4  2018-E
5  2018-F
Name: category, dtype: object
>>>type(df.category)     #df 的 category 列是 Series 类型
<class'pandas.core.series.Series'>
>>> df.category. str     #df 的 category 列的 String 方法
<pandas.core.strings.StringMethods object at 0x7efc46dd9e50>
>>>type(df.category.str)
<class'pandas.core.strings.StringMethods'>
>>> df.category.str[:3]     #提取 category 列每个元素的前 3 个字符
0  201
1  201
2  201
3  201
4  201
5  201
Name: category, dtype: object
>>> type(df.category,str[: 3])
<class'pandas.core.series.Series'>
#提取 category 列每个元素的前 3 个字符，并生成数据表
>>> pd.DataFrame(df.category.str[:3])
 category
0  201
1  201
2  201
3  201
4  201
5  201
```

2. Pandas 的常用运算功能

Pandas 的常用运算功能和 NumPy 相似，我们来举例看一下。

首先，我们来学习一下计算变化百分数的方法，Series、DataFrames 和 Panel 都有一种叫作 pct_change() 的函数，此函数能将每个元素与前一个元素进行比较，并计算变化百分比。例如：

```
import pandas as pd
import numpy as np
s = pd.Series([1,2,3,4,5,4])
print (s.pct_change())

df = pd.DataFrame(np.random.randn(5, 2))
print (df.pct_change())
```
在默认情况下，pct_change()对列进行操作。如果想应用到行上，那么可以使用axis = 1参数。
```
import pandas as pd
import numpy as np

df = pd.DataFrame(np.random.randn(5, 3))
print (df.pct_change(axis = 1))
```

此外，协方差的计算也适用于 Series 数据。Series 对象有一种 cov 方法用来计算序列对象之间的协方差。其中，NA 将被自动排除。例如：

```
import pandas as pd
import numpy as np
s1 = pd.Series(np.random.randn(10))
s2 = pd.Series(np.random.randn(10))
print (s1.cov(s2))
```

而当此方法应用于 DataFrame 时，协方差方法将计算所有列之间的协方差(cov)值。例如：

```
import pandas as pd
import numpy as np
frame = pd.DataFrame(np.random.randn(10, 5), columns=['a', 'b', 'c', 'd', 'e'])
print (frame['a'].cov(frame['b']))
print (frame.cov())
```

练 习 题

1. 尝试在 Python 中安装或在 Jupyter Notebook 中调用 NumPy 模块。
2. 已给定数组为[1,2,3,4,5,6]，请通过索引的方式输出大于 4 的元素。
3. 从国家统计局(https://data.stats.gov.cn/)或商务部商务数据中心(http://data.mofcom.gov.cn/)下载一些数据，试用 Pandas 进行数据清洗。

 微课视频

扫一扫，获取本章相关微课视频。

原始数据的问题与数据预处理.mp4

第六章　Python 数据可视化

数据可以有多种表现形式，既可以是纯文字，也可以是表单，但借助图形可视化呈现的数据更有助于强化直观感受，提升对数据内涵的洞察力。

在这一章中，我们会认识最为常见的图类型，了解这些图都适合在什么情况下应用，之后我们会使用 Pandas 处理数据和用 Matplotlib 库绘制图形。

一、数据可视化

在进行数据可视化前，我们先来了解什么是数据可视化。

(一)数据可视化的应用

数据可视化是一种象形的数据呈现方式，即用各种各样不同的图类型，显示数据处理结果。数据的可视化结果能够以更直观的方式表达数据(见图 6-1)，让读者能够更清晰地从可视化结果中发现疑问，找出规律或症结。

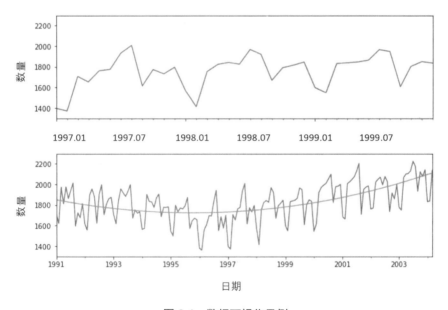

图 6-1　数据可视化示例

最常见的数据可视化是揭示数据蕴含信息的一些柱状图、折线图、散点图。此外，企业可能还会用到一些多维度数据的动态交互图形。

实际上，数据可视化是将集中的数据以图形图像形式表示，并利用数据分析和开发工具发现其中隐藏信息的处理过程。同时，数据可视化在数据挖掘过程中的角色可以分为两种，通常所熟知的是数据处理完成后，作为结果输出的数据图表。

数据可视化可以快速和有效地发现数据的异常，从而制定数据清洗方案，包括离群数值(例如年龄为 999 或-1 的人)、缺失值、重复值等。

(二)常见的图类型

表格和柱状图是目前商业环境中最流行的数据表现形式。除了表格和柱状图之外，还有许多种类丰富的图形，包括用于查看统计分布的箱线图和直方图、用于层次分类的树状图、用于社交网络分析的网络图以及用于聚类的剖面图和热图等。

下面逐个对这些图进行说明。

1. 基本图

在数据可视化中，有三种最有效的基本图：柱状图、线状图和散点图。它们是当前业务领域中最常用的图，这类图通常通过一次显示一列或两列数据(变量)来支持数据探索。在熟悉数据结构、变量的数量和类型、缺失值的数量和类型等的早期阶段，它们很有用。

数据挖掘任务的性质和有关数据的领域知识会影响基本图对不同变量所花费的时间与精力。在监督学习中，我们会更加关注结果变量。例如，在散点图中，结果变量通常与 y 轴一致。在无监督学习中(为了数据精简或聚类的目的)，首选传达样本关系的基本图(例如散点图)。

2. 分布图

箱线图和直方图是两种显示数字变量的整体分布的图形。虽然平均数是常用的汇总统计数据，但是通过查看其他统计数据(例如变量的中位数和标准差)，通过检查整体分布，可以获得很多信息。

并排的箱线图对于比较数据子样本很有效(横向比较)，系列箱线图用于查看一段时间内的分布变化情况(纵向比较)。

分布图在监督学习中对于确定潜在的数据挖掘方法和变量转换也是非常有用的。例如，在线性回归、判别分析中若使用有偏的数值变量，或者变量之间量纲不一致，就需要对数据进行取对数转换。

直方图用一系列垂直连接的柱表示所有 x 值的频率，而箱线图绘制了变量在 y 轴上的取值分散程度。

分布图在其基本形式上都有一个主要缺点，它们只能显示两个变量，因此不能显示高维度信息。每个基本图都只有两个维度，其中每个维度专用于单个变量。在数据挖掘中，数据本质上通常是多变量的，而分析就是为捕获和度量多变量而设计的。因此，数据的可视化探索也是非常重要的方面。

3. 热图

热图是数据的图形显示，用颜色来表示数值。在数据挖掘中，热图适用于两种情况：可视化数据的关联和可视化数据中的缺失值。在这两种情况下，信息都在一个二维表中传递。p 个变量的相关表有 p 行和 p 列。一个数据表包含 p 列(变量)和 n 行(观察值)。如果行数很多，那么可以使用子集。在这两种情况下，查看颜色编码比查看数值更容易、更快。当观测值量很大时，热图是非常有效的，但在揭示数据信息的精确性方面，不能替代诸如柱状图一类的图形，因为颜色的差异不能被非常准确地感知和区分。

(三)多维可视化问题研究

通常，基本图只能传递低维度的信息，而当需要查看高维度信息时该怎么办呢？其实，基本图可以通过增加颜色、大小和形状等内容来传递更丰富的信息。在添加这些内容后，可以一次查看不止一个变量，可以查看更高维度的数据。当然，添加这些内容不仅仅是为了在更高维度中再现数据，更重要的是，它能够加深视觉感受，有助于对数据信息的洞察和理解，以一种便捷的方式有效地显示数据中蕴含的复杂信息。

为了在绘图中包含更多的变量，我们必须考虑要包含的变量类型。要表示额外的分类信息，最好的方法是使用色调、形状或面板。对于额外的数字信息，我们可以使用颜色强度或图形大小加以区分。对于数据的时间信息，可以通过动态图描绘。

1. 颜色

在基本图中加入额外的分类或数字变量意味着我们可以将它们用于预测和分类任务。一个基本的散点图不能用于精确地呈现结果变量和预测因子之间的关系。

同时，在分类的数量比较少时，颜色也可以用来将分类变量运用到柱状图中，而当类别数量比较大时，最好创建多个面板。

2. 面板

创建多个面板是根据分类变量进行分割观察，并为每个类别创建一个单独的面板(相同类型)来完成的。

使用多个面板的散点图组成的图形叫作散点图矩阵，如图 6-2 所示。在散点图矩阵中，所有成对的散点图都显示在一个显示框中。散点图矩阵中的面板以一种特殊的方式组织起来，每一列和每一行对应一个变量，因此交叉创建出所有可能的成对散点图。

在无监督学习中，散点图矩阵用于研究数值变量之间的关联、检测异常值和识别聚类；在监督学习中，散点图矩阵可以用来检查数值预测因素之间的成对关系及其性质，以便支持变量转换和变量选择。

3. 大小与形状

使用色彩后，进一步的分类变量可以通过形状和多个面板添加。然而，在添加多个可变参数时必须谨慎行事，因为图形可能会变得过于杂乱。通过添加大小区分数值变量，通常适用于散点图、气泡图，因为在散点图中点代表独立观测值，可以通过改变点和气泡的大小来区分。但在汇总数据统计分布图中，例如箱线图、柱状图，改变大小和色调通常不适用。

4. 动态图

在绘图中添加一个时间维度，用来显示信息如何随时间变化，这可以通过动态图实现。

一个著名的例子是汉斯·罗斯林用动态散点图展示的世界人口在过去几年里的变化。虽然这种类型的动态可视化图可以"叙述故事",但不是非常有效的数据探索方式。

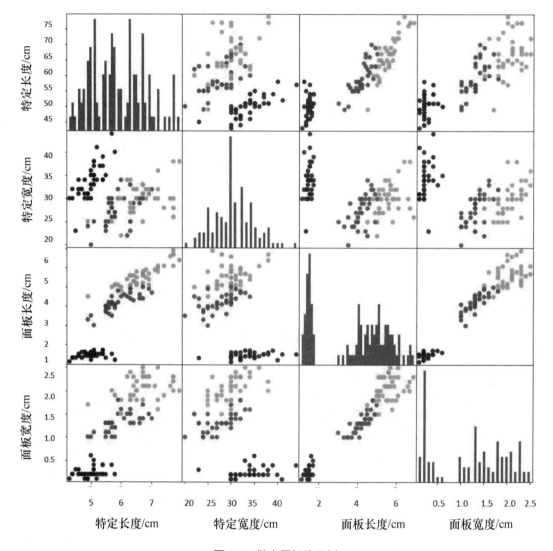

图 6-2 散点图矩阵示例

当数据扩展到大型数据集的时候,除了使用像箱线图这样的聚合图以外,还有以下一些替代方法。

(1) 抽样——随机抽取一个样本,并用它来绘图。

(2) 减少标记大小。

(3) 使用更透明的标记颜色和删除填充。

(4) 将数据分解为子集(例如,通过创建多个面板)。

(5) 使用聚合图(例如气泡图,其大小与一定范围内的观测数量相对应)。

(6) 使用平移(平移每个标记,添加少量噪声)。

二、Pandas 绘图

Python 中有很多数据可视化方面的第三方库，比较常用的有 Matplotlib、Pandas 等。

Matplotlib 是一个 Python 绘图库，已经成为 Python 中公认的数据可视化工具。通过 Matplotlib 可以很轻松地画一些图形，用几行代码即可生成折线图、直方图、条形图、散点图等，使用方便快捷。

而 Pandas 库则更加普及，它经常被应用于市场分析、金融分析及科学计算。作为数据分析工具的集成者，Pandas 的研发者曾经说，Pandas 的可视化功能比 Matplotlib 的子库 Pyplot 更加简便和强大。通常情况下，Pandas 能够完成全部的可视化工作。

1. 绘图基础

绘图准备主要做的就是基本库导入，主要是 Pandas、Numpy、Matplotlib、Matplotlib.pyplot 库的导入。

在 Python 文件的开头依次执行以下语句：

```
import numpy as np
import pandas as pd
import matplotlib. pyplot as plt
```

后面的程序将直接使用这些库，不需要重复导入。

2. 绘制折线图

我们首先用 series.plot() 的方法来生成一维数据并绘制折线图。

```
# 产生 1000 个随机数
data = pd.Series(np.random.rand(1000))
# 画图形
data.plot()
# 显示图形
plt.show()
```

然后我们会得到图形，如图 6-3 所示。

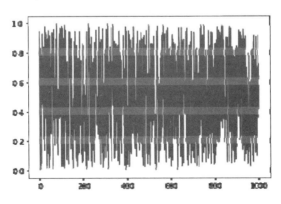

图 6-3　使用 series.plot() 绘制的折线图

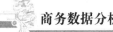

需要注意的是，由于生成的数是随机的，所以每个人的图形看上去会有所不同。

虽然这样的折线图能够使用，但是为了让视觉效果更好，我们会使用一些参数调整折线图。

我们可以用之前学过的 help()代码来找到 series.plot()的相关参数。

```
输入 help(pd.Series.plot)
得出 series.plot( kind='line',ax=None, figsize=None,use_index=True,
title=None, grid=None, legend=False, style=None, logx=False, logy=False,
loglog=False, xticks=None, yticks=None, xlim=None, ylim=None, rot=None,
fontsize=None, colormap=None,table=False, yerr=None, xerr=None, label=None
secondary_y=False,**kwds)
```

这些参数的说明如表 6-1 所示。[①]

表 6-1　Series 一维数据绘图参数

参　数	说　明
kind	可以是 line、bar、barh、kde、hist、box、 density、area、pie，表示图的类型
ax	要在其上进行绘制的 matplotlib subplot(子图)对象。如果没有设置，就使用当前 matplotlib subplot
figsize	元组表示的图的尺寸，单位为英寸
use_index	逻辑值，默认用索引作为 x 轴
title	图形的标题
grid	显示轴网格线
legend	逻辑值，为 True 时显示图例
style	设置所绘图形的线型颜色(例如 ko-) 其中 k 位置表示的是线条颜色，线条颜色的种类为 b 表示蓝色，g 表示绿色，r 表示红色，y 表示黄色，k 表示黑色，w 表示白色； 0 位置表示折线每个点的表现形式，o 表示实心圆点，x 表示×形点；-位置表示线型，-表示实线，--表示短线，-.表示点划线，:表示虚线
logx	在 x 轴上使用对数刻度
logy	在 y 轴上使用对数标尺
loglog	逻辑值，同时设置 x 轴、y 轴的刻度是否取对数
xticks	设置 x 轴刻度的值，序列形式
yticks	设置 y 轴刻度的值，序列形式
xlim	x 轴的范围，列表或元组
ylim	y 轴的范围，列表或元组
rot	旋转刻度标签(0~360)
fontsize	坐标轴刻度值的字号
colormap	设置图区域的颜色
table	逻辑值，为 True 时显示数据表格

[①] 丁辉. Python 基础与大数据应用[M]. 北京：人民邮电出版社，2020.

续表

参　数	说　明
yerr	绘制垂直方向的误差线
xerr	绘制水平方向的误差线
label	用于图例的标签
secondary_y	逻辑值，为 True 时，y 轴在图的右侧
**kwds	关键字参数，将选项传递给 matplotlib plotting 方法

当然，我们也可以使用 dataframe.plot()的方式生成二维数据表并绘制折线图，如图 6-4 所示。

```
# 产生 1000 个 4 列正态分布的随机数
data = pd.DataFrame(np.random.randn(1000, 4))
# 对其中的数据进行累加，目的是能够使例子中显示的曲线有上升波动效果
data = data.cumsum()
# 打印出前几行的数据，方便我们调试其中的数值
print(data.head())
# 画图
data.plot()
# 显示图形
plt.show()
```

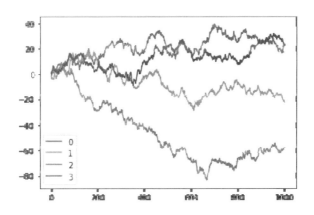

图 6-4　使用 dataframe.plot()绘制的折线图

和 series.plot()一样，DataFrame 的参数如表 6-2 所示。

表 6-2　DataFrame 二维数据绘图参数

参　数	说　明
subplots	逻辑值，为 True 时，将各个 DataFrame 列绘制到单独的 subplot(子图)中
sharex	如果 subplots=True，就共用一个 x 轴，包括刻度和界线
sharey	如果 subplots=True，就共用一个 y 轴，包括刻度和界线
legend	添加一个图例到 subplot(默认为 True)
sort_columns	以字母表顺序绘制各列，默认使用前列顺序

3. 绘制柱状图

柱状图又称长条图、柱状图、条形图、条状图，是一种以柱的长度来度量变量的统计数据的图形。柱状图用来比较两个或两个以上的参数(不同时间或者不同条件)，只有一个变量，通常用于较小的数据集分析。柱状图亦可横向排列，或用多维方式表达。

在绘制柱状图时，我们通常使用 plot.bar()语句进行创建。

```
data= pd.Series(np.random.rand(16),index=list('abcdefghijklmnop'))
data.plot.bar()
```

大家可以发现，我们所绘制的是垂直的柱状图(见图 6-5)，如果要输出水平柱状图该怎么办呢？

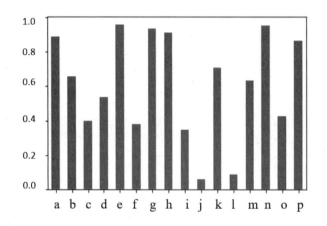

图 6-5　Series 一维数据的柱状图——垂直

这时，我们可以用 data.plot.barh()语句，把柱状图进行水平翻转，如图 6-6 所示。

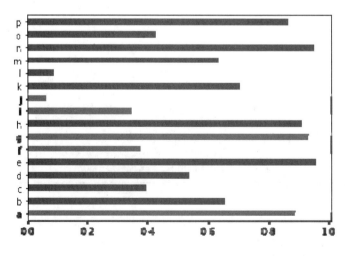

图 6-6　Series 一维数据的柱状图——水平

当然，用 DataFrame()创建二维数据表后也能够生成柱状图(见图 6-7)，我们可以输入以下语句：

```
df2=pd.DataFrame(np.random.rand(6, 4),index=['one', 'two', 'three', 'four',
'five', 'six'],columns=pd.Index(['A', 'B', 'C', 'D'], name='Genus'))
df2.plot.bar()
```

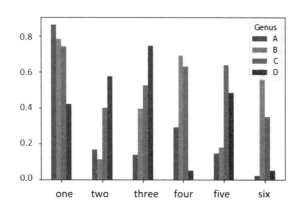

图 6-7　DataFrame 二维数据的柱状图

最后，我们再来看一下一种比较特殊的柱状图——堆积柱状图，如图 6-8 所示。

```
df2.plot.barh(stacked=True)
```

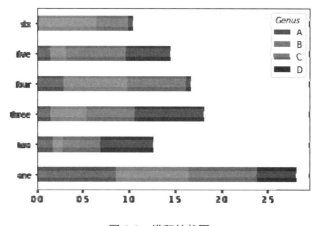

图 6-8　堆积柱状图

4．绘制箱线图

箱线图，又称为盒式图或盒状图，是一种用作显示一组数据分散情况的统计图，如图 6-9 所示。主要包含 6 个数据节点，将一组数据从大到小排列，分别计算出它的上边缘、上四分位数、中位数、下四分位数、下边缘，还有可能的异常值。因为它的形状如箱子而得名，在各种领域也经常被使用，常见于品质管理。

我们可以使用 Series.box.plot() 或 DataFrame.boxplot() 来可视化每列值的分布。

例如，用箱形图描绘对[0.0,1.0)上的随机变量的 10 次观察的 5 次试验。

```
df = pd.DataFrame(np.random.rand(10, 5), columns=['A', 'B', 'C', 'D', 'E'])
df.plot.box()
```

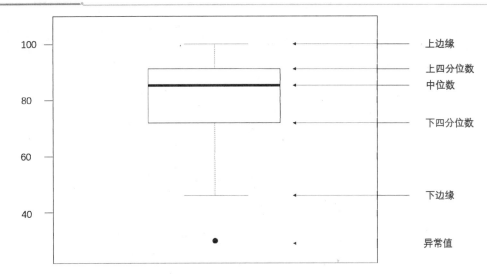

图 6-9　箱型结构

最后就可以得到描绘数据分布的箱线图，如图 6-10 所示。

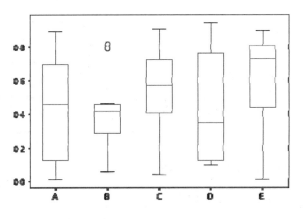

图 6-10　箱线图

同样，箱线图也有许多参数可供调整图形使用。

X：指定要绘制箱线图的数据。

Showcaps：是否显示箱线图顶端和末端的两条线。

Notch：是否以凹口的形式展现箱线图。

Showbox：是否显示箱线图的箱体。

Sym：指定异常点的形状。

Showfliers：是否显示异常值。

Vert：是否需要将箱线图垂直摆放。

Boxprops：设置箱体的属性，例如边框色、填充色等。

Whis：指定上下须与上下四分位的距离。

Labels：为箱线图添加标签。

Positions：指定箱线图的位置。

Filerprops：设置异常值的属性。

Widths：指定箱线图的宽度。

Medianprops：设置中位数的属性。

patch_artist：是否填充箱体的颜色。

meanprops：设置均值的属性。

meanline：是否用线的形式表示均值。

capprops：设置箱线图顶端和末端线条的属性。

showmeans：是否显示均值。

whiskerprops：设置须的属性。

5. 绘制散点图

散点图是指在回归分析中，数据点在直角坐标系平面上的分布图。散点图表示因变量随自变量而变化的大致趋势，据此可以选择合适的函数对数据点进行拟合。

用两组数据构成多个坐标点，考察坐标点的分布，判断两个变量之间是否存在某种关联或总结坐标点的分布模式。散点图将序列显示为一组点。值由点在图中的位置表示。类别由图中的不同标记表示。散点图通常用于比较跨类别的聚合数据。

我们可以使用 DataFrame.plot.scatter() 方法创建散点图。

```
# 产生 1000 个 4 列正态分布的随机数
data = pd.DataFrame(np.random.randn(1000, 4), columns=list("ABCD"))
# 打印出前几行的数据，方便我们调试其中的数据值
print(data.head())
# 显示散点图
data.plot.scatter(x='A', y='B')
# 显示图
plt.show()
```

获得散点图如 6-11 所示。

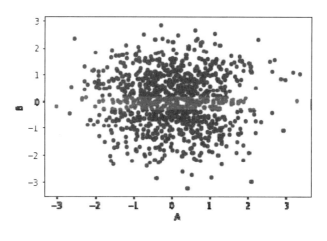

图 6-11   散点图 1

在 scatter 函数中还可以添加额外的属性，比如可以通过 color 来指定颜色，通过 label 来指定标签，效果如图 6-12 所示。

```
data.plot.scatter(x='A', y='B', color='DarkBlue', label="Class 1")
```

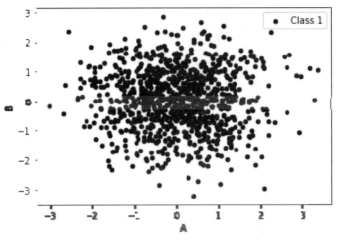

图 6-12　散点图 2

如果想要在一张图中再画另一个散点图。比如，在上面这个例子中，已经显示了横坐标是 A、纵坐标是 B，现在想把横坐标是 A、纵坐标是 C 的数据也显示在其中，那么该怎么实现呢？使用以下程序即可：

```
# 显示散点图
pic1 = data.plot.scatter(x='A', y='B', color='DarkBlue', label="Class 1")
data.plot.scatter(x='A', y='C', color='DarkGreen', label='Class2', ax=pic1)
# 显示图
plt.show()
```

此时图片显示如图 6-13 所示。

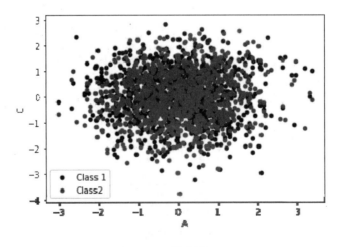

图 6-13　散点图 3

6. 绘制面积图

面积图强调数量随时间而变化的程度，也可以用于引起人们对总值趋势的注意。堆积面积图和百分比堆积面积图还可以显示部分与整体的关系。

可以使用 Series.plot.area() 或 DataFrame.plot.area() 方法创建区域图形。

```
df = pd.DataFrame(np.random.rand(10, 4), columns=['a', 'b', 'c', 'd'])
df.plot.area()
```

执行上面示例代码，得到结果如图 6-14 所示。

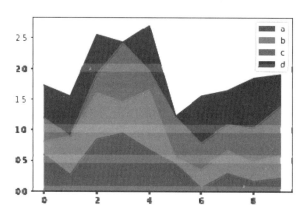

图 6-14　面积图

7. 绘制饼图

饼图常用于统计学模型。饼图显示一个数据系列(在图中绘制的相关数据点，这些数据源自数据表的行或列)。图中的每个数据系列具有唯一的颜色或图案并且在图例中表示，可以在图中绘制一个或多个数据系列。若饼图只有一个数据系列，那么图中各项的大小就代表各项占总和的比例。我们可以使用 DataFrame.plot.pie() 或 Series.plot.pie() 创建饼图。如果数据包含任何 NaN，那么它们将自动填充 0；如果数据中有任何负值，就会引发 ValueError。具体语句示例如下，可以绘制饼图如图 6-15 所示。

```
s = pd.Series(3 * np.random.rand(4),
        index=['a', 'b', 'c', 'd'], name='series')
s.plot.pie(figsize=(6, 6))
```

DataFrame 需要指定 y 值。

```
df = pd.DataFrame(3 * np.random.rand(4, 2),
            index=['a', 'b', 'c', 'd'],
            columns=['x', 'y'])
df.plot.pie(y='x')
```

如果传递的总和小于 1.0，那么 matplotlib 将绘制一个扇形，如图 6-16 所示。

```
series = pd.Series([0.1] * 4,
            index=['a', 'b', 'c', 'd'],
```

```
                        name='series2')
series.plot.pie(figsize=(6, 6))
DataFrame 可以传入 subplots=True 创建子图矩阵:
df.plot.pie(subplots=True, figsize=(8, 4))
```

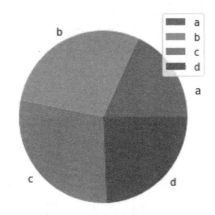

图 6-15　饼图 1

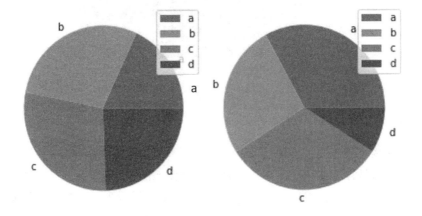

图 6-16　饼图 2

三、Matplotlib 其他绘图

1. 画布绘图

Matplotlib 交互式绘图的步骤如下。

(1) 导入子模块: import matplotlib. pyplot as plt。

(2) 创建画布: fig=plt.figure()。

(3) 添加分区: ax=fig.add_subplot(311)。

(4) 设置 x 轴的最小值和最大值以及 y 轴的最小值和最大值: ax.axis([-5,5,0,1])。

(5) 添加标题: plt.title('this is title')。

(6) 为坐标轴添加标题: plt.xlabel('x')、plt.ylabel('y')。

(7) 显示图形: plt.show()。

(8) 画图：ax.scatter(x,y)。

接着我们来熟悉一下基本语句。在绘图结构中，figure 是创建窗口，subplot 是创建子图。所有的绘画只能在子图上进行。plt 表示当前子图，若没有就创建一个子图。

配置参数包括以下几种。

axes：设置坐标轴边界和表面的颜色、坐标刻度值大小和网格的显示。

figure：控制 dpi、边界颜色、图形大小和子区(subplot)设置。

font：字体集、字体大小和样式设置。

grid：设置网格颜色和线性。

legend：设置图例和其中的文本的显示。

line：设置线条(颜色、线型、宽度等)和标记。

patch：是填充 2D 空间的图形对象，例如多边形和圆。控制线宽、颜色和抗锯齿设置等。

savefig：对保存的图形进行单独设置。例如，设置渲染的文件的背景为白色。

verbose：设置 matplotlib 在执行期间的信息输出，例如 silent、helpful、debug 和 debug-annoying。

xticks 和 yticks：为 x 轴、y 轴的主刻度和次刻度设置颜色、大小、方向以及标签大小。

2. 绘制直方图

许多人不能区分柱状图和直方图，两者确实具有相似之处，都是用条形方块来表示数据，但柱状图主要展现离散型数据分布，而直方图用来展现连续型数据分布的特征。

我们可以先看一个例子，绘制直方图如图 6-17 所示。

```
x=np.random.randint(0,100,100)#生成[0-100]的100个数据，即数据集
bins=np.arange(0,101,10)#设置连续的边界值，即直方图的分布区间[0,10]，[10,20]…
#直方图会统计各个区间的数值
plt.hist(x,bins,color='fuchsia',alpha=0.5)#alpha 设置透明度，0 为完全透明
plt.xlabel('scores')
plt.ylabel('count')
plt.xlim(0,100)#设置 x 轴分布范围
plt.show()
```

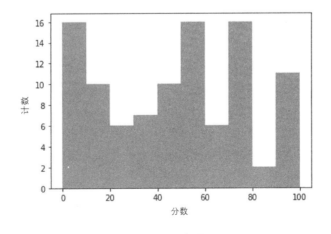

图 6-17　直方图 1

从图 6-17 中我们可以看到一些参数，例如 x 是输入的数据，它既可以是一个序列数，也可以是多个序列，而 bins 是统计的区间分布。

如果调整 bins 的范围，例如使用 np.arange(0,100,10)，就不会统计[90，100]区间的频数，结果如图 6-18 所示。

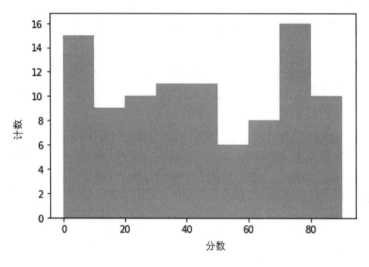

图 6-18　直方图 2

此外，我们还有一些其他的关键参数。

range：指定分组区间的上下限，默认为(x.min(),x.max())。若 bins 为序列，那么 range 失效。

density：bool，默认为 False，显示的是频数统计结果，为 True 则显示频率统计结果。这里需要注意，频率统计结果=区间数目/(总数*区间宽度)，和 normed 效果一致，官方推荐使用 density。

histtype：表明绘制出的图的形状，可选{'bar', 'barstacked', 'step', 'stepfilled'}之一，默认为'bar'。

align：控制柱状图的水平分布，可选{'left', 'mid', 'right'}之一，默认为'mid'。

log：bool，默认 False，即 y 轴是否选择指数刻度。

stacked：bool，默认为 False，是否为堆积状图。

weights：权重，与 x 的形状一致。

cumulative：为 True 时计算累计频数或频率，即 cumulative=True、density=True 时计算累计频率。

bottom：如果是标量，那么每个 bin 的基线位置都平移相同的单位。如果是与分组区间数长度相同的列表，那么每个 bin 的基线都独立地平移独立的单位，默认为 0。

orientation：设置直方图是垂直还是水平的，可以是 horizontal、vertical。

rwidth：控制每个 bar 的宽度。

normed：normed=True 表示是频率图，默认为 False，为频数图。

练　习　题

1. 试着在 Python 中安装 Pandas 和 Matplotlib 库，或在 Jupyter Notebook 中直接调用 Pandas 和 Matplotlib 模块。

2. 试着调用 Matplotlib 库将描绘数据的柱状图改成条形图。

3. 试着调用 Pandas 库，生成 Series 一维数据和 DataFrame 二维数据，并调用 Matplotlib 绘制不同图形对比效果。

 微课视频

扫一扫，获取本章相关微课视频。

数据可视化.mp4

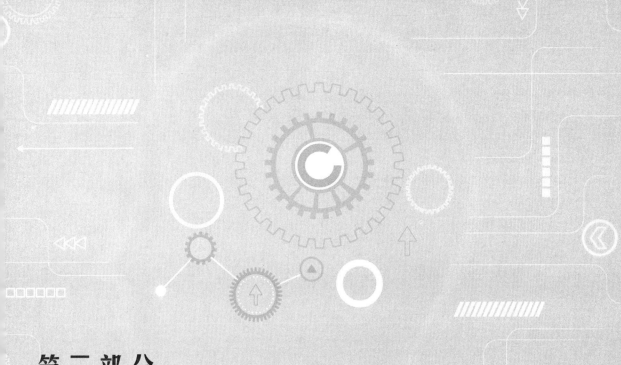

第三部分

数据挖掘基础

前面我们介绍了大数据及数据处理技术，也学会了 Python 的基础应用。接下来，我们要学习的是本书的另一个核心内容：数据挖掘的理论基础。在这一部分，我们主要学习各种数据挖掘方式的原理和方法，从而在遇到实际问题时能够找到恰当的方式，更好地挖掘数据蕴藏的信息和潜在的价值。

在本书的第七章，我们会先学习数据预处理，知道数据中一般存在的问题，了解数据预处理的方式。

在第八章到第十七章中，我们将学习数据挖掘的具体方法，包括多元线性回归、K-NN算法、朴素贝叶斯分类器、分类回归树、逻辑回归、神经网络、判别分析、关联规则与协同过滤、聚类分析与时间序列预测等，只要了解这些处理方法的基本原理和应用情境，就能够更好地实现数据挖掘的目标。

第七章 数据预处理

谈及数据分析，大家首先会想到各种各样的算法及模型。在实际工作中，我们所面对的数据是非常杂乱的，所以无法直接使用原始数据进行分析，而是需要对数据进行预处理操作。

一、数据存在的问题

首先，我们来看一下常见的数据问题。

1. 数据空缺

数据空缺是非常常见的一种现象，例如在数据采样时，出于各种原因，被采访人可能不想泄露隐私，对年龄问题比较敏感。当然，无论是哪一种情况，都会造成年龄数据在客观上的空缺。

但有一种数据空缺的情况我们要注意，就是不适用数据。也就是说，某一个空缺数据并非真的空缺，而是不需要填写。例如，在体检数据中，男性和女性的某些体检项目或数值是不同的，由于这种情况导致的项目数据空缺是正常的，不能算作数据问题；否则，很可能在数据分析时，造成对数据的误判，影响后期数据分析的准确性。

其实，数据缺失也分为许多种，例如完全随机缺失、有条件的随机缺失及非随机缺失。面对不同的缺失方式，我们会有针对性地使用不同的数据预处理方式来使数据尽可能地完整、真实。

(1) 完全随机缺失。这种缺失是完全随机性的，可能是漏填信息等原因造成的。

(2) 有条件的随机缺失。和前一种随机缺失不同，虽然也是随机性的缺失，但这种缺失是和另一个数据属性相关联的。例如，对年龄及体重的数据缺失，通常就与性别相关联，因为有许多女性朋友可能并不愿意透露自己的年龄或是体重信息。

(3) 非随机缺失。换言之，非随机缺失就是主观不愿意透露的信息，例如填写收入时，工资过低或过高以及收入复杂的人，就可能会空着不填写。

当然，无论是哪一种缺失，重点是我们该如何去处理数据缺失问题。

首先，我们想到的是忽略，忽视缺失值是在数据预处理时常用的一种手段。毕竟大数据的数据量庞大，损失 1%或 2%的数据基本不影响数据的分析结果。如果缺失率过高，例如 10%、20%，那显然就会造成分析结果的偏差。同时，如果不是随机缺失，那么很可能会遗漏特定属性的画像。

面对这样的情况，我们就要用第二种方式——填充。在某种特定情况下，我们可以请这些受访对象进行重新填写。然而，在大多数情况下，这都是不可行的。毕竟大数据的采集对象太多了，重新找到某个没有完整填写问卷的对象进行补填的代价可能高于该数据的价值。考虑可行性，多数情况下会选择填充数据。当然，这里的"填充"更多的是带有猜测的成分,我们可以给缺失值填上固定值、均值或者一定范围内的随机数。例如,在体检数据中某些男性体重缺失,我们就可以用样本中男性体重的平均值去填补,这对结果并不会产生非常大的影响。

当一些数据存在关联时,更好的办法是通过关联性去预测缺失值。例如,询问房子是购买的还是租赁的,有的受访者会不愿意透露该类可能涉及个人隐私的信息,但我们仍然可以通过另一个有关联的变量去加深了解。比如,通过询问在同一住所居住的时长预测该受访者的房屋是买的可能性比租的可能性更大。这也是我们面对空缺数据的一种处理方法。

2. 错误数据

错误数据也是非常常见的,我们如何判断数据是错误的呢?一种方法是将结果限制在一些区间内,也称作阈值。举例来说,如果是对受采访人的工资进行询问,那么我们所预期的区间可以设置在 1000～100000,当受采访人填了一个负数的时候,我们就能立刻发现,这个数据是错误数据。当然,有时我们也可以通过对收集的数据的对照情况进行区分。例如,我们的数据中既有年龄又有生日,那就可以通过一些算法进行比对来判断两者的一致性,找出错误的数据。

错误数据中有一个非常重要的内容需要注意,我们称之为异常值,异常值是与其他样本差异较大的数值。例如,一般人的身高在 1.7～1.8 米,合理的正常区间可能最多会设置到 2 米,如果出现了一个 2.26 米的数据,那么我们能不能判断这就是错误数据呢?不能。因为我们知道姚明的身高就超过了 2 米,所以我们不能单凭特定区间判定超出范围的数据是错误的,而只能说这个数据和其他数据的差距比较大,我们就称它是异常值或离群值(outlier)。

3. 数据重复

数据重复又称为数据冗余。前面我们提到,大数据的来源多种多样,例如各大网站的浏览记录、银行或医院的数据库以及使用手机时所留下的痕迹,所以在不同渠道采集数据时很有可能采集到相同用户的数据。例如,一位患者在多家医院看过病,那么在采集数据时就有可能多次采集到同一个人的信息,就会产生冗余数据,也就是数据的重复。

例如表 7-1 和表 7-2 两组数据。

表 7-1　示例数据

序　号	姓　名	城　市	街　道	性　别
A	张爱国	上海	西藏北路 34 号	0
B	章建国	北京	大兴街 666 号	1

表 7-2　示例数据

序　号	姓名	地　址	电　话	性　别
1	张爱国	上海市西藏北路 34 号	6666388	男
2	章建国	哈尔滨东大街 433 号	55664433	女

通过对比可以看出，序号 A 和编号 1 是同一个样本。

那么我们如何进行对比呢？拿一个样本和其他的样本进行对比，找出重复的数据是否可行？看似可行，但在实际操作时，就会遇到非常大的问题。因为正如我们所说，大数据的量非常庞大，假设有 10000 条数据，那么每一条都要与其他数据进行对比需要多少次呢？我们可以用等差数列的方法进行求和，$S_{9999} = \dfrac{9999 \times (1 + 9999)}{2} = 49995000$ 次，非常巨大的数字，如果有 100000 条、1000000 条数据呢？很可能错漏重复数据。

有没有更好的方法对重复数据进行比对呢？

有一种滑动窗口比较法，滑动窗口时的容量就比较小了。比如，我们设定滑动窗口的容量是 100 条数据，随着窗口的逐渐滑动，新进入的这条数据将与之前的 99 条进行重复比对，然后再依次往下移动，依次比对，如图 7-1 所示。这样我们就会发现，每一条新数据并不用与其他所有数据一一比对，而只与滑动窗口中的其他 99 条数据进行比对。当然，有人可能会有所疑问，只是与滑动窗口中的其他数据进行比对怎么能确保没有重复数据呢？毕竟在更多未比对的数据中，可能存在着重复的内容。

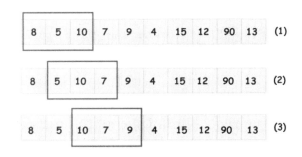

图 7-1 滑动窗口示例

我们当然无法保证这种方法能够完全去除重复数据，但它确实能够提高发现重复数据的概率，例如生成键值。所谓键值，是指如果两条数据的内容非常相似，那么数据库系统为其生成的键值也十分相近。所以，在按键值排序完成后，我们就能够把相似键值的数据放在一起，这样就能提高我们的去重率了。

二、数据预处理的手段

许多人认为数据分析就是各种各样的算法，其实在真实的项目中数据预处理往往要在数据分析的问题上花费 70% 的精力。因此，数据预处理在数据分析中发挥着举足轻重的作用。

(一)数据清洗：缺失值和错误数据

1. 面对缺失值

针对不完整数据，主要的清洗方法是缺失值填充。缺失值填充有很多种方法，主要包括如下常用的方法。

1) 删除

面对缺失值最简单的方法是删除，删除属性或者删除样本。如果大部分样本的属性都缺失，那么这个属性能提供的信息就有限，可以选择放弃使用该属性。如果一个样本大部分属性缺失，那么可以选择放弃该样本。虽然这种方法简单，但是它只适用于数据集中缺失较少的情况。

2) 统计填充

对于缺失值的属性，尤其是数值类型的属性，根据所有样本关于这个属性的统计值对其进行填充，例如使用平均数、中位数、众数、最大值、最小值等，具体选择哪种统计值需要具体问题具体分析。另外，如果有可用类别信息，那么还可以进行类内统计，例如男性和女性的身高缺失值应该按相应性别的样本均值进行统计填充。

3) 统一填充

对于含缺失值的属性，把所有缺失值统一填充为自定义值，如何选择自定义值也需要具体问题具体分析。当然，如果有可用类别信息，那么也可以为不同类别分别进行统一填充。常用的统一填充值有空、0、正无穷、负无穷等。

4) 预测填充

通过预测模型，利用不存在缺失值的属性来预测缺失值，也就是先用预测模型把数据填充后再做进一步的工作，例如统计、机器学习等。虽然这种方法比较复杂，但是最后得到的结果比用其他的方法更好。

预测填充的方法的选择主要依赖于数据类型和数据分布。对于类别属性(例如学校、地址等)，可以采取分类方法进行填充，例如朴素贝叶斯方法、支持向量机等。具体来说，可以基于完整的元组训练分类器，此分类器以存在缺失值的属性作为类别，对于存在缺失值的属性，通过分类器进行分类获得填充值。对于数值属性，例如电压、收入等，可以采用回归的方法进行填充。基于完整的元组训练回归方程，该方程以存在待填充值的属性作为因变量，对于存在缺失值的属性，可将完整的自变量代入回归方程计算出待填充值。在一些情况下，属性之间的关联关系比较复杂，可以用贝叶斯网络表示此复杂的关系，从而实现缺失属性的填充。因为属性缺失有时并不意味着数据缺失，缺失本身是包含信息的，所以需要根据不同应用场景下缺失值可能包含的信息进行合理填充。[①]

2. 面对错误数据

有时候，用户会填入一些不合理的值，例如年龄 2000 岁，月收入 1000 万元，所以我们需要有效地检测和修复这种不合理的值。这类不合理值的检测主要依靠属性值来约束。例如，人的年龄取值在[1,120]，月收入在[0,10 万]。由于这类不合理值提供的有用信息非常少，其修复需要按照缺失值处理，基本是用删除和填写两种方式去处理的。是删除还是填写就要看具体情况了。

例如，现在有一份消费者的数据，经过问卷调查之后，最终录入数据如下。

① 王宏志. 大数据分析：原理与实践[M]. 北京：机械工业出版社，2017.

> Age: 年龄。
> Areas: 来自哪里，有 A/B/C/D 四个地区。
> ID: 消费者的唯一识别编号。
> Package: 每天学习几小时，缺失的为-9，代表不学习。
> SHabit: 睡眠习惯，1——早睡早起；2——晚睡早起；3——早睡晚起；4——晚睡晚起。

使用 Python 中的 describe()语句进行描述分析，有两个变量值得我们注意，一个是 Age，最大值 158，最小值 6，肯定有问题；另一个是 Package，最小值为-9，存在缺失。

用 data[条件]的方式可以看一下有多少 Age 大于 100、Age 小于 10、Package 为-9 的。我们要把异常的年龄替换成缺失值，把 Package 等于-9 的替换成 0(换成 0 是因为不学习其实也就是学习时间为 0，这样还能少一些缺失值)。

然后我们进行替换，替换的方式有 2 种，字典或者替换关系组成的数组。

(1) data.replace([A, B], [A_R, B_R])，如果这里替换之后的值 A_R 和 B_R 是一样的，那么[A_R,B_R]直接换为 A_R 就可以了。

(2) data.replace({A:A_R, B:B_R})，这是字典的方式。

```
#所以，这里想要将 age 的 6、158 替换成缺失，就应该为
data_noDup['Age'].replace([158, 6], np.nan)
#将 package 的-9 替换成 0:
data_noDup['Package'].replace(-9, 0)
#替换之后的数据命名为 data_noDup_rep:
```

此外，正如前面所介绍，我们可以根据特征数字、直方图、数据透视表、散点图等，对数据集中的变量进行考查，可以帮助我们发现数据质量问题和异常值。

(二)数据集成：对重复数据

数据集成是指集成多个数据库的数据。数据集成能够提升数据总量，提高数据分析结果的可靠性和普适性，但是也会造成一个问题，就是数据重复。

在 Python 中，我们可以用两个方法：data.duplicated() 和 data.drop_duplicates()。前者用来标记哪些是重复的(True)数据，后者直接将重复数据删除。

data.drop.duplicates 直接就将重复值删除了，默认保留第一条。

对于之前那个案例来说，以上是按照"如果有两行数据，这两行数据的所有变量值都一样，那么这两行就算重复数据"来操作的，但有时候我们会只根据一个变量来剔除重复数据。比如，根据 Areas 这个变量，那么 A/B/C/D 四个地区只会保留第一条，传入 take_last=True，则保留最后一个：A/B/C/D 每个地区只保留一条数据了。

(三)数据归约：抽样与降维

是不是经过去重、去错之后的数据就能够直接使用了呢？并没有这么简单，大数据最大的一个特点就是大，即使我们把数据的噪声都去除了，数据的复杂度和体量还是过大的，所以我们要进行数据归约的操作。所谓数据归约，是指在理解挖掘任务和数据本身内容的基础上，寻找依赖于发现目标的数据的有用特征，以便缩减数据规模，从而在尽可能保持数据原貌的前提下，最大限度地精简数据量。比较常见的数据归约方式是抽样与降维。

针对大数据规模大的特征，要对大数据进行有效分析，需要对数据进行有效的缩减。进行数据缩减，一方面是让数据的条目数减少(通过抽样技术可以做到这一点)；另一方面，可以通过减少描述数据的属性来达到目的，这就是降维技术。

1. 抽样

在大数据背景下，由于数据量实在太大，所以我们通常使用采样的方式进行数据归约。同时，在遇到分类问题时，如果两个类的数量级相差过大，我们就要从数量较大的那一部分中进行数据抽样来匹配另一类数据，然后再分类对比，这样得出的数据才比较真实。

一般来说，假如一个总体含有 N 个个体，从中逐个不放回地抽取 n 个个体作为样本($n \leqslant N$)，如果每次抽取使总体内的各个个体被抽到的机会都相等，就把这种抽样方法叫作简单随机抽样。从抽样的随机性上来看，抽样可以分为随机抽样、系统抽样、分层抽样、加权抽样和整群抽样。

1) 随机抽样

随机抽样也称为抽签法、随机数表法，常常用于总体个数较少时。它的主要特征是从总体中逐个抽取。其优点是操作简便易行，缺点是在样本总体过大时不易实行。

2) 系统抽样

当总体中的个体数较多时，采用简单随机抽样效率低下。这时，可以将总体分成均衡的几个部分，然后按照预先定出的规则，从每一部分抽取一个个体得到所需的样本，这种抽样叫作系统抽样。假设要从容量为 N 的总体中抽取容量为 n 的样本，可以按下列步骤进行系统抽样。

(1) 先将总体的 N 个个体进行编号。有时可以直接利用个体自身所带的号码进行编号，例如学号、准考证号、门牌号等。

(2) 确定分段间隔 k，对编号进行分段。当 N/n(n 是样本容量)是整数时，取 $k=N/n$。

(3) 在第一段用简单随机抽样确定第一个个体编号 l($l \leqslant k$)。

(4) 按照一定的规则抽取样本。通常是将 l 加上间隔 k 得到第 2 个个体编号($l+k$)再加 k 得到第 3 个个体编号($l+2k$)，依次进行下去，直到获取整个样本。

3) 分层抽样

分层抽样的主要特征是分层按比例抽样，主要用于总体中的个体有明显差异的情况。分层抽样和随机抽样的共同点是，每个个体被抽到的概率都相等，为 N/M。一般地，在抽样时，将总体分成互不交叉的层，然后按照一定的比例从各层独立地抽取一定数量的个体，将各层取出的个体合在一起作为样本，则这种抽样方法是分层抽样。

4) 加权抽样

加权是通过对总体中的各个样本设置不同的数值系数(即权值)，使样本呈现希望的相对重要性程度。

那么在抽样时为什么要加权呢？例如，在城市和农村各调查 300 个样本，城市人口与农村人口比例"城市：农村=1：2"(假设)，在分析时我们希望将城市和农村看作一个整体，这时候我们就可以赋予农村样本一个 2 倍于城市样本的权值。

加权方法主要有以下两个。

(1) 因子加权。因子加权是对满足特定变量或指标的所有样本赋予一个权值，通常用于提高样本中具有某种特性的被访者的重要性。

(2) 目标加权。目标加权对某个特定样本组赋权，以便达到预期的特定目标。

5) 整群抽样

整群抽样又称为聚类抽样，是将总体中各单位归并成若干个互不交叉、互不重复的集合，称为群，然后以群为抽样单位抽取样本的一种抽样方式。应用整群抽样时，要求各群有较好的代表性，即群内各单位的差异要大，群间差异要小。

整群抽样的优点是实施方便、节省经费。整群抽样的缺点是由于不同群之间的差异较大，由此而引起的抽样误差往往也大于简单随机抽样。

整群抽样先将总体分为 i 个群，然后从 i 个群中随机抽取若干个群，对这些群内所有个体或单元均进行调查。抽样过程可以分为以下几个步骤。

(1) 确定分群的标注。

(2) 将总体 N 分成若干个互不重叠的部分，每个部分为一个群。

(3) 根据各群样本量，确定应该抽取的群数。

(4) 用简单随机抽样或系统抽样方法，从 i 个群中抽取确定的群数。

整群抽样与分层抽样在形式上有相似之处，但实际上差别很大。分层抽样要求各层之间的差异很大，层内个体或单元差异小，而整群抽样要求群与群之间的差异比较小，群内个体或单元差异大。分层抽样的样本是从每个层内抽取若干单元或个体构成，而整群抽样是整群抽取，或者整群不被抽取。[①]

2. 降维

降维的手段一般有三种：特征选择、主成分分析和线性判别分析。

1) 特征选择

在处理数据时，我们往往遇到的数据内容都是多维的。例如，需要通话记录时，我们可能会收集到某人每一通电话的通话时长，什么时候打的电话，什么时候结束通话，有多少电话是别人打给他的，有多少电话是他打给别人的。但现实情况是，我们可能只需要知道这个人一天打多少次电话就可以了，这就是特征选择。我们只需要得到最重要的数据特征，就能够实现降维，让我们的数据处理过程更为顺畅。

通常，特征选择是指选择获得相应模型和算法最好性能的特征集，常用的方法有以下几种。

(1) 计算每一个特征与响应变量的相关性。

常用的手段有计算皮尔森系数和互信息系数。其中，皮尔森系数只能衡量线性相关性，而互信息系数能够很好地度量各种相关性，但是计算复杂一些。好在很多工具箱里都包含了这个工具(例如 sklearn 的 MINE)，得到相关性之后就可以根据相关性对特征进行排序了。

---

① 王宏志. 大数据分析：原理与实践[M]. 北京：机械工业出版社，2017.

经典互信息公式为：

$$I(X,Y) = \sum_{y \in Y} \sum_{x \in X} P(x,y) \log\left(\frac{P(x,y)}{P(x)P(y)}\right)$$

显然，如果 x、y(其中 $x \in X, y \in Y$)独立，那么 $\frac{P(x,y)}{P(x)P(y)} = 1$，$\log\left(\frac{P(x,y)}{P(x)P(y)}\right) = 0$，此时不会使 $I(X,Y)$ 增大。也就是说，在这种情况下 x、y 互信息为 0，因为二者独立。想把互信息直接用于特征选择其实不是太方便，主要原因如下。

- 它不属于度量方式，也没有办法归一化，在不同数据集上的结果无法做比较。
- 对于连续变量的计算不是很方便(X 和 Y 是集合，x、y 都是离散的取值)，通常变量需要先离散化，而互信息的结果对离散化的方式很敏感。最大信息系数克服了这两个问题。它首先寻找一种最优的离散化方式，然后把互信息取值转换成一种度量方式，取值区间在[0,1]，也有很多工具支持这个方法。

(2) 单个特征模型排序。

构建单个特征的模型，通过模型计算准确性为特征排序，借此来选择特征，当选择到了目标特征之后，再用来训练最终的模型。这种方法的思路是直接使用特定的机器学习算法，针对每个单独的特征和响应变量建立预测模型。如果某个特征和响应变量之间的关系是线性的，那么可以使用皮尔森相关系数。其实，皮尔森相关系数等价于线性回归中的标准化回归系数。假如某个特征和响应变量之间的关系是非线性的，那么可以用基于树的方法(决策树、随机森林)或者扩展的线性模型等方法。基于树的方法比较易于使用，因为它们对非线性关系的建模比较好，并且不需要太多的调试。但要注意过拟合问题，因此树的深度最好不要太大。此外，也可以考虑运用交叉验证方法。

(3) 使用正则化方法选择属性。

正则化就是把额外的约束或者惩罚项加到已有模型(损失函数)上，以防过拟合并提高泛化能力。损失函数由原来的 $E(X,Y)$ 变为 $E(X,Y) + a\|\omega\|$。其中，ω 是模型系数组成的向量；$\|\cdot\|$ 一般是 $L1$ 或者 $L2$ 范数；a 是一个可调的参数，控制着正则化的强度。当应用在线性模型上时，$L1$ 正则化和 $L2$ 正则化也称为 Lasso 和 Ridge。

$L1$ 正则化。将系数 ω 的 $L1$ 范数作为惩罚项加到损失函数上，由于正则项非零，这就迫使那些弱的特征所对应的系数变成 0，因此 $L1$ 正则化往往会使学到的模型很稀疏(系数 ω 经常为 0)，这个特性使 $L1$ 正则化成为一种很好的特征选择方法。然而，$L1$ 正则化像非正则化线性模型一样也是不稳定的。如果特征集合中具有相关联的特征，那么当数据发生细微变化时也有可能导致很大的模型差异。

$L2$ 正则化。将系数向量的 $L2$ 范数添加到损失函数中。由于 $L2$ 惩罚项中系数是二次方的，所以 $L2$ 和 $L1$ 有着诸多差异。最明显的一点是，$L2$ 正则化会让系数的取值变得平均。对于关联特征，这意味着它们能够获得更相近的对应系数。以 $Y = X_1 + X_2$ 为例，假设 X_1 和 X_2 具有很强的关联，如果用 $L1$ 正则化，不论学到的模型是 $Y = X_1 + X_2$ 还是 $Y = 2X_1$，那么惩罚都是一样的，都是 $2a$。但是，对于 $L2$ 来说，第一个模型的惩罚项是 $2a$，但第二个模型的惩罚项是 $4a$。可以看出，当系数之和为常数时，各系数相等时惩罚是最小的，所以才

有了 $L2$ 会让各个系数趋于相同的特点，而且 $L2$ 正则化对于特征选择来说是一种稳定的模型，不像 $L1$ 正则化那样系数会因为细微的数据变化而波动。所以，$L2$ 正则化和 $L1$ 正则化提供的价值是不同的，$L2$ 正则化对于特征理解来说更加有用：表示能力强的特征对应的系数是非零。

一种常见的做法是首先通过 $L1$ 正则项来选择特征，但是要注意，$L1$ 没有选到的特征不代表不重要，原因是两个具有高相关性的特征可能只保留了一个。如果要确定哪个特征重要，那么应该再通过 $L2$ 正则方法交叉检验。

(4) 应用随机森林选择属性。

随机森林提供了两种特征选择的方法：平均不纯度减少和平均精确率减少。下面逐一进行介绍。

● 平均不纯度减少。随机森林由多个决策树构成，决策树中的每一个节点都是关于某个特征的条件，从而将数据集按照不同的响应变量一分为二。利用不纯度度量可以确定节点，对于分类问题，通常采用基尼不纯度或者信息增益。对于回归问题，通常采用的是方差或者最小二乘拟合。当训练决策树的时候，可以计算出每个特征降低了森林中多少棵树的不纯度。对于一个决策树森林来说，可以算出每个特征平均减少了多少不纯度，并把它平均减少的不纯度作为特征选择的值。

● 平均精确率减少。另一种常用的特征选择方法就是直接度量每个特征对模型精确率的影响。主要思路是打乱每个特征的特征值顺序，并且度量顺序变动对模型的精确率的影响。很明显，对于不重要的变量来说，打乱顺序对模型的精确率影响不会太大，但是对于重要的变量来说，打乱顺序就会降低模型的精确率。

(5) 训练能够对特征打分的预选模型。

随机森林和逻辑回归等都能对模型的特征进行打分，通过打分获得相关性后再训练最终模型。它们都是建立在基于模型的特征选择方法基础之上的，例如回归和支持向量机，在不同的子集上建立模型，然后汇总最终确定特征得分。主要有稳定性选择和递归特征消除两种方法。

● 稳定性选择。稳定性选择是一种基于二次抽样和选择算法相结合的方法，选择算法可以是回归、支持向量机或其他类似的方法。它的主要思想是在不同的数据子集和特征子集上运行特征选择算法，不断重复，最终汇总特征选择结果。比如，可以统计某个特征被认为是重要特征的频率(被选为重要特征的次数除以它所在的子集被测试的次数)。在理想情况下，重要特征的得分会接近 100%，稍微弱一点的特征得分会是非 0 的数，而最无用的特征得分将会接近于 0。

● 递归特征消除。递归特征消除的主要思想是反复地构建模型，选出最好的(或者最差的)特征(可以根据系数来选)，把选出来的特征放到一边，然后在剩余的特征上重复这个过程，直到所有特征都遍历了。在这个过程中，特征被消除的次序就是特征的排序。因此，递归特征消除是一种寻找最优特征子集的贪心算法。

(6) 通过特征组合后再来选择特征。

例如，对用户 ID 和用户特征通过组合来获得较大的特征集再选择特征。这种做法在推荐系统和广告系统中比较常见，这也是所谓亿级甚至十亿级特征的主要来源，原因是用户数据比较稀疏，组合特征能够同时兼顾全局模型和个性化模型。

(7) 基于深度学习的特征选择。

目前，这种方法正在随着深度学习的流行而成为一种手段，尤其是在计算机视觉领域，原因是深度学习具有自动学习特征的能力，这也是深度学习又叫无监督特征学习的原因。从深度学习模型中选择某个神经层的特征后就可以用来进行最终目标模型的训练了。[1]

2) 主成分分析

主成分分析和特征选择不同，它是一种特征提取。特征选择是从多种特征中选择比较重要的特征，而特征提取则不是，它是通过信息的重新组合、计算，以信息损失量最少的方式从不同角度进行映射，进而达到降维的目的。

举例说明，假如一位经常光顾某商场的顾客有一天突然戴了假发、墨镜并化了浓妆去购物，在通过人脸识别结算时，摄像头依然能识别出该顾客的身份而通过验证。这是为什么？因为他的特征信息损失很少，比如脸形、五官等特征仍然保留了诸多个性特征，有助于身份识别。但如果该顾客戴了帽子和口罩，可能就完全认不出了，这就是特征提取不足以识别。因此，在降维的过程中要尽量保留特征信息。

我们可以具体看一下在数据分析中的应用情况。如图 7-2 所示，无论从 X 轴还是 Y 轴做映射都会损失许多信息量，但我们可以旋转坐标轴，就能够把原始数据投影到特征值最大的特征向量。

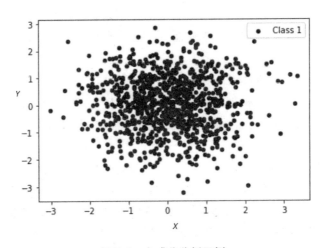

图 7-2　主成分分析示例

其基本过程如下。

(1) 对输入数据规范化，使每个属性都落入相同的区间。这一步有助于确保具有较大定义域的属性不会支配具有较小定义域的属性。

(2) 主成分分析计算 k 个标准正交向量，作为规范化输入数据的基。这些是单位向量，每一个都垂直于其他向量。这些向量称为主成分。输入数据是主成分的线性组合。

---

[1] 王宏志. 大数据分析：原理与实践[M]. 北京：机械工业出版社，2017.

(3) 对主成分按重要性或强度降序排列。主成分本质上充当数据的新坐标系，提供关于方差的重要信息。也就是说，对坐标轴进行排序，使第一个坐标轴显示数据的最大方差，第二个坐标轴显示数据的第二大方差，如此排列。例如，图上显示原来映射到轴 X_1 和 X_2 的给定数据集的前两个主成分 Y_1 和 Y_2，这一信息帮助识别数据中的组群或模式。

(4) 既然主成分根据重要性降序排列，那么可以通过去掉较弱的成分(即方差较小的数据)来归约数据。使用最强的主成分，能够很好地重构原数据。

如图 7-3 所示，如果要对它进行降维，那么使用主成分分析的方法很可能会沿 Y 轴进行降维。但如果这样做映射，那么蓝色和绿色两类数据就很难分开了，这显然是有问题的。所以，在这种情况下，我们引入另一种降维方式——线性判别分析。线性判别分析和主成分分析最大的区别就在于，线性判别分析在降维时会保留类别的区分信息。

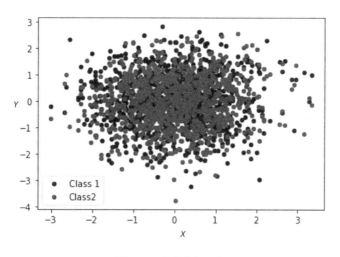

图 7-3 分类数据示例

那怎么才能算是好的分类呢？我们可以从两个方面来说明，首先是每一类之间的间距要小，其次是各类之间的间距要大。针对这个情况，我们可以用费雪公式来说明，线性判别目标函数的分子表示的是各分类之间的距离，要越大越好，而线性判别目标函数的分母表示的是同一分类的数据距离，要越小越好，这就是线性判别分析的计算公式。在使用线性判别分析的时候，我们还要注意一点，就是线性判别分析虽然很容易拓展到 N 维空间的降维问题，但是和主成分分析不同，主成分分析可以将维度将至一维，而线性判别分析只能降至 $N-1$ 维，这是它的局限性所在。

线性判别目标函数：

$$J(w) = \frac{\left| \widetilde{\mu_1} - \widetilde{\mu_2} \right|^2}{\widetilde{S_1}^2 + \widetilde{S_2}^2}$$

式中，$\widetilde{\mu_1}$ 表示判的特征均值在线性模型权值向量上的投影；$\widetilde{\mu_2}$ 表示类 2 的特征值在线性模型权值向量上的投影；$\left| \widetilde{\mu_1} - \widetilde{\mu_2} \right|^2$ 表示类间方差；$\widetilde{S_1}^2$ 表示类 1 的类内方差；$\widetilde{S_2}^2$ 表示类 2 的类内方差。

线性判别散度(方差)公式展开：

$$\widetilde{S}_1^2 = \sum_{y \in \omega_i} \left(y - \widetilde{\mu_i} \right)^2 = \sum_{y \in \omega_i} \left(w^{\mathrm{T}} x - w^{\mathrm{T}} \mu_i \right)^2 = \sum_{y \in \omega_i} w^{\mathrm{T}} \left(x - \mu_i \right) \left(x - \mu_i \right)^{\mathrm{T}} w$$

式中，ω_i 表示样本 i 的类别标签向量；x_i 表示样本 i 的特征向量；$\widetilde{\mu_i}$ 表示样本 i 的特征值在线性模型权值向量上的投影；$w^{\mathrm{T}} x_i$ 表示样本 i 的特征向量 x 在线性模型权值向量 w 上的投影；$w^{\mathrm{T}} \mu_i$ 表示样本 i 的特征向量均值 μ_i 在线性模型权值向量 w 上的投影；w 表示线性变换的权值向量；μ_i 表示样本 i 的均值矩阵。

散度矩阵：

$$S_i = \sum_{y \in \omega_i} \left(x - \mu_i \right) \left(x - \mu_i \right)^{\mathrm{T}}$$

类内散度矩阵：

$$S_w = S_1 + S_2 : \quad \widetilde{S}_1^2 = w^{\mathrm{T}} S_i w \quad \widetilde{S}_1^2 + \widetilde{S}_2^2 = w^{\mathrm{T}} S_w w$$

(四)数据变换：标准与统一化

在预处理的最后，我们再来说说数据变换的一些常用情况。其实，数据变换就是找到数据的特征表示，用维度变换来减少有效变量的数目或找到数据的不变式。

具体来说，它主要包括以下内容。

(1) 平滑处理。平滑处理也就是除去数据中的噪声。所谓噪声，就是变量的随机误差。平滑处理的主要技术方法有分箱方法、聚类方法和回归方法。

(2) 合计处理。合计处理是对数据进行总结或合计操作。例如，我们知道一家商店每天的销售数据，这样就可以合计出每月或每年的总额。这一步常用来为多个抽象层的数据分析构造数据立方体。

(3) 数据泛化处理。所谓泛化处理，就是用更高层次的概念来取代低层次或数据层的数据对象。实际上，数据泛化处理非常类似于特征选择的降维处理。例如，街道属性就可以泛化到更高层次的概念(如城市、国家等)。

(4) 标准化。标准化有时又称为归一化，就是将有关属性数据按照比例投射到特定的小范围之中，通常是 0~1。

练 习 题

1. 数据空缺分为几种类型？面对不同原因的数据空缺，我们应该怎样应对？
2. 抽样有几种类型？它们分别有什么作用？
3. 线性判别分析和主成分分析有什么区别？它们分别运用于什么场景之中？

第八章　多元线性回归

在这一章中，我们将介绍线性回归模型，讨论使用拟合和回归模型进行推断与预测的区别，然后介绍预测方法和变量选择算法，这往往是在线性回归过程中面临的主要挑战。

一、介绍

数据挖掘中最常见的预测模型是多元线性预测模型。该模型用于拟合数值结果变量y(也称为因变量或目标)和一组预测因子$x_1, x_2, \cdots, x_p$(也称为自变量)之间的关系。假设用以下函数逼近自变量和因变量之间的关系：

$$y = \beta_0 + \beta_1 x_1 + \beta_2 x_2 + \cdots + \beta_p x_p + \varepsilon$$

$\beta_0, \cdots, \beta_p$是系数，ε是噪声或无法解释的部分。结合数据来估计系数和量化噪声，在预测建模中，数据也被用来评价模型的性能。

多元线性回归建模不仅意味着要估计系数，还意味着要选择包括哪些预测因子(x)以及以什么形式度量。例如，针对数值型变量可以按数据原始状态代入方程，也可以按取对数形式$\log(x)$以及$\log()$或按类别归并组合的数据(例如，收入水平分组)。选择正确形式的能力取决于学习者对该问题领域的认知维度、数据可得性和预测目的。

多元线性回归适用于多种预测建模情况。例如，从顾客的人口统计资料和历史行为模式预测消费者偏好及购买力，从航空公司飞行常客的历史数据预测假期支出，根据电子商务平台历史订单数据预测产品交叉销售的情况，并预测折扣券发放或直播对销量的影响。

二、解释模型与预测模型

在介绍用于预测的线性回归之前，我们必须明确，拟合回归模型背后的两个普遍但不同的目标。

(1) 解释或量化自变量(输入)对因变量(输出)的平均影响(分别是解释性或描述性任务)。

(2) 给定新记录的输入值，预测其结果值(预测任务)。

经典的统计方法侧重于第一个目标。在这种情况下，数据被视为一个更大的、有意义的、总体的随机样本。从这个样本估计的回归模型是试图捕捉总体中的平均关系，然后用该模型支撑决策，得出诸如"其他所有因素$(X_2, X_3 \cdots, X_p)$不变情况下，服务速度提升一个单位(X_1)，客户满意度(Y)平均提高5分"此类的结论，模型成为解释性建模。当因果结构未知时，该模型仅量化输入变量与结果变量之间的关联程度，该方法称为描述性建模。

然而，在预测分析中，重点通常放在第二个目标上：预测新的记录。在这里，我们对系数本身不感兴趣，对平均记录也不感兴趣，而是对这个模型可以为新记录生成的预测感兴趣。例如，我们将使用回归模型来预测每个目标新客户的顾客满意度。

解释建模和预测建模都涉及使用数据集来适应一个模型(例如检验模型的有效性)，评估模型的性能，并与其他模型进行比较。然而，建模步骤和性能评估在这两种情况下不同，通常导致不同的最终模型。因此，模型的选择与目标是解释性的还是预测性的密切相关。

在解释和描述建模中，重点是建模平均记录，我们试图使最好的模型适合数据，试图了解数据的潜在关系。在预测建模(数据挖掘)中，目标是找到一个能够最好地预测新的单个记录的回归模型。一个完全拟合现有数据的回归模型很可能在处理新数据时表现不佳。因此，我们通过在一个保留组预测指标准确性的评估模型上，寻找一个具有最高预测能力的模型。

总结以上两种情况使用线性回归的主要区别。

(1) 一个好的解释模型是一个与数据紧密吻合的模型，而一个好的预测模型是一个能准确预测新记录的模型。因此，输入变量及其形式的选择可能不同。

(2) 在解释模型中，整个数据集用于估计最佳拟合模型，以最大限度地增加我们所掌握的关于假设的总体关系的信息量。当目标是预测新个体的结果时，数据通常分为训练集和验证集。训练集用于估计模型，验证集用于评估该模型在新的、未观察到的数据上的预测性能。

(3) 解释模型的性能通过度量衡量数据与模型的拟合程度(模型与数据的近似程度)以及平均关系的强弱，而预测模型的性能则是通过预测精度(模型预测新的记录的程度)来衡量的。

(4) 解释模型的重点是系数(β)，而预测模型的重点是预测($\hat{y}$)。

由于这些原因，在开始建模过程之前，了解要分析的目标是非常重要的。一个好的预测模型可以对其所基于的数据进行更松散的拟合，而一个好的解释模型可以有较低的预测精度。下面我们将重点放在预测模型上，因为预测模型在数据挖掘中应用更广泛。

三、回归方程的估计与预测

一旦我们确定了要包含的预测因子及其形式，就可以使用普通最小二乘法从数据中估计回归公式的系数。该方法查找值 $\hat{\beta}_0, \hat{\beta}_1, \hat{\beta}_2, ..., \hat{\beta}_p$；使实际结果值($y$)与其基于模型的预测值($\hat{y}$)之间的平方和最小。

以自变量 $x(x_1, x_2, ..., x_p)$ 来预测结果变量(y)的值：

$$\hat{y} = \hat{\beta}_0 + \hat{\beta}_1 x_1 + \hat{\beta}_2 x_2 + ... + \hat{\beta}_p x_p$$

如果我们做出的以下假设成立，那么基于以上方程的预测可能是最好的预测。因为预测结果将是无偏的(等于真实值的平均水平)，并且与任何无偏估计相比，它们将有最小的平均平方误差。

(1) 噪声 ε(或近似于 y)遵循正态分布。

(2) 预测因子的选择及其关系形式是正确的(线性)。

(3) 这些记录是相互独立的。

(4) 在不考虑预测因子值的差异性下，给定一组因子预测结果值的方差是相同的(同方差)。

预测目标的一个重要事实是，即使我们放弃第一个假设，允许噪声服从任意分布，这些估计也是很好的预测。在某种意义上，在所有线性模型所定义的模型使用最小二乘估计，$\hat{\beta}_0, \hat{\beta}_1, \hat{\beta}_2, \ldots, \hat{\beta}_p$ 的均方误差最小。正态分布假设在解释性建模中是必需的，它用于构建置信区间和模型参数的统计检验。

预测性能是评估模型的首要任务，而满足假设是次要的任务。因为即使违反了其他假设，对于预期目标来说得出的预测也有可能足够准确，而剩余分析可以为潜在的改进模型提供线索。

四、线性回归中的变量选择

(一)减少预测因子的数量

数据挖掘中一个常见的问题是，当模型中有许多可作为预测因子的变量时，可使用回归方程来预测因变量的值。考虑到用于多重线性回归计算的现代算法的强大，在这种情况下采取一种简单的方法：使用模型中的所有变量。为什么要费心去选择一个子集？

这是为了挖掘隐藏的关系。例如，一家公司发现，购买过桌椅腿保护器的顾客信用风险较低。然而，在将所有可能的变量放入一个模型之前，有以下几个原因需要特别注意。

(1) 为将来的预测收集一个完整的预测因素可能是昂贵的或不可行的。

(2) 我们也许能够更准确地衡量更少的预测因素(例如问卷调查)。

(3) 预测因素越多，数据中出现缺失值的概率就越高。如果删除或填充缺失值的记录，那么将导致多个预测因素的记录删除或填充率更高。

(4) 简约是一个好模型的重要属性。它可使我们对参数较少的模型中预测因素的影响有更深入的了解。

(5) 由于多变量模型的多重共线性，回归系数的估计可能不稳定(多重共线性是指两个或多个预测因子与结果变量具有相同的线性关系)，而一元线性模型的回归系数更稳定。一个非常粗略的经验法则是使记录数(观测值)n 大于 $5(p+2)$，其中 p 是预测因子(自变量 X)的数量。

研究表明，使用与输出变量不相关的预测因子会增加预测的方差，与结果变量相关的预测因子的下降会增加预测的平均误差(偏差)。

总之，预测因子太少和太多之间存在一种取舍权衡。一般来说，接受一些偏差可以减少预测的方差。这种"偏差-方差"的权衡对于大量预测因子尤其重要，因为在这种情况下，模型中很可能存在相对于噪声标准差系数较小的变量，并且与其他变量至少表现出中等程度的相关性。删除这些变量将改善预测，因为它减少了预测方差。这种"偏差-方差"权衡是大多数数据挖掘过程中预测和分类的一个基本方面。根据这一点，减少预测因素的数量 p 到一个更小的集合的方法经常被使用。

(二)如何减少预测因素的数量

减少预测因素数量的第一步是结合专业领域的知识，理解各种预测因子在衡量什么，以及它们与预测结果变量的相关性，预测因素集应该被简化为反映当前问题的合理集。排除预测因素考虑的一些原因主要包括收集信息的费用、数据不准确、与另一个预测因素高度相关、存在许多缺失值，或者与因变量不相关。在确定影响因素前，有必要检查潜在的预测因素的汇总统计信息和图形、表格，例如频率分布、缺失值的计数、各预测因素之间的相关系数。

下一步是利用统计性能指标，以减少模型中预测因素的数量。通常有两种方法，第一种方法是将回归模型与预测因素的所有可能组合进行拟合，用穷尽法搜索预测因素的"最佳"子集。但是穷尽法在多数情况下并不实用，而且可能涉及冗长而不稳定的程序。第二种方法是通过部分模型集进行搜索。下面我们将具体介绍这两种方法。

1. 穷尽搜索

这个方法是评估预测因素的所有子集。由于中等值 p 的子集的数量非常大，因此在算法创建子集并运行所有模型之后，我们需要某种方法来检查最有希望的子集并从中进行选择。我们所面临的挑战是选择一个模型，既不能简单地排除重要参数(模型欠拟合)，也不能复杂地将随机噪声代入模型中(模型过度拟合)。评估和比较模型的几个标准是基于从训练数据计算出的指标。

第一个常用的评判标准是看调整后的 R^2 值，可定义为：

$$R_{adj}^2 = 1 - \frac{n-1}{n-p-1}(1-R^2)$$

其中，R^2 是模型中可解释的变异性比例(在一个只有一个预测因素的模型中，这就是相关系数的平方)。与 R^2 类似，R_{adj}^2 的值越高，表示模型拟合越好。与 R^2 不同的是，R_{adj}^2 不考虑预测因素数量的影响，而 R^2 对预测因素的数量有惩罚性。R_{adj}^2 避免了由于简单地增加预测因素的数量却不是增加信息的数量而导致的 R^2 增加。另外，可以证明使用 R^2 选择子集相当于选择最小化 $\hat{\sigma}^2$ 的子集。

第二个常用的平衡欠拟合和过拟合的标准是 AIC(Akaike Information Criterion)准则和 BIC(Bayesian Information Criterion)准则。AIC 准则和 BIC 准则衡量模型的拟合优度，但模型也是包括参数数量惩罚项的函数。因此，它们可以用来比较同一数据集的不同模型。AIC 准则和 BIC 准则是基于信息论对预测误差的估计，有着较小的 AIC 和 BIC 值的模型是更好的选择。

通常用于子集选择的第三个标准是 Mallows 的 C_P 公式。这个标准假设完整的模型(包含所有的预测因素)是无偏见的，尽管它可能有一些预测因素。如果删除这些预测因素，那么将减少预测的可变性。有了这个假设，我们可以证明，如果一个子集模型是无偏的，那么平均 $C_P = p+1$(预测因素的数量+1)，即子集的大小。因此，识别小偏差子集模型的一个合理方法是检验 C_P 值接近 $p+1$ 的子集模型。好的模型是 C_P 值接近 $p+1$ 且 p 值较小的模型。

C_p 的计算公式可以表示为:

$$C_P = \frac{SSE}{\hat{\sigma}_{full}^2} + 2(p+1) - n$$

$\hat{\sigma}_{full}^2$ 是估计 σ^2 价值的完整的模型,包括所有的预测因素。重要的是记住这种方法的有效性在很大程度上依赖于在完整模型中 σ^2 估计的可靠性。这要求训练集中包含相较于预测因素数量而言更大量的数值记录。

可以看出,对于线性回归,在大样本中,Mallows 的 C_p 公式相当于 AIC。

最后,需要注意的一点是,对于一个固定大小的子集 R^2、R_{adj}^2、C_p,AIC、BIC 都选择同一个子集。换言之,对固定子集来说,即比较具有相同数量预测因素的模型,以上指标在选择上并没有什么区别,但我们通常是要比较具有不同数量预测因素的模型。

2. 流行的子集选择算法

第二种寻找预测因素的最佳子集的方法依赖于在所有可能回归模型的空间中进行部分迭代搜索。最终的结果是预测因素的一个最佳子集,或者针对不同大小的预测因素子集确定几个接近最佳的选择。这种方法的计算成本较低,但可能会遗漏预测因素的"良好"组合。没有一种方法能保证它们为任何标准(例如 R_{adj}^2)生成最佳子集。对于预测因素数量众多的情况,迭代搜索是合理的方法,但对于数量适中的预测因素,穷尽搜索则是更好的方法。

三种常用的迭代搜索算法是前向选择、逆向剔除和逐步回归。在前向选择中,我们从没有预测因素开始,然后逐个添加预测因素,添加的每个预测值都是(在所有预测值中)基于已经存在的预测值之上对 R^2 的贡献最大的预测值。当额外增加预测因素在统计学上不显著时,算法停止迭代。这种方法的主要缺点是,算法会遗漏一对或一组预测因素,这些预测因素在一起执行得非常好,但作为单个预测因素执行得很差。这类似于对一个团队项目的求职者逐一进行面试,可能会错过一组优秀的搭档或同行,有些人在一起的表现可能很出色,但单独或与非同行在一起就表现不佳。

在逆向剔除中,我们从所有的预测因素开始,然后在每一步中,消除统计上最不显著的预测因素。当所有剩余预测因素都有重要贡献时,算法停止迭代。该算法的缺点是计算初始模型的所有预测因素可能是耗时和不稳定的。逐步回归与前向选择相似,只是在每一步中,我们都考虑剔除统计意义不显著的预测因子,就像在逆向剔除中那样。

练 习 题

BostonHousing.csv 包含了美国人口普查局收集的有关马萨诸塞州波士顿地区住房的信息。数据集包括波士顿地区 506 个人口普查住房区的信息,目标是根据犯罪率、污染和房间数量等信息预测新城区的平均房价。该数据集包含 13 个预测因子,其结果是平均房价(MEDV)。表 8-1 描述了每个预测值和响应。

表 8-1　BostonHousing.csv 变量

变　　量	描　　述
CRIM	城镇平均犯罪率
ZN	25000 平方英尺以上土地的住宅用地比例
INDUS	城镇非零售商业用地比例
CHAS	查尔斯河变量(1=在河边，0=不在)
NOX	一氧化氮浓度(百万分之一)
RM	每个住宅的平均房间数
AGE	1940 年以前建造的自住单位比例
DIS	到 5 个波士顿就业中心的加权距离
RAD	径向公路可达性指数
TAX	每万元全额房产税税率
PTRATIO	城镇学生/教师比例
LSTAT	底层人口百分比
MEDV	自有住房价值的中位数(千美元)

1. 为什么要将数据划分为训练集和验证集？训练集的用途是什么？验证集将用于什么？

2. 将多元线性回归模型拟合为中位房价(MEDV)与 CRIM、CHAS 和 RM 的函数关系。根据模型中的预测值，写出预测房价中位数的公式。

3. 使用回归模型估计，波士顿地区一块非查尔斯河边、犯罪率为 0.1、平均每间房子的房间数为 6 的区域的房价中位数是多少？预测误差是多少？

4. 减少预测因素的数量：

(1) 在这 13 个预测因素中，哪些预测因素可能是衡量同一事物的？讨论 INDUS、NOX 和 TAX 之间的关系。

(2) 计算 12 个数值型预测因素的相关系数，并找出高度相关的因素。根据相关系数表选择要删除的、有潜在冗余并可能导致多重共线性的因素。

(3) 训练集中逐步运行剩下的预测因子。从每个分步运行中选择最好的模型，然后分别使用这些模型来预测验证集。比较 RMSE、MAPE 和 RMSE，以及模型的提升效果图。最后，描述最佳模型。

 微课视频

扫一扫，获取本章相关微课视频。

数据挖掘方法：多元线性回归.mp4

第九章　K-NN 算法

在本章中，我们将描述 K-NN(K-Nearest Neighbor)算法，它用于分类(分类结果)或预测(数值结果)。为了对新记录进行分类或预测，K-NN 算法依赖于在训练数据中找到"相似"的记录，然后通过投票(分类)或平均(预测)，这些"邻居"被用于派生新记录的分类或预测。我们将解释如何确定相似性、如何选择邻居的数量，以及如何计算分类或预测。K-NN 是一种高度自动化的数据驱动方法。我们将讨论 K-NN 算法在性能和实际考虑(如计算时间)方面的优点和缺点。

一、K-NN 分类器(分类结果)

K-NN 的思想是在训练数据集中识别 K 个与我们希望分类的新记录相似的记录，然后使用这些相似的(相邻的)记录分类，并将新记录分配到这些相邻的主要类中。用 x 表示这个新记录的预测因素值，例如 $x_1, x_2, \cdots, x_P$。在训练数据中寻找与预测因素空间要分类的记录相似或"接近"的记录，也就是值接近 x 的记录$(x_1, x_2, \cdots, x_P)$。最后，基于这些近似记录所属的类，我们为待分类的记录判定类别归属。

1. 确定邻居

K-NN 算法是一种不假设类成员(y)与预测因子 $x_1, x_2, \cdots, x_P$ 之间关系形式的分类方法。这是一种非参数方法，因为它不涉及假设函数形式的参数估计，例如线性回归中假设的线性形式。相反，该方法从数据集记录的预测值之间的相似性中提取信息。

一个中心问题是如何根据记录的预测值来度量记录之间的距离。最常用的距离度量是欧几里得距离。两条记录之间的欧几里得距离是：

$$\sqrt{(x_1 - u_1)^2 + (x_2 - u_2)^2 + \cdots + (x_p - u_p)^2}$$

K-NN 算法依赖于许多距离的计算(每条被预测的记录与训练集中的每条记录之间)，因此在 K-NN 算法中最常用的是欧几里得距离，它的成本较低。

为了平衡各种预测因素可能拥有的尺度，注意在大多数情况下，在计算欧几里得距离之前，预测因素应该首先被标准化。还要注意，用于标准化新记录的平均值和标准差是训练数据的平均值与标准差，新记录不包括在计算中。验证数据(例如新数据)也不包括在此计算中。

2. 分类规则

在计算完要分类的记录和现有记录之间的距离之后，我们需要一个规则来根据其邻居的类为要分类的记录分配一个类。最简单的情况是 K=1，我们寻找最接近的记录(最近的邻居)，并将新记录归类为与其最近邻居属于同一类。结果表明，当我们确切地知道每一类的概率密度函数时，1-最近邻方案的误分类率不超过误分类率的 2 倍。

最近邻的思想可以推广到 K > 1，近邻如下。

(1) 找出离待分类的记录最近的 K 个邻居。

(2) 使用少数服从多数原则对记录进行分类，其中记录被分类为 K 个近邻中的多数类的成员。

3. 选择 K

选择 K>1 的优点是，K 值越大，就越容易降低训练数据中噪声导致过拟合的风险。一般来说，如果 K 值太小，那么我们可能是在拟合数据中的噪声；如果 K 值过大，那么我们将错过该方法获取数据中的局部结构的能力，这是它的主要优势之一。在极端情况下，K=n=训练数据集中记录的数量。在这种情况下，我们只是分配所有记录到大多数类的训练数据，而不考虑(x)的值$(x_1, x_2, \cdots, x_P)$，这正好与这个简单的规律相吻合。这显然是在预测因素中缺少关于类成员关系的有用信息的情况下过度平滑的情况。换句话说，我们希望在过度拟合预测信息和完全忽略这些信息之间取得平衡。准确的选择在很大程度上取决于数据的性质。数据结构越复杂、越不规则，K 的最佳值越小，通常 K 的值在 1~20，将取奇数以便于判定。

4. 设置截断值

K-NN 使用多数决策规则对新记录进行分类，其中记录被分类为 K 个邻居的多数类的成员。"多数"的定义与应用于类成员概率的截止值的概念直接相关。例如，对于一个新的记录，类 1 成员在其邻居中的比例是对其属于类 1 的倾向(概率)的估计。

更改截止值会影响混淆矩阵(即错误率)。在某些情况下，我们可能希望选择一个非默认值 0.5 作为截止值，以便最大限度地提高准确性或合并错误分类成木。

5. 有两个以上类的 K-NN

K-NN 分类器可以很容易地应用于 m 类的结果，其中 m>2。"多数规则"意味着一个新记录被分类为其 K 个邻居的多数类的成员。另一种方法是，当我们有兴趣识别一个特定的类(并且愿意"过度识别"属于这个类的记录)时，计算属于这个感兴趣的类的 K 个邻居的比例，用它作为新记录属于这个类的概率(倾向)的估计，然后引用用户指定的截止值来决定是否将新记录分配给该类。

6. 将分类变量转换为二元虚拟变量

计算两个非数字类别之间的欧几里得距离通常是没有意义的(例如，书店里的食谱和地图)。因此，在应用 K-NN 之前，必须将分类变量转换为二元虚拟变量。与统计模型(例如回归)的情况不同，所有 m 二元变量都应该创建并与 K-NN 一起使用。虽然这在数学上是多余的，但是由于 m-1 模型包含与 m 模型相同的信息，这种多余的信息不会产生线性模型的多重共线性问题。此外，在 K-NN 模型中，使用 m-1 模型会产生与使用 m 模型不同的分类，并导致不同分类对模型的贡献不平衡。

二、K-NN 表示数值结果

K-NN 的思想可以很容易地扩展到预测连续值(这也是我们使用多元线性回归模型的目的)。通过计算距离来确定邻居的第一步保持不变；第二步，使用大多数邻居的投票来确定类，我们对其进行修改，取 K 个最近邻的平均结果值来确定预测。通常，这个平均数是一个加权平均数，权值随着离需要预测的点的距离增加而减少。另一个修改是用于确定"最佳 K"的误差度量。在预测中，应该使用均方根误差或其他预测误差度量，而不是分类中使用的总体错误率。

三、K-NN 算法的优势和劣势

K-NN 算法的主要优点是简单和不用设置参数。在有足够大的训练集的情况下，这些方法的表现令人惊讶，特别是当每个类都有多个预测值组合时。例如，在房地产数据库中，有可能有多种组合(住宅类型、房间数量、社区、要价等)来描述快速销售的房屋和在市场上长期存在的房屋。

在实际应用中，K-NN 算法有三个难点。首先，尽管不需要任何时间从训练数据估计参数(例如回归等参数模型的情况)，但是在一个大的训练集中找到最近邻的时间可能令人难以接受。为了克服这一困难，已经有了许多方法。主要思想如下。

(1) 使用降维技术，例如主成分分析减少计算距离所花费的时间。

(2) 使用复杂的数据结构，例如搜索树来加速最近邻居的识别。这种方法通常满足于"接近最近"的邻居来提高速度。例如，使用分桶，其中的记录被分组到桶中，以便每个桶中的记录彼此接近。对于将要预测的记录，桶是按照它们到记录的距离排序的。从最近的桶开始，测量桶内每个记录的距离。当到存储桶的距离大于到目前为止最近记录的距离时，算法停止。

其次，训练集中需要的记录数量随着预测值 p 的增加而呈指数增长。这是因为，除非训练集的大小随着 p 的增加而呈指数增长，否则到最近邻的期望距离随着 p 的增加而急剧增加。这种现象被称为维数灾难，是与所有分类、预测和聚类技术相关的基本问题。这就是为什么我们经常寻求通过一些方法来减少预测因子的数量的原因，比如为我们的模型选择预测因子的子集，或者通过使用主成分分析、异常值分解和因子分析等方法来组合它们。

最后，K-NN 是一个"懒惰的学习者"：耗时的计算被推迟到预测的时间。对于每个要预测的记录，我们只在预测时计算它到整个训练记录集的距离。这种行为使得我们无法使用此算法同时对大量记录进行实时预测。

练 习 题

BostonHousing.csv 包含了波士顿 500 多个普查区的信息，每个普查区记录了多个变量。最后一列(CAT.MEDV)从 MEDV 派生，如果 MEDV>30，就获得值 1，否则获得值 0。考虑预测一个区域的中值(MEDV)的目标，给出前 12 列中的信息。将数据分成训练集(60%)和验证集(40%)。

1. 对所有 12 个预测值执行 K-NN 预测(忽略 CAT.MEDV 列)，尝试从 1 到 5 测试 K 的值。确保数据规范化，找出最好的 K。

2. 使用最佳 K 值，利用表 9-1 中的信息预测一个区域的 MEDV。

表 9-1　BostonHousing.csv 参数

CRIM	ZN	INDUS	CHAS	NOX	RM	AGE	DIS	RAD	TAX	PTRATIO	LSTAT
0.2	0	7	0	0.538	6	62	4.7	4	307	21	10

3. 如果我们使用上述 K-NN 算法对训练数据进行评分，那么训练集的误差会是多少？

4. 为什么当把这个 K-NN 预测因素应用于新数据时，与错误率相比，验证数据错误过于乐观？

5. 如果目的是预测几千个新领域的 MEDV，那么使用 K-NN 预测的缺点是什么？为产生每个预测所经历的操作列出算法。

微课视频

扫一扫，获取本章相关微课视频。

数据挖掘方法：K-NN 算法.mp4

第十章　朴素贝叶斯分类器

本章将介绍朴素贝叶斯分类器，它可以应用于有分类预测因素的数据。我们首先回顾贝叶斯定理中条件概率的概念，然后举例说明完全贝叶斯分类器的方法原理。通过分析，我们发现完全贝叶斯在大多数情况下是不切实际的。最后，我们将学习如何使用更普遍适用的朴素贝叶斯分类器。

一、介绍

朴素贝叶斯方法(实际上是统计学的一个分支)是以托马斯·贝叶斯(Thomas Bayes)的名字命名的。为了理解朴素贝叶斯分类器，我们首先来看完全贝叶斯分类器。完全贝叶斯分类器的基本原理很简单，每项要分类的记录需要做以下操作。

(1) 找到具有相同预测因素配置文件的所有其他记录(例如，其中预测值相同)。

(2) 确定记录属于什么类，以及哪个类最普遍。

(3) 将这个类分配给新记录。

此外，可能采取的调整方法还要回答"属于感兴趣的类的倾向是什么?"，而不是"哪一种是最有可能的?"。

获得类概率允许使用滑动截止将记录分类为属于类 C_i，即使 C_i 不是该记录的最可能的类。当我们有兴趣识别某个特定的兴趣类别，并且愿意"过度识别"属于该类别的记录时，这种方法非常有用。

1. 截断概率的方法

(1) 为感兴趣的类别建立截止概率，我们认为超过该类别的记录就属于该类别。

(2) 找到与新记录相同的预测因素配置文件的所有训练记录(例如，其中预测值相同)。

(3) 确定哪些记录属于感兴趣的类的概率。

(4) 如果该概率高于截止概率，就将新记录分配给感兴趣的类。

2. 条件概率

完全贝叶斯和朴素贝叶斯的过程都包含了条件概率的概念，或者假设事件 B 已经发生，事件 A 发生的可能性。

要对一条记录进行分类，我们就需要以这种方式计算它属于每个类的概率，然后将该记录分类到概率最高的类，或者使用截止概率来决定是否将其分配到感兴趣的类。

从这个定义可以看出，贝叶斯分类器只对分类预测因子起作用。如果我们使用一组数值预测因素，那么多个记录在这些数值预测因素上具有相同的值是非常不可能的。因此，数值预测因子必须被丢弃并转换为分类预测因子。贝叶斯分类器特别适合(并限于)分类预测变量。

● 案例 10-1

会计师事务所有许多大客户，每年客户向会计师事务所提交年度财务报告，然后由会计师事务所开展审计工作。为了简单起见，将审计结果指定为"欺诈性"或"真实性"，指的是会计师事务所对客户财务报告的评估。会计师事务所有强烈的动机去准确识别虚假报告——如果它将虚假报告视为真实，那么它将面临法律上的问题。

会计师事务所除了掌握所有的财务记录之外，还掌握了客户之前是否有法律问题(任何性质的刑事或民事指控)的信息。这个信息在以前的审计中没有使用过，但该会计师事务所想知道，在未来是否可以使用它来确定值得更深入审查的报告。它特别想知道以前的法律问题是否预示着虚假报告。

在这种情况下，每个客户都是一个记录，结果变量 $Y=\{fraud, truthful\}$ 有两个类，可以将客户归为 $C_1=fraud$，$C_2=truthful$。预测变量"以前的法律纠纷"状况有两种情况，分别赋值 0(之前没有法律纠纷)和 1(之前有法律纠纷)。

某家会计师事务所拥有过去调查过的 1500 家公司的数据。对于每个公司，它都有关于财务报告是否被判定为虚假或真实，以及该公司之前是否有法律问题的信息。数据被划分为一个训练集(1000 家公司)和一个验证集(500 家公司)。训练集中的计数如表 10-1 所示。

表 10-1　会计师事务所案例数据

	有过法律问题的 (X=1)	没有过法律问题的 (X=0)	总　计
欺骗的(C_1)	50	50	100
真实的(C_2)	180	720	900
总计	230	770	1000

二、使用完全(精确)贝叶斯分类器预测

现在考虑一下来自一家新公司的财务报告，我们希望通过使用这些数据认定该报告是虚假的还是真实的。为此，我们计算如上所述属于这两个类的概率。

如果新公司之前有法律问题，那么属于欺诈类的概率将是 P(fraudulent | prior legal)=50/230(在训练集中有法律问题的 230 家公司中，50 家有虚假的财务报告)。属于另一个类"真实"的概率当然是其余数=180/230。

1. 使用"分配给最可能的类"方法

如果一家公司以前有法律问题，那么我们将其分配给"真实"类。对于以前没有法律纠纷的情况，类似的计算留给读者作为练习。在本例中，使用"分配给最可能的类"规则，所有记录都被分配给"真实"类。这与"将所有记录分配给多数类"规则的结果是一样的。

2. 使用截尾概率方法

在本例中，我们更感兴趣的是识别欺诈性报告——这些报告可能会让审计师入狱。我

们认识到，为了甄别虚假报告，一些真实的报告会被误认为虚假报告，整体分类准确率可能会下降。因此，我们的方法是为欺诈概率建立一个截尾值，并将高于该值的所有记录归类为欺诈。用于计算一个记录属于 C_i 类的概率的贝叶斯公式如下：

$$P\left(C_i|X_1,\ldots,X_P\right) = \frac{P\left(X_1,\ldots,X_P|C_i\right)P\left(C_i\right)}{P\left(X_1,\ldots,X_P|C_1\right)P\left(C_1\right)+\ldots+P\left(X_1,\ldots,X_P|C_m\right)P\left(C_m\right)}$$

在这个例子中(欺诈比较少见)，如果把截止值设为 0.20，将把之前的法律纠纷记录归类为欺诈，因为 P(fraudulent | prior legal)= 50/230 = 0.22。用户可以像对待任何分类模型中的其他参数一样，将此截尾值看作一个"滑动条"来进行调整以便优化性能。

3. 完全贝叶斯的实际困难

上述方法相当于在样本中找到与新记录完全相似的所有记录，在所有预测值都相同的意义上进行分类。在上面的例子中，这很简单，因为只有一个预测因素。

当预测因素的数量变大时(甚至达到 20 这样的适度数量)，许多要分类的记录将没有精确匹配。这可以在基于人口统计变量的预测投票的模型背景下理解，即使是一个相当大的样本，也可能没有一个与新记录匹配的人。例如，已知一位来自美国中西部的高收入西班牙裔男性离异，仅在上次选举中进行过投票，且有三个女儿和一个儿子。要找一位与他的特征完全相同的样本的可能性微乎其微。这仅仅是 8 个变量就大大增加了匹配的难度，对于大多数数据挖掘项目，随着变量的增加，匹配的概率就会降低。

4. 解决方案：朴素贝叶斯

在朴素贝叶斯解决方案中，我们不再将概率计算局限于与要分类的记录匹配的记录。相反，我们使用整个数据集。

回到本章开始部分的基本分类程序，对新记录进行分类的程序如下。

(1) 找到具有相同预测因素配置文件的所有其他记录(例如，其中预测值相同)。

(2) 确定记录属于什么类，以及哪个类最普遍。

(3) 将这个类分配给新记录。

朴素贝叶斯修正(用于基本分类过程)如下。

(1) 对于 C_1 类，估计每个预测因素的个别条件概率 $P(X_j|C_1)$——这些是要分类的记录中的预测值发生在 C_1 类中的概率。例如，对于 X_1，这个概率是通过 x_1 值与 C_1 值的比例来估计的训练集中的记录。

(2) 这些概率乘以对方，然后记录属于 C_1 类的比例。

(3) 对所有类重复步骤(1)和步骤(2)。

(4) 用步骤(2)中计算的 C_i 类的值除以所有类的值的和来估计类 C_i 的概率。

(5) 将记录分配给对这组预测值概率最大的类。

通过以上步骤，我们得到了朴素贝叶斯公式，用于计算一个记录具有一组给定的预测值的概率 $x_1, x_2, \cdots, x_p$，属于 m 类中的 C_1 类。公式可以写成如下形式：

$$P_{nb}\left(C_1 | x_1, \cdots, x_p\right)$$

$$= \frac{P(C_1)\left[P(x_1|C_1)P(x_2|C_1)...P(x_p|C_1)\right]}{P(C_1)\left[P(x_1|C_1)P(x_2|C_1)...P(x_p|C_1)\right]+...+P(C_m)\left[P(x_1|C_m)P(x_2|C_m)...P(x_p|C_m)\right]}$$

这是一个强大的公式，参见案例可获得更简单的数字。请注意，所有需要的量都可以从 Y 与每个分类预测的数据透视表中获得。

● 案例 10-2

让我们将财务报告示例扩展为两个预测因素，并将一小部分数据使用比较完整的(精确的)贝叶斯计算和简单的贝叶斯计算。

考虑表 10-2 中所列会计师事务所的 10 个客户。对于每一个客户，我们都有关于它之前是否有法律问题、是小公司还是大公司、财务报告是虚假的还是真实的信息。利用这些信息，我们将计算舞弊的条件概率，给出四种可能的组合。

表 10-2　会计师事务所案例数据组合

公　司	法律问题	公司规模	财务报告状态
1	yes	small	truthful
2	no	small	truthful
3	no	large	truthful
4	no	large	truthful
5	no	small	truthful
6	no	small	truthful
7	yes	small	fraudulent
8	yes	large	fraudulent
9	no	large	fraudulent
10	yes	large	fraudulent

完全(准确)贝叶斯概率计算为：

$P(\text{fraudulent}|\text{PriorLegal} = \text{y}, \text{Size} = \text{small}) = 1 / 2 = 0.5$

$P(\text{fraudulent}|\text{PriorLegal} = \text{y}, \text{Size} = \text{large}) = 2 / 2 = 1$

$P(\text{fraudulent}|\text{PriorLegal} = \text{n}, \text{Size} = \text{small}) = 0 / 3 = 0$

$P(\text{fraudulent}|\text{PriorLegal} = \text{n}, \text{Size} = \text{large}) = 1 / 3 = 0.33$

现在我们计算朴素贝叶斯概率。对于在{PriorLegal = y, Size = small}条件下的欺诈性行为的条件概率，分子为欺诈性公司中{PriorLegal = y}实例的比例乘以{Size = small}欺诈公司的实例，乘以欺诈公司的比例：(3/4)(1/4)(4/10)= 0.075。为了得到实际的问题能力，给定{PriorLegal = y, Size = small}，我们还必须计算真实行为的条件概率的分子：(1/6)(4/6)(6/10) =0.067。分母是这两个条件概率的和(0.075 + 0.067 = 0.14)。因此，在{PriorLegal = y, Size = small}条件下，欺诈性行为的条件概率为 0.075/0.14 = 0.54。以类似的方式，我们计算所有四种条件概率：

$$P_{nb}\left(\text{fraudulent}|\text{PriorLegal} = y, \text{Size} = \text{small}\right)$$

$$= \frac{(3/4)(1/4)(4/10)}{(3/4)(1/4)(4/10) + (1/6)(4/6)(6/10)} = 0.54$$

$$P_{nb}\left(\text{fraudulent}|\text{PriorLegal} = y, \text{Size} = \text{large}\right) = 0.87$$

$$P_{nb}\left(\text{fraudulent}|\text{PriorLegal} = n, \text{Size} = \text{small}\right) = 0.07$$

$$P_{nb}\left(\text{fraudulent}|\text{PriorLegal} = n, \text{Size} = \text{large}\right) = 0.31$$

请注意，这些朴素贝叶斯概率与精确的贝叶斯概率很接近。尽管它们不相等，但是对于截断值为 0.5(以及许多其他值)，它们都将导致完全相同的分类。通常情况下，概率的排序甚至更接近贝叶斯方法的精确性，而不是概率本身，为了分类的目的，这是重要的排序。

5. 条件独立性的朴素贝叶斯假设

在概率术语中，我们已经做了一个简化的假设，在某个类中看到预测因素配置文件为 $x_1, x_2, \cdots, x_p$ 的记录的概率，$P\left(x_1, \ldots, x_p|C_i\right)$ 很好地近似于单个条件概率的乘积 $P\left(x_1|C_i\right) \times P\left(x_2|C_i\right) \times \ldots \times P\left(x_p|C_i\right)$。当预测在每个类内是独立的时，这两个量是相同的。

假设"去年亏了钱"是会计欺诈案例中的另一个变量，我们用朴素贝叶斯做的简化假设是，在一个给定的类中，我们不再需要寻找以"以前的法律麻烦"和"去年损失的钱"为特征的记录。假设两者是独立的，我们可以简单地将"以前的法律纠纷"的概率乘以"去年损失的钱"的概率。当然，在实际操作中，完全独立是不可能的，因为预测者之间存在一定的相关性。

在实践中，尽管违反了假设，但是这个过程运行得相当好——主要是因为通常需要的不是每条记录的倾向性在绝对值上是准确的，而是对倾向性的合理、准确的排序。即使违反了这个假设，记录倾向的排序也通常被保留下来。

注意，如果我们感兴趣的只是等级排序，并且所有类的分母都保持不变，那么只关注数字就足够了。这种方法的缺点是，它产生的概率值(倾向)虽然顺序正确，但是与用户预期的精确值不在同一个尺度上。

6. 使用截止概率方法

上面的过程是在基本情况下我们寻求最大的分类精度为所有类。在特殊类别的情况下，程序如下。

(1) 为感兴趣的类别建立截止概率，我们认为超过该类别的记录就属于该类别。

(2) 对于感兴趣的类别，计算待分类记录中的每个预测值出现在训练数据中的概率。

(3) 将这些概率相乘，然后再乘以属于感兴趣的类的记录的比例。

(4) 通过将步骤(3)中计算的该类别的值除以所有类别相似值的和来估计该类别的概率。

(5) 如果该值低于截止值，就将新记录分配给感兴趣的类，否则不分配。

(6) 根据需要调整截止值，作为模型的参数。

三、朴素贝叶斯分类器的优缺点

朴素贝叶斯分类器的优点在于其简单性、计算效率、良好的分类性能和直接处理分类

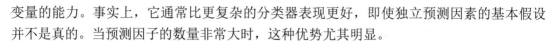

变量的能力。事实上，它通常比更复杂的分类器表现更好，即使独立预测因素的基本假设并不是真的。当预测因子的数量非常大时，这种优势尤其明显。

但是，应该记住三个主要问题。

首先，朴素贝叶斯分类器需要大量的记录才能获得良好的结果。

其次，当训练数据中没有一个预测因素类别时，朴素贝叶斯假设一个新的记录与该预测因素类别的新记录的概率为零。如果这个罕见的预测值非常重要，那么就会出现问题。

例如，结果变量为购买高价值人寿保险，预测类别为拥有游艇。如果训练数据没有拥有游艇=1 的记录，那么对于拥有游艇=1 的任何新记录，朴素贝叶斯将为购买高价值人寿保险的结果变量分配一个 0 的概率。当然，由于没有拥有游艇=1 的训练记录，所以任何数据挖掘技术都无法将这个潜在的重要变量合并到分类模型中，它将被忽略。然而，在朴素贝叶斯中，如果没有这个预测因素，就会主动"投票"记录中的任何其他信息，将结果值指定为 0(在这种情况下，它有更好的机会成为 1)。一个大的训练集的存在(连续预测组合)有助于减少这种影响。在这种情况下，一种流行的解决方案是使用一种称为平滑的方法将零概率替换为非零值。

最后，当目标是根据记录属于某一类的概率对其进行分类或排序时，将得到较好的性能。然而，当目标是估计类成员(倾向)的概率时，这种方法提供了有偏差的结果。因此，在信用评分中很少使用朴素贝叶斯方法。

- 案例 10-3

过滤电子邮件中的垃圾邮件一直是人们非常熟悉的数据处理应用。过滤垃圾邮件在很大程度上基于自然语言词汇，是单纯使用分类变量的朴素贝叶斯分类器的天然环境。大多数垃圾邮件过滤器都基于这种方法，其工作原理如下。

(1) 检查大量的电子邮件，将它们分类为"垃圾邮件"或"非垃圾邮件"，并从中选择相同(也是大量)数量的垃圾邮件和非垃圾邮件。这是训练数据。

(2) 这些电子邮件将包含数千字，对于每个单词，计算它在垃圾邮件数据集中出现的频率，以及它在非垃圾邮件数据集中出现的频率。将这些频率转换为估计的概率(即如果在 1000 封垃圾邮件中有 500 封出现"免费"，而在 1000 封非垃圾邮件中只有 100 封出现"免费"，那么垃圾邮件中包含"免费"的概率为 0.5，而非垃圾邮件中包含"免费"的概率为 0.1)。

(3) 如果新消息中唯一需要分类为垃圾邮件或非垃圾邮件的单词是"免费"，那么我们将把该消息分类为垃圾邮件，因为贝叶斯后验概率是 0.5/(0.5+0.1)或 5/6，当遇到"免费"的词汇，就判断该消息是垃圾邮件。

(4) 当然，我们还有很多话要考虑。对于每一个这样的词语，都将使用计算步骤(2)中描述的概率并相乘，利用公式确定属于该类的朴素贝叶斯概率。在简单方法中，类成员(垃圾邮件或非垃圾邮件)由较高的概率决定。

(5) 在一种更灵活的方法中，"垃圾邮件"和"非垃圾邮件"概率之间的比率被视为一个分数，操作人员可以据此建立(并更改)一个截尾值——任何超过该级别的内容都会被归类为垃圾邮件。

(6) 用户可以选择通过将收到的邮件分类为垃圾邮件或非垃圾邮件，并将其添加到训练数据库中来建立个性化的训练数据库。一个人的垃圾邮件对于另一个人来说可能是正常的邮件。

很明显，即使是"天真"地简化，这也是一个巨大的负担。垃圾邮件过滤器现在通常在两个级别上运行——在服务器上(拦截一些永远不会到达你的电脑的垃圾邮件)和在个人电脑上(在那里你可以选择检查它)。垃圾信息散布者还找到了"毒化"基于词汇表的贝叶斯方法的方法，包括随机选择的无关词序列。由于这些词是随机选择的，所以它们不太可能在垃圾邮件中比在正常邮件中更普遍，而且它们会稀释垃圾邮件的关键词(例如"广告""免费")的效果。因此，复杂的垃圾邮件分类器还包括基于词汇表以外的元素的变量，例如邮件中的链接数、主题行中的词汇表、确定"发件人："电子邮件地址是不是真正的原始发件人(反欺骗)、使用 HTML 和图像，以及在动态或静态 IP 地址发起(后者更昂贵且无法快速设置)。

练 习 题

UniversalBank.csv 包含全能银行 5000 名客户的数据。这些数据包括客户的人口统计信息(年龄、收入等)、客户与银行的关系(抵押贷款、证券账户等)，以及客户对上一次个人贷款活动(个人贷款)的反应。在这 5000 名客户中，只有 480 名(9.6%)接受了在早期活动中向他们提供的个人贷款。在本练习中，我们关注两个预测因素：在线(无论客户是不是银行服务的活跃用户)和信用卡(以下简称 CC。客户是否持有信用卡)以及个人贷款(以下简称贷款)。

1. 为训练数据创建一个透视表，其中 Online 作为列变量，CC 作为行变量，Loan 作为第二行变量。表中的值应该传递计数。

2. 考虑将拥有银行信用卡并积极使用网上银行服务的客户分类的任务。查看数据透视表，该客户接受贷款的概率是多少？[这是贷款接受的概率(Loan=1)，条件是拥有银行信用卡(CC=1)并且是网上银行服务的活跃用户(Online=1)]。

3. 为训练数据创建两个单独的透视表，一个将 Loan(行)作为 Online 的函数，另一个将 Loan(行)作为 CC 的函数

4. 计算下列概率 $P(A|B)$：

(1) $P(CC=1|Loan=1)$ (信用卡持有人在贷款接受人中的比例)。

(2) $P(Online=1|Loan=1)$。

(3) $P(Loan=1)$ (贷款接受人比例)。

(4) $P(CC=1|Loan=0)$。

(5) $P(Online=1|Loan=0)$。

(6) $P(Loan=0)$。

5. 使用上面计算的数量来计算朴素贝叶斯概率 $P(Loan=1|CC=1, Online=1)$。

6. 计算 $P(Loan=1|CC=1, Online=1)$，需要此表中的哪些条目？对数据运行朴素贝叶斯。检查训练数据上的模型输出，并找到对应于 $P(Loan=1|CC=1, Online=1)$。

 微课视频

扫一扫，获取本章相关微课视频。

数据挖掘方法：朴素贝叶斯.mp4

第十一章　分类回归树

本章描述了一种灵活的数据处理方法，它可以用于分类(称为分类树)和预测(称为回归树)。在数据驱动的方法中，树是最透明和最容易解释的。树的基础是通过在预测因素上创建拆分来将记录分成子组。这些划分产生了清晰易懂的逻辑规则，例如，"如果年龄小于55岁，教育年限大于12，那么类别为1"。由此产生的子组在结果变量方面应该更加同质，从而创造有用的预测或分类规则。我们将讨论树背后的两个关键思想：递归分区(用于构造树)和剪枝(用于将树修剪)。在本章中，我们将介绍在树算法中流行的同质性的几个度量标准，用于确定所产生的记录子组的同质性。我们将解释修剪是一种避免过度拟合的有效的策略，并展示了如何去做。我们还将介绍避免过度拟合的替代策略。与其他数据处理方法一样，树的构造需要大量数据。然而，一旦构造好，即使在大样本上部署它们，计算成本也会很低。它们还有其他优点，比如高度自动化、对异常值的稳健性、能够处理丢失的值。除了预测和分类之外，我们还将介绍如何将树用于降维。最后，我们引入了随机森林和增强树，它们结合了多棵树的结果来提高预测能力。

一、介绍

如果必须选择一种在广泛的情况下表现良好的分类技术，而不需要分析师付出太多努力，同时又容易被分析的消费者理解，那么这个强有力的竞争者将是布赖曼(Breiman)等人开发的树方法。我们首先讨论这个分类过程，然后在后面的章节中展示如何将这个过程推广到数值结果的预测。布赖曼等人创建的实现这些过程的程序被称为分类回归树(Classification And Regression Trees，CART)。这个相关的过程称为C4.5。

什么是分类树？如图11-1所示，根据客户的收入、教育水平和平均信用卡支出等信息，将收到贷款的银行客户分为接受者和拒绝者。

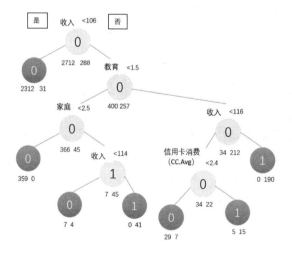

图 11-1　分类树示例

树分类器非常流行的原因之一是它们提供了易于理解的分类规则(至少在树不是很大的情况下)。考虑示例中的树，灰色终端节点标记为 0 或 1，对应一个非接收器(0)或接收器(1)，白色节点上的值表示一个预测因素的分裂值。节点下面的值给出了分割中的记录数量。这个树可以很容易地转换为一组对银行客户进行分类的规则。

下面将展示如何构造和计算分类树。

二、分类树

分类树有两个关键思想。首先是预测变量空间的递归分割思想，其次是使用验证数据进行修剪。下面将描述递归分区并解释修剪方法。

1. 递归分区

结果变量用 y 表示，输入(预测)变量 x_1，x_2，x_3，…，x_p。在分类时，结果变量为分类变量。递归划分将 x 个预测变量的 p 维空间划分为不重叠的多维矩形，这里的预测变量被认为是连续的、二元的或有顺序的。这个方法是通过递归完成的。首先，选取其中一个预测变量设为 x_i，选取一个 x_i 的值设为 s_i，将 p 维空间分成两部分：一部分包含所有带有 $x_i < s_i$ 的点，另一部分为 $x_i \geqslant s_i$ 的点。然后，通过再次选择一个预测变量(可以是 x_i 或另一个变量)和该变量的分割值，以类似的方式分割这两个部分中的一个，这就产生了三个(多维)矩形区域。继续这个过程，我们得到了越来越小的矩形区域。这个想法是把整个 x 空间分割成矩形，这样每个矩形都尽可能地是均匀的或"纯的"。所谓纯，指的是只包含属于一个类的记录(当然，这并不总是可能的，因为可能有属于不同类但对每个预测变量具有完全相同的值的记录)。

让我们用一个示例来说明递归分区。

● 案例 11-1

割草机制造商希望找到一种方法，将城市中的家庭分为可能购买割草机的家庭和不可能购买割草机的家庭。在城市中对 12 名业主和 12 名非业主进行了试点随机抽样，数据如表 11-1 所示，绘制散点图如图 11-2 所示。

表 11-1　割草机案例数据

家庭编码	收入(1000 美元)	面积(1000 平方英尺)	是否为割草机所有者
1	60	18.4	所有者
2	85.5	16.8	所有者
3	64.8	21.6	所有者
4	61.5	20.8	所有者
5	87	23.6	所有者
6	110.1	19.2	所有者
7	108	17.6	所有者
8	82.8	22.4	所有者
9	69	20	所有者

续表

家庭编码	收入(1000 美元)	面积(1000 平方英尺)	是否为割草机所有者
10	93	20.8	所有者
11	51	22	所有者
12	81	20	所有者
13	75	19.6	非所有者
14	52.8	20.8	非所有者
15	64.8	17.2	非所有者
16	43.2	20.4	非所有者
17	84	17.6	非所有者
18	49.2	17.6	非所有者
19	59.4	16	非所有者
20	66	18.4	非所有者
21	47.4	16.4	非所有者
22	33	18.8	非所有者
23	51	14	非所有者
24	63	14.8	非所有者

注：本案例数据选自机器学习领域经典数据集，仅用于介绍方法原理，未将英制计量单位"平方英尺"换算成国际单位"平方米"，建议学习者替换数据集时采用国际单位制。

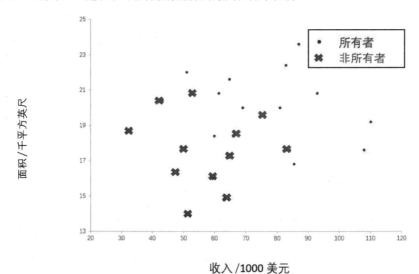

图 11-2　割草机案例散点图(a)

如果我们对这些数据应用分类树过程，那么该过程将为第一次分割选择收入，分割值为 60。(x_1, x_2) 现在的空间被分成两个矩形，一个收入 < 60，另一个收入 ≥ 60，如图 11-3 所示。

请注意分割是如何创建了两个矩形的，每个矩形都比分割前的矩形同构得多。左边的矩形包含点主要是非所有者(7 个非所有者和 1 个所有者)，右边的矩形主要包含所有者(11 个所有者和 5 个非所有者)。

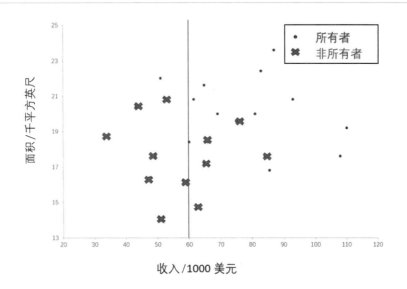

图 11-3 割草机案例散点图(b)

这种特殊的分割是如何被选择的？该算法检查了每个预测因素变量(在本例中是收入和面积大小)与每个变量的所有可能分割值，以便找到最佳分割。变量可能的分割值是什么？它们只是每个预测因素的值。收入可能的分割点是{33.0,43.2,47.4,…,110.1}，面积大小为{14.0,14.8,16.0,…,23.6}。根据这些分割点在产生的矩形中减少杂质(异质性)的程度进行排序。纯矩形是由单个类(例如所有者)组成的。杂质的减少被定义为分割前的整体杂质减去分割后两个矩形的杂质的总和。

2. 分类预测

前面的方法使用了数值型预测变量，但是在分类变量中也可以使用递归预测。在处理分类预测因素时，分类预测因素的分裂选择都是将分类集划分为两个子集的方式。有四个类别的分类变量，例如{a, b, c, d}，可以通过七种方式分成两个子集：{a}和{b, c, d};{b}和{a, c, d};{c}和{a, b, d};{d}和{a,b,c};{a, b}和{c, d};{a, c}和{b, d};最后是{a, d}和{b, c}。当分类的类别越多，分割的数量就越多。

3. 分割的杂质

测量杂质的方法有很多种，最常用的两种测量方法是基尼系数和熵值。接下来，我们将对两者进行介绍，将响应变量的 m 类表示为 $k = 1,2,…,m$。

矩形 A 的基尼杂质指数定义为：

$$I(A) = 1 - \sum_{k=1}^{m} p_k^2$$

p_k 为矩形 A 中属于 k 类的记录所占的比例，该度量取 0(所有记录属于同一类)和 $(m-1)/m$(所有 m 类都相等表示)之间的值。图 11-4 显示了两类情形的基尼指数值与 p_k 的函数关系，尤其当 $p_k = 0.5$(即当矩形包含两个类各 50%)时的情况。

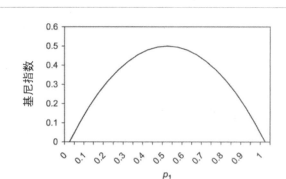

图 11-4 两类情形的基尼指数值与 p_k 的函数关系

第二个杂质测度是熵测度，矩形 A 的熵定义为：

$$\text{entropy}(A) = -\sum_{k=1}^{m} p_k \log_2(p_k)$$

让我们计算割草机在第一次分割之前和之后的杂质(使用 60 为分割值)。未分割数据集包含 12 个所有者和 12 个非所有者。这是一个两类的情况，每个类的记录数相等。因此，两种杂质测量值均为最大值：Gini = 0.5；entropy = $\log_2 2 = 1$。分割之后，左边的矩形包含 7 个非所有者和 1 个所有者。该矩形的杂质测量值为：

Gini_left=$1-(7/8)^2-(1/8)^2$=0.219

entropy_left=$-(7/8) \log_2(7/8)-(1/8)\log_2(1/8)$=0.544

右矩形包含 11 个所有者和 5 个非所有者。因此，对右矩形进行了杂质处理。

Gini_right=$1-(11/16)^2-(5/16)^2$=0.430

entropy_right =$-(11/16) \log_2(11/16)-(5/16) \log_2(5/16)$=0.896

由分割创建的 2 个矩形的混合杂质是 2 个杂质度量的加权平均值，以每个矩形中的记录数为加权：

Gini=(8/24)(0.219)+(16/24)(0.430)=0.359

entropy= (8/24)(0.544)+(16/24)(0.896)=0.779

因此，基尼杂质指数从分割前的 0.5 下降到分割后的 0.359。同样的，熵杂质度量也从分割前的 1 减少到分割后的 0.779。

通过比较所有预测因子中可能分割的杂质减少情况，选择下一个分割点。如果我们继续分割割草机的数据，那么下一次分割是在面积变量上的值 21。图 11-5 再次显示了树形程序精确地选择了分割矩形，以便提高所得到矩形的纯度。左下角矩形包含收入< 60 和地块大小< 21 的数据点，所有的点都是非业主；而左上角的矩形，包含收入< 60 和地块大小$\geqslant 21$ 的数据点，只包含一个所有者。换句话说，左边的两个矩形现在是"纯的"了。我们可以看到递归分区是如何细化组成的矩形集，使其变得更纯。注意，递归分区的每个矩形现在都是纯的，它只包含来自两个类之一的数据点。

4. 树形结构

树中有两种类型的节点：决策节点和终端节点。有后继者的节点称为决策节点，如果要用一棵树来分类一个只知道预测变量值的新记录，就会把记录"放到"树下，这样在每个决策节点上，相应的分支就会被执行，直到到达一个没有后继者的节点。这些节点被称为终端节点(或树的叶子)，并通过预测因素表示数据的分区。

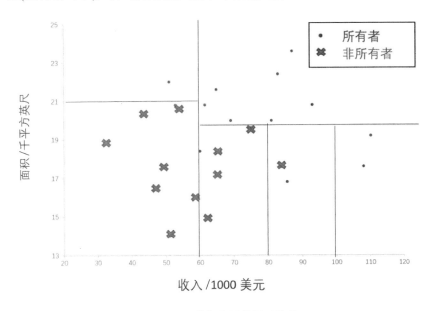

图 11-5　递归分区的最后阶段

5. 对新记录进行分类

要对新记录进行分类，需要将其从树中"删除"。当它一直下降到一个终端节点时，我们可以简单地通过对树生长时属于该终端节点的所有训练数据进行"投票"来分配它的类。投票最多的类被分配给新记录。

在二元分类的情况下(对于一个相对罕见且特别感兴趣的成功类)，我们还可以建立一个较低的阈值，以便更好地捕获那些罕见的成功(代价是将更多的失败集合为成功)。基于较低的阈值，对于成功类的投票只需要达到较低的阈值，就可以将整个终端节点归类为成功。因此，阈值决定了确定终端节点类所需的投票比例。

三、评估分类树的性能

我们已经从之前的方法中看到，建模工作不是通过将模型与训练数据拟合来完成的，而是需要样本外数据来评估和调整模型。对于分类树和回归树来说尤其如此，原因有以下两个。

(1) 树形结构可能非常不稳定，会根据所选的样本发生很大的变化。

(2) 完全适合的树总是会导致过度拟合。

为了使第一个挑战形象化，假设我们把数据随机分成两个样本 A 和 B，然后用每个样本建立一棵树。如果有几个预测能力大致相同的预测因子，那么你可以看到，对于样本 A 和 B 来说，为顶层分割选择不同的预测因子是很容易的，而这仅仅是基于哪个样本中的记录；而顶层的不同划分可能会层叠而下产生完全不同的规则集。因此，我们应该谨慎地看待单个树的结果。

四、避免过度拟合

在训练数据上构建更深的树的危害是过度拟合。过度拟合会导致新数据的性能较差。我们观察树的不同大小的总体误差，预计它会随着终端节点数量的增加而减少，直到过度拟合点。对于训练数据，总体误差会越来越小，直到在树的最大级别为零；而对于新数据，总体的错误预计会减少，直到树完全建模了类和预测因素之间的关系。之后，树开始对训练集中的噪声进行建模，我们期望验证集的总体误差开始增加，如图 11-6 所示。一个直观的原因是，一个大的树可能会过度拟合，因为它的最后分割是基于非常少的记录。在这种情况下，分类差异很可能是由于噪声而不是预测信息造成的。

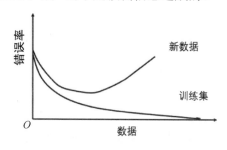

图 11-6　错误率走势

1. 停止树的生长：条件推理树

在树开始过度拟合数据之前，可以考虑不同的标准来停止树的生长。例如，树的深度、终端节点中记录的最小数目以及减少杂质的最小数目。问题是，使用这些规则来确定什么是一个好的停止点并不容易。

以前的方法都是基于递归分割的思想，使用规则来防止树过度生长和过度拟合训练数据。一种流行的方法叫作卡方自动交互检测(Chi-Squared Automatic Interaction Detection，CHAID)，它是一种递归划分方法，比分类和回归树程序早了好几年，至今在数字营销中得到广泛应用。它使用一种著名的统计检验(独立性的卡方检验)来评估分割节点是否在统计上显著提高了纯度。特别地，在每个节点上，我们对与结果变量关联最强的预测因素进行分割，关联的强度是通过独立卡方检验的 p 值来衡量的。如果对于最好的预测因素，测试没有显示一个显著的改善，分割不执行树就会被终止。该方法更适用于分类预测因素，但也适用于连续预测因素，方法是将连续值封装到分类箱中。

2. 修剪树

另一个被证明比阻止树生长更成功的方法是修剪成熟的树。在 C4.5 中，训练数据用于树的生长和修剪；在 CART 中，创新之处在于使用验证数据来修剪从训练数据中生长出来的树，尤其是过度生长的树。

剪枝背后的想法是要认识到，一个非常大的树可能会过度拟合训练数据，而最弱的树枝几乎不能降低错误率，应该被删除。在割草机的示例中，最后几次分割产生的矩形点很少(完整树中的四个矩形只有一个记录)。我们可以直观地看到，这些最后的分割很可能只是捕捉到训练集中的噪声，而不是反映未来数据(例如验证数据)中可能出现的信息。修剪包括连续选择一个决策节点，并将其重新指定为终端节点[砍掉超出该决策节点(其子树)的分支，从而减小树的大小]。剪枝过程将验证数据集中的分类错误与剪枝树中的决策节点数进行权衡，最终得到一个能捕获训练数据中的信息(而不是噪声)的树。

3. 交叉验证

用验证数据修剪树可以解决过度拟合问题,但不能解决不稳定性问题。回想一下,CART算法在为顶级拆分选择一个或另一个变量时可能会不稳定，然后这种影响会向下蔓延并产生高度可变的规则集。解决方案是避免只依赖于数据的一个分区进行训练和验证。相反,我们重复使用交叉验证，然后汇集结果。当然，仅仅用不同的规则积累一组不同的树本身并不能起到多大作用。但是，我们可以使用所有这些树的结果来了解原始树应该长到多深。在此过程中，我们介绍一个可以测量和控制把树种多深的参数。我们将在交叉验证过程中为每个最小错误树记录这个参数值并取平均值，然后在处理新数据时应用这个平均值来限制树增长到这个最优深度。

树的复杂度代价(CC)等于它的误分类错误(基于训练数据)加上树的大小的惩罚因子。对于具有 $L(T)$ 个终端节点的树，其复杂度代价可以表示为：

$$CC(T) = err(T) + \alpha L(T)$$

其中，$err(T)$ 是被树 T 误分类的训练记录的比例，而 α 是树大小的一个惩罚因子。当 $\alpha=0$ 时，树中节点过多并不会带来任何损失，并且使用复杂性标准生成的树是完全生长的未修剪树。当我们将模式扩展到一个非常大的值时，代价部分超过了复杂度代价准则的误分类错误部分，得到的结果就是终端节点最少的树，即只有一个节点的树。

回到交叉验证过程，我们现在可以关联一个值，在该过程的每次迭代中，利用最小的错误树进行迭代。

这里是算法的一个简单版本。

(1) 将数据划分为训练集和验证集。

(2) 使用训练数据来生成树。

(3) 依次对其进行修剪，在每一步记录 CP(使用训练数据)。

(4) 注意，CP 对应于验证中的最小错误数据。

(5) 将数据重新划分为训练集和验证集，并重复增长、修剪和 CP 记录过程。

(6) 反复这样做，然后对每棵树反映最小误差的 CP 求平均值。

(7) 返回到原始数据或未来数据，并构建一棵树，在这个最优 CP 值停止。

通常，交叉验证的目的是确保用于验证的分区不重叠。

4. 最好的修剪时间树

为了节省模型，一个进一步的改进是加入抽样误差，如果我们有一个不同的样本，就可能导致这个最小值发生变化。该增强使用交叉验证错误的估计标准差(xstd)进一步修剪树，我们可以在最小 xerror 上加上一个标准差。这种树有时被称为修剪得最好的树。

五、树的分类规则

分类树提供了易于理解的分类规则(如果树不是太大)，每个终端节点相当于一个分类规则。经过最佳修剪的树中最右边的终端节点为我们提供了规则，如图 11-7 所示。

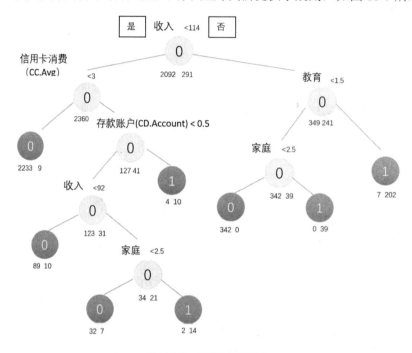

图 11-7　分类树示例 1

如果(收入≥114)和(教育≥1.5)，则 Class = 1。

在许多情况下，通过删除冗余数据可以减少规则的数量。例如，考虑图 11-7 中最左侧第二个终端节点的规则。

如果(收入<114)和(CCAvg≥3)和(CD.Account<0.5)和(收入<92)，则 Class=0。

这个规则可以简化为：

如果(收入<92)和(CCAvg≥3)和(CD.Account<0.5)，则 Class=0。

在最终分类不是唯一的情况下，将记录分类为属于某个类别的过程中的透明性和算法的可理解性非常重要。

六、两类以上的分类树

分类树可以与具有两个以上类的结果变量一起使用。在测量杂质方面，前面提出的两个度量(基尼杂质指数和熵度量)是为 *m* 类定义的，因此可以用于任意数量的类。树本身将具有相同的结构，只是它的终端节点将采用 *m* 类标签之一。

七、回归树

树形方法也可以用于数值结果变量。用于预测的回归树的操作方式与分类树大致相同。在这种情况下，结果变量(y)是一个数值变量，但原理和过程是相同的：尝试了很多次分割，对于每一次分割，我们都测量结果树的每个分支中的"杂质"。然后，树形过程选择使这些度量的总和最小化的分割。为了说明回归树，下面举例预测丰田卡罗拉汽车的价格。该数据集包括关于 1000 辆售出的丰田卡罗拉汽车的信息(我们使用 ToyotoCorolla.csv 数据集中的前 1000 辆汽车)。我们的目标是找到一个价格的预测模型，它是 10 个预测因子的函数(包括里程、马力、车门数量等)，使用包含 600 条记录的训练集为这些数据构建了一个回归树。经过最佳修剪的树如图 11-8 所示。

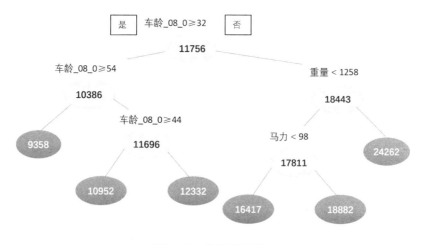

图 11-8　分类树示例 2

我们从 12 个输入变量(包括虚拟变量)中看到，只有 3 个预测变量对预测价格有用：汽车的年龄、重量和马力。

回归树和分类树在三个细节上有所不同：预测、杂质度量和性能评估。接下来，我们将对其进行描述。

1. 预测

对一个记录的结果值进行预测的方式类似于分类情况：预测因素信息用于将记录从树中"删除"，直到到达一个终端节点。例如，为了预测一辆年龄=60、马力=100、重量=1200 的丰田花冠的价格，我们将其从树中拖下来，放到值为 9358 美元的节点。这是根据树对这辆车的价格预测。在分类树中，终端节点(类别之一)的值由该终端节点中的训练记录的"投票"决定。在回归树中，终端节点的值由该终端节点上的训练记录的平均结果值决定。在上面的例子中，9358 美元的价格是训练集中车龄≥54 的 279 辆车的平均值。

2. 测量杂质

我们描述了分类树中节点的两种杂质度量：基尼指数和基于熵的度量。在这两种情况下，索引都是该节点中记录类别之间比率的函数。在回归树中，一个典型的杂质度量是终端节点的均值的平方和。这等价于误差平方的和，因为终端节点的均值就是预测。当节点中的所有值都相等时，最小的杂质可能是零。

3. 评估性能

如上所述，预测是通过对节点中的结果值进行平均得到的。因此，我们对预测和错误有了通常的定义。回归树的预测性能可以用与评估其他预测方法(例如线性回归)相同的方法来衡量，使用诸如 RMSE 之类的度量。

八、改进预测：随机森林和增强树

尽管单个树具有透明的优点，但是在纯预测应用程序中，可视化一组规则并不重要，通过对树的多个扩展来提供更好的性能，这些扩展组合了来自多个树的结果。

1. 随机森林

第一种类型的多树方法是随机森林。随机森林是"装袋"的特例，"装袋"是一种通过组合多个分类器或预测算法来提高预测能力的方法。

随机森林的基本思想如下。

(1) 从数据中抽取多个有放回的随机样本(这种抽样方法称为自展法)。

(2) 在每个阶段使用预测因素的随机子集，为每个样本匹配一个分类(或回归)树(从而获得一个"森林")。

(3) 结合单个树的预测/分类来获得改进的预测。用投票来分类，用平均来预测。

与单个树不同，随机森林的结果不能显示在类似树的图中，因此失去了单个树所提供的可解释性。

然而，随机森林可以产生"可变重要性"分数，这意味着不同预测因子的相对贡献。某个预测因子的重要度得分是通过将该预测因子在森林中所有树木的基尼系数的下降量相加得到的。

2. 增强树

第二种类型的多树改进是增强树。这里是一组树的序列，因此每棵树都集中在前一棵树分类错误的记录上。

(1) 只适合一棵树。

(2) 画一个样本，给予错误分类记录更高的选择概率。

(3) 将树插入新样本中。

(4) 多次重复步骤(2)和步骤(3)。

(5) 使用加权投票对记录进行分类，对以后的树赋予较大的权重。

增强算法专注于错误分类(大部分是 1)，所以它自然会在减少错误分类方面做得很好。

九、树的优点和缺点

树是很好的、现成的分类器和预测方法。它们对于变量选择也很有用，因为最重要的预测因素通常显示在树的顶部。树需要用户在以下方面付出的努力较少。首先，不需要对变量进行变换(变量的任何单位变换都会得到相同的树)。其次，变量子集选择是自动的，因为它是分割选择的一部分。树在本质上对离群值也是稳健的，因为分割的选择取决于值的顺序，而不是这些值的绝对值。然而，它们对数据的变化非常敏感，甚至是细微的变化也会导致非常不同的分裂。

与假设结果和预测变量之间有特定关系的模型(例如线性回归和线性判别分析中的线性关系)不同，分类和回归树是非线性和非参数的，考虑到预测因子和结果变量之间的广泛关系。然而，这也可能是一个缺点：由于分割是在一个预测因素上进行的，而不是在预测因素的组合上进行的，因此树很可能会错过预测因素之间的关系，特别是线性结构，比如线性或逻辑回归模型中的那些线性结构。在预测因素空间的水平和垂直分割能充分地划分类的情况下，分类树是有用的分类器。例如，考虑一个具有两个预测因素和两个类的数据集，这两个类之间的分离是通过使用一条对角线最明显地实现的。在这种情况下，分类树的性能预期要比判别分析等方法低。提高性能的一种方法是创建来自现有预测因素的新预测因素，它可以捕获预测因素之间的假设关系(类似于回归模型中的交互)。随机森林是这种情况下的另一种解决方案。

分类树的另一个性能问题是，它们需要一个大的数据集来构建一个好的分类器。从计算的角度来看，树的生长成本较高，因为在计算每个变量上的所有可能的分割时都涉及多次排序，使用验证集修剪数据会增加更多的计算时间。

尽管树对于变量选择很有用，但是它们偏爱具有许多潜在分裂点的预测因素，这包括许多类别变量的分类预测以及具有许多不同值的数值预测因素。这样的预测因子在树中出现的概率更高。一种简单的解决方案是将多个类别组合成一个更小的集合和具有许多值的容器数值预测因素。

树的一个吸引人的特性是，它们能处理缺失的数据，而不必填充值或删除缺失值的记录。最后，树的一个非常重要的实用优势是它们产生的透明规则。这种透明度通常在管理应用中很有用，尽管这种优势在树的集合版本中(随机森林、增强树)会消失。

练 习 题

ToyotaCorolla.csv 包含 2004 年夏末在荷兰销售的二手车(丰田卡罗拉)的数据。它有 1436 条记录，包含 38 个属性的详细信息，包括价格、车龄、公里数、生命值和其他规格。我们的目标是根据丰田卡罗拉的规格来预测二手车的价格。

数据预处理：将数据分成训练(60%)和验证(40%)数据集。

1. 使用结果变量价格和预测值运行回归树。将终端节点中的最小记录数保持为 1，最大树级别数保持为 100，*CP*=0:001，以便使运行限制最少。

(1) 什么是预测汽车价格的三个或四个最重要的变量？

(2) 检验训练集和验证集的均方根误差并绘制两个箱线图，比较训练集和验证集的预测误差。训练集预测发生了什么？验证集的预测性能与训练集相比如何？为什么会发生这种情况？

(3) 我们怎样才能对训练集做出不等于实际价格的预测呢？

(4) 使用交叉验证错误修剪完整树。与完整树相比，验证集的预测性能如何？

2. 让我们看看把价格变量变成分类变量的效果(见表 11-2)。首先，创建一个新变量，将价格分类为 20 个区间。其次，重新划分数据，保留被分类的价格。使用与回归树中相同的输入变量集运行分类树，并使用被分类的价格作为输出变量，将终端节点中的最小记录数保持为 1。

(1) 比较分类树和回归树的异同(看结构、最重要的预测因素、树的大小等)。

(2) 使用分类树和回归树，预测表 11-2 中所列规格的二手丰田卡罗拉的价格。

(3) 根据所使用的预测值、两种预测值之间差异的大小，以及两种方法的优缺点来比较预测值。

表 11-2　ToyotaCorolla.csv 数据

变　量	值
Age_-08_-04	77
km	117000
Fuel_Type	Petrol
HP	110
Automatic	No
Doors	5
Quarterly_Tax	100
Mfg_Guarantee	No
Guarantee_Period	3
Airco	Yes
Automatic_Airco	No
CD_Player	No
Powerded_Windows	No
Sport_Model	No
Tow_Bar	Yes

 微课视频

扫一扫，获取本章相关微课视频。

数据挖掘方法：分类回归树.mp4

第十二章 逻辑回归

在这一章中，我们将介绍一种非常流行且功能强大的分类方法——逻辑回归。与线性回归一样，它依赖于一个特定的模型，将预测因素与结果联系起来。用户必须指定要包括的预测因素及其形式(例如，包括任何交互项)，这意味着即使是很小的数据集也可以用来构建逻辑回归分类器，而且一旦模型被估计，即使是对大样本的新记录进行分类，其计算速度也很快。我们将介绍逻辑回归模型的建立及其数据估计，也解释逻辑模型环境中出现的事件的逻辑、概率和可能性的概念以及三者之间的关系。我们讨论变量的重要性使用系数和统计显著性，并提出了降维的变量选择算法。从数据挖掘的角度出发，以分类为目标，在单独的验证集上评估性能。由于逻辑回归在统计分析中也大量用于推理，所以在本章末尾将简要回顾与系数解释、拟合优度评估、推理和多类模型相关的关键概念。

一、介绍

逻辑回归将线性回归的概念扩展到结果变量 y 是分类的情况。我们可以把分类变量看作把记录分成类。如果 y 表示持有、出售、购买股票的建议，我们就有三个类别的分类变量。我们可以将数据集中的每一只股票(记录)看作以下三个类中的一个：持有类、卖类和买类。

逻辑回归可以用于根据预测变量的值将未知类别的新记录分为其中一个类别(称为分类)，它还可以用于已知类的数据中，查找根据预测变量或预测配置文件(称为概要分析)区分不同类中的记录的因素。逻辑回归被用于以下方面。

(1) 将客户划分为退回或不退回(分类)。

(2) 寻找区分男性和女性高层管理人员的因素(概况)。

(3) 基于诸如信用评分(分类)等信息预测贷款的批准或不批准。

逻辑回归模型被用于许多领域：当需要一个结构化模型来解释或预测分类(特别是二元)结果时。例如，在计量经济学中描述选择行为。

在本章中，我们将重点讨论逻辑回归在分类中的应用。我们只处理具有两个可能类的二元结果变量。二元结果的常见例子有成功/失败、是/不是、买/不买、默认/不默认。为了方便起见，我们经常将二元结果变量 y 的值编码为 0 和 1。

请注意，在某些情况下，我们可以选择将一个连续的结果变量与多个类或一个结果变量为一个二元的结果变化——以简化的目的，反映这个事实的决策可能是二元的(批准贷款/不批准，出价/不出价)。与多元线性回归一样，预测变量 $x_1, x_2, \cdots, x_k$ 可以是分类变量、连续变量或这两种类型的混合。

多元线性回归的目的是预测一个新记录的连续变量的值，而逻辑回归的目的是预测一个新记录将属于哪一类，或者简单地将该记录归入其中一类。在股票交易中，我们希望将一只新股票分类到三个推荐类中的一个：卖、持有或买。或者，我们可能想要计算一个新记录属于每个类别的倾向性(可能性)，然后可能将一组新记录按照从最高到最低的倾向性排序，以便对倾向性最高的记录采取行动。

在逻辑回归中，我们分两步进行操作。第一步，对每个类别的倾向性或可能性的估计。在二元情况下，我们得到 $p=P(y=1)$ 的估计值，即属于类 1 的概率(这也告诉我们属于类 0 的概率)。第二步，我们对这些概率设置一个阈值，以便将每种情况分类到一个类中。例如，在二元情况下，阈值为 0.5 意味着估计概率为 $P(y=1) \geqslant 0.5$ 的情况被归类为类别 1，而 $P(y=1) < 0.5$ 的情况被归类为类别 0。这个阈值不需要设置为 0.5。当所讨论的事件是低概率但显著或重要的事件(例如，1=欺诈交易)时，可以使用较低的阈值将更多的案件归类为 1 类。

二、逻辑回归模型

逻辑回归背后的想法很简单：我们使用 y 的一个函数，它被称为分对数，而不是直接使用 y 作为结果变量。事实证明，分对数可以被建模为预测因子的线性函数。一旦分对数被预测出来，它就可以被映射回一个概率。

了解分对数，我们需要几个中间步骤。首先，我们看看 $p=P(y=1)$，属于类的概率 1 (相对于类 0)。二元变量 y 只需要值 0 和 1，p 可以取任何值的区间[0,1]。如果我们把 p 表示成 q 的一个线性函数的形式，则：

$$p = \beta_0 + \beta_1 x_1 + \beta_2 x_2 + \cdots + \beta_q x_q \tag{12-1}$$

由于不能保证右边的值会在[0,1]这个区间内，所以解决的方法是采用非线性函数的预测形式，则：

$$p = \frac{1}{1 + e^{-(\beta_0 + \beta_1 x_1 + \beta_2 x_2 + \cdots + \beta_q x_q)}} \tag{12-2}$$

这被称为逻辑响应函数。对于任意 x 值 $x_1, \cdots, x_q$，右边的值总是在区间[0,1]内。

其次，我们看一看属于某个特定类别的另一种衡量方法，即概率。属于第 1 类的概率定义为属于第 1 类的概率与属于第 0 类的概率之比：

$$\text{Odds}(y=1) = \frac{p}{1-p} \tag{12-3}$$

这个指标在赛马、体育、流行病学和其他领域非常流行。人们谈论的不是赢得或接触疾病的可能性(probability)，而是赢得或接触疾病的概率(odds)。这两者有什么不同？如果获胜的可能性是 0.5，那么获胜的概率是 0.5/0.5 = 1。我们也可以进行反向计算：给定一个事件的概率，我们可以通过方程来计算其可能性，则：

$$p = \frac{\text{Odds}}{1 + \text{Odds}} \tag{12-4}$$

将式(12-1)、式(12-2)和式(12-3)分别代入式(12-4)，我们可以写出概率和预测因子之间的关系为：

$$\text{Odds}(y=1) = e^{\beta_0 + \beta_1 x_1 + \beta_2 x_2 + \cdots + \beta_q x_q}$$

最后一个方程描述了预测因子和概率之间的乘数(比例)关系。这种关系可以用百分比来解释。例如，预测因子 x_j 的单位平均增加了 $\beta_j \times 100\%$(保持所有其他预测因子不变)。

现在，两边同时取对数，得到逻辑模型的标准公式：

$$\log(\text{Odds}) = \beta_0 + \beta_1 x_1 + \beta_2 x_2 + \cdots + \beta_q x_q$$

log(Odds)称为分对数，取值从 $-\infty$(非常低的概率)到 ∞(非常高的概率)，0 的分对数对应于 1 的偶数概率(可能性=0.5)。因此，我们对结果和预测变量之间的关系的最终表述使用分对数作为结果变量，并将其建模为 q 预测变量的线性函数。

要 查 看 属 于 第 1 类 的 可 能 性， 概 率 和 分 对 数 之 间 的 关 系 请 参 见
$p = \beta_0 + \beta_1 x_1 + \beta_2 x_2 + \cdots + \beta_q x_q$，该公式显示了作为 p 的函数的概率(顶部)和分对数(底部)。注意，概率可以取任何非负值，而分对数可以取任何实际值。

- 案例 12-1

回想一下在第十章的练习银行的数据集包括 5000 名客户的数据。数据包括客户对上一次个人贷款活动(个人贷款)的响应、客户的人口统计信息(年龄、收入等)、客户与银行的关系(按揭、证券账户等)。在这 5000 名客户中，只有 480 人(9.6%)接受了之前的一次活动提供给他们的个人贷款。其目标是构建一个模型，以便识别在未来的邮件中最有可能接受贷款提议的客户。

1. 模型与单一预测

首先考虑只有一个预测因素的简单逻辑回归模型，这在概念上类似于简单的线性回归模型。在该模型中，我们拟合一条直线来将结果 y 与单个预测因子 x 联系起来。

让我们建立一个简单的逻辑回归模型对分类客户的收入使用单一预测。在概率方面，将结果变量与预测因素联系起来的方程是：

$$P\big(\text{个人贷款} = \text{yes}|\text{收入} = x\big) = \frac{1}{1 + e^{-(\beta_0 + \beta_1 x)}}$$

或者说，在概率方面：

$$\text{Odds}\big(\text{个人贷款} = \text{yes}|\text{收入} = x\big) = e^{\beta_0 + \beta_1 x}$$

模型的估计系数为 $\beta_0 = -6.16715$ 和 $\beta_1 = 0.03757$。拟合模型是：

$$P\big(\text{个人贷款} = \text{yes}|\text{收入} = x\big) = \frac{1}{1 + e^{6.16715 - 0.03757x}}$$

虽然逻辑回归可以用于预测分类结果的概率，但是它最常用于分类。要了解两者之间的区别，可以考虑预测客户接受贷款的概率，而不是将客户划分为接受者、拒绝者。从图 12-1 中可以看出，逻辑回归模型产生的贷款接受概率的收益率为 0～1。最终分类为 1 或 0(例如，客户接受贷款提供)，我们需要一个阈值或截断值。

在银行的这个例子中，为了将一个新客户分类为贷款的接受者、拒绝者，我们使用他的收入信息进行拟合方程。这为接受贷款提议提供了一个确定的可能性，然后将其与阈值进行比较。如果顾客接受报价的概率高于阈值，那么他就被归为接受者。

2. 参数估计

在逻辑回归中，Y 和参数 β 之间的关系是非线性的。由于这个原因，不使用最小二乘法

(例如多元线性回归)来估计参数 β，而是使用一种叫作最大似然的方法。简而言之，这个方法就是找到能够最大限度地获得我们所拥有的数据的估计，这就需要使用计算机程序进行迭代。

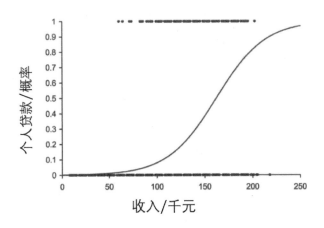

图 12-1　逻辑回归模型产生的贷款接受概率

计算系数估计的算法比线性回归算法的稳健性小。对于结果变量值为 0 和 1 的记录数量较大的经验数据集，计算估计值通常是可靠的；它们的比率"不太接近" 0 或 1；当逻辑回归模型中的系数相对于样本容量较小时(例如，不超过10%)。与线性回归一样，共线性(预测因素之间的强相关性)可能导致偏差。

三、评估分类性能

用于评估逻辑模型性能的有几个指标，最流行的是基于混淆矩阵(单独准确性或与成本相结合)和提升图。与其他分类方法一样，目标是找到一个仅使用预测因素信息就将记录精确地分类到它们的类的模型。这个目标的另一种变体是排名，或者找到一个模型，能够更好地为一组新记录确定感兴趣的特定类别的成员(这可能会以一定的总体精度为代价)。由于训练数据是用于选择模型，我们希望这些数据模型执行得很好，因此用验证集测试其性能。验证组中的数据没有参与模型构建，因此我们可以使用它们来测试模型对数据进行分类的能力。

为了从逻辑回归分析中获得混淆矩阵，我们使用估计方程来预测验证集中每条记录的类成员概率(倾向)，并使用阈值来决定这些记录的类分配。然后，我们将这些分类与这些记录的实际的成员身份进行比较。在银行的案例中，我们使用公式中的估计模型来预测在包含 2000 名客户的验证集中接受的概率(这些数据未用于建模步骤)。从技术上讲，这是通过使用公式中的估计模型预测分对数，通过关系 $p = e^{logit}/1 + e^{logit}$ 获得概率 p 来完成的。将这些概率与我们选择的阈值进行比较，以便将 2000 个验证记录中的每一个分类分为接受者或拒绝者。

四、变量的选择

当我们选择替代模型时，一种选择是通过尝试减少使用的预测因素的数量来寻找更简单的模型。我们还可以通过创建和包括从预测因素派生的新变量来构建更复杂的模型，以便反映预测因素之间的交互关系。假设收入和家庭规模之间存在交互作用，那么我们应该增加一个收入与家庭的交互项。模型的选择主要是由验证数据的性能来判断的。对于性能大致相同的模型，更简单的模型通常比更复杂的模型更受青睐。还请注意，在预测尚未暴露于模型中的数据的性能时，验证数据的性能可能过于乐观。这是因为，当使用验证数据从一组模型中选择一个最终模型时，我们是根据模型对这些数据的表现进行选择，因此可能会将验证数据的一些随机特性纳入对最佳模型的判断中。在所有被考虑的验证数据中，该模型可能仍然是最好的，但对于未看见的数据，它可能做得不好。在一个新的测试集上评估选择的模型，以便了解它在新数据上的表现。此外，在选择最终模型时，还必须考虑诸如收集变量的成本、错误倾向和模型复杂性等实际问题。

- 案例 12-2

预测航班延误对机场当局、航空公司、航空当局等都非常重要。为了解决航班延误问题，有时会成立联合专责小组。如果它要对航班延误提供持续的实时援助，就会从一些可能延误航班的提前通知中获益。

在这个例子中，有 6 个预测因子，如表 12-1 所示。感兴趣的结果是航班是否延误(延误的意思是有超过 15 分钟的延迟)。我们的数据包括 2004 年 1 月从华盛顿特区到纽约地区的所有航班，其中 2201 次航班的延误率为 19.5%。

表 12-1 预测航班延误案例数据 1

Day of Week	编码为 1=星期一，2=星期二，…，7=星期日
Departure Time	在上午 6 点至下午 10 点之间划分为 18 个时段
Origin	三个机场代码：DCA(罗纳德里根国际机场)、IAD(华盛顿杜勒斯国际机场)、BWI(巴尔的摩华盛顿国际机场)
Destination	三个机场代码：JFK(纽约肯尼迪机场)、LGA(拉瓜迪亚机场)、EWR(纽瓦克自由国际机场)
Carrier	八个航空公司代码：CO (Continental)、DH (Atlantic Coast)、DL (Delta)、MQ (American Eagle)、OH (Comair)、RU (Continental Express)、UA (United)、US (USAirways)
Weather	如果延迟与天气有关，那么编码为 1

注：数据来自美国交通统计局网站。

我们的目标是准确地预测不在这个数据集中的新航班是否会被延误。结果变量是一个称为飞行状态的变量，编码为延迟或准时。

网站上的其他信息，比如距离和到达时间是不相关的，因为我们看的是一个特定的路线(距离、飞行时间等对于数据中的所有航班应该是大致相等的)。表 12-2 显示了 20 个航班的数据样本。

表 12-2　预测航班延误案例数据 2

飞行情况	航空公司代码	星　期	出发时间	目的地	出发地	天　气
ontime	DL	2	728	LGA	DCA	0
delayed	US	3	1600	LGA	DCA	0
ontime	DH	5	1242	EWR	IAD	0
ontime	US	2	2057	LGA	DCA	0
ontime	DH	3	1603	JFK	IAD	0
ontime	CO	6	1252	EWR	DCA	0
ontime	RU	6	1728	EWR	DCA	0
ontime	DL	5	1031	LGA	DCA	0
ontime	RU	6	1722	EWR	IAD	0
delayed	US	1	627	LGA	DCA	0
delayed	DH	2	1756	JFK	IAD	0
ontime	MQ	6	1529	JFK	DCA	0
ontime	US	6	1259	LGA	DCA	0
ontime	DL	2	1329	LGA	DCA	0
ontime	RU	2	1453	EWR	BWI	0
ontime	RU	5	1356	EWR	DCA	0
delayed	DH	7	2244	LGA	IAD	0
ontime	US	7	1053	LGA	DCA	0
ontime	US	2	1057	LGA	DCA	0
ontime	US	4	632	LGA	DCA	0

　　图 12-2 显示了航班延误与不同预测因素或预测因素组合之间的关系，我们可以看到周日和周一的延迟比例最大。延误率似乎也因为航空公司、出发时间以及出发地和目的地机场的不同而有差异。对于天气，当天气= 1(在这种情况下总是有延迟)和天气=0 时，我们可以看到延迟之间的明显区别。图 12-3 显示了一些高延迟率的特定组合，例如从 BWI 出发的 RU 航空公司的周日航班，或从 DCA 出发的 MQ 航空公司的周日航班，以及具有非常低的延迟率的组合。

　　第一个目标是主要目标是找到一个模型，可以根据预报信息对新航班进行精确分类；第二个目标是找到一定比例的航班最多/最少延误(排名)；第三个不同的目标是对航班进行分析，找出哪些因素与航班延误有关(不仅在这个样本中，而且在这条航线上的所有航班中)。对于这些因素，我们希望量化这些影响。逻辑回归模型可以用于所有这些目标，尽管方式不同。

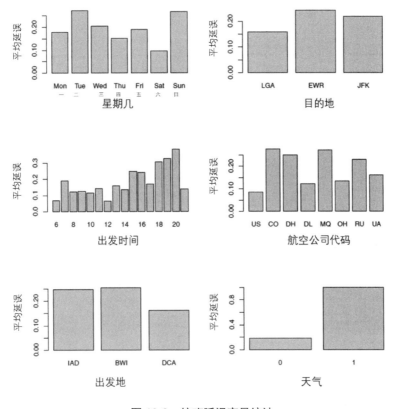

图 12-2 航班延误变量统计

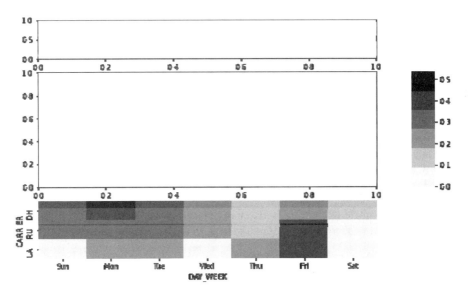

图 12-3 航班延误热图

五、逻辑回归分析

本章中逻辑回归的介绍主要是从数据挖掘的角度出发的，其中分类或排名是目标，绩效通过审查验证样本的结果来评估。以下是经典统计视角的一些关键概念。

(一)线性回归对于分类结果的适用问题

既然已经了解了逻辑回归是如何工作的,下面来解释为什么对于二元结果,逻辑回归比线性回归更可取。从技术上讲,我们可以对这个问题应用多元线性回归模型,将结果变量 y 视为连续的,这被称为线性概率模型。当然,y 必须用数字表示(例如,1 表示接受贷款的客户,0 表示不接受贷款的客户)。虽然软件将生成一个类似标准的输出(例如下面的语句),但是细看会发现一些异常。

```
> reg <- lm(Personal.Loan ~ Income + Family + CD.Account, data = bank.df)
> summary(reg)

Call:
lm(formula = Personal.Loan ~ Income + Family + CD.Account, data = bank.df)

Residuals:
Min     1Q Median    3Q   Max
-0.81774 -0.12536 -0.02930 0.06407 0.99670

Coefficients:
Estimate Std.   Error t value          Pr(>|t|)
(Intercept) -0.2326196  0.0103867 -22.40 <0.0000000000000002 ***
Income   0.0030989  0.0000765 40.51 <0.0000000000000002 ***
Family    0.0344897  0.0030243 11.40 <0.0000000000000002 ***
CD.Account 0.2872284  0.0145981 19.68 <0.0000000000000002 ***
---
Signif. codes: 0 '***' 0.001 '**' 0.01 '*' 0.05 '.' 0.1 ' ' 1

Residual standard error: 0.2421 on 4996 degrees of freedom
Multiple R-squared: 0.325, Adjusted R-squared: 0.3246
F-statistic: 801.9 on 3 and 4996 DF, p-value: < 0.00000000000000022
```

(1) 使用模型对每条记录进行预测(或对它们进行分类),得到的预测不一定是 0 或 1。

(2) 看一看残差的直方图或概率图就会发现,结果变量(或残差)服从正态分布的假设是错误的。如果 y 只取 0 和 1,那么它不可能是正态分布。事实上,数据集中 1 的更合适的分布是 $p = P(y = 1)$ 的二项分布。

(3) y 的方差在所有类别中都是常数的假设是错误的。由于 y 服从二项分布,所以其方差为 $np(1-p)$,这意味着当采用概率 p 接近 0.5 时,其方差会比它接近 0 或 1 时更高。

当目标是分类时,第一个异常是主要的挑战,特别是如果我们对倾向感兴趣 $[p = P(y = 1)]$。第二个异常和第三个异常与分析有关,我们使用依赖于标准误差的统计推断。

下面我们将看到在三个预测因子上运行个人贷款案例的多元线性回归(对于接受贷款的客户编码为 PL=1,否则编码为 PL=0)的部分结果。估计模型为 $\widehat{PL} = -0.2326296 + 0.0030989\text{income} + 0.0344897\text{family} + 0.2872284\text{CD}$。

为了预测新客户是否会接受个人贷款提议(PL = 1 或 PL = 0),我们为这三个预测因素输入关于其值的信息。例如，我们预测年收入为 5 万美元，有 2 名家庭成员且在银行没有 CD 账户的客户的贷款接受度为 0.2326296+(0.0030989)(50)+(0.0344897)(2)= 0.0086952。显然，这不是一个有效的"贷款接受"值。图 12-4 显示残差可能不是正态分布的。因此，我们的估计模型是基于错误的假设，不能用于推理。

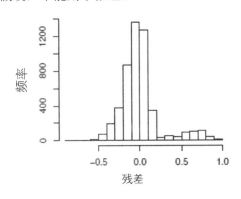

图 12-4　个人贷款残差

(二)评价解释力

当分析的目的是描述(识别区分两类预测资料，或者解释类的预测之间的差异值)时，我们的模型对新数据的分类程度不如模型对其训练数据的拟合程度感兴趣。如果我们想从收入、教育等方面来描述贷款接受者和拒绝者的平均水平，就需要找到一个最适合数据的模型，因此我们需要用评估模型与数据吻合程度的方法。显然，我们查看训练集是为了评估拟合优度不需要对数据进行划分。

1. 整体解释力

在多元线性回归中，我们首先评估模型的整体解释力，然后再看单个预测因子。

在解释类之间的差异方面，这组预测因素是否比简单的模型更好？

偏差度 D 是衡量整体拟合优度的统计量，它类似于最小二乘估计(用于线性回归)情况下的平方和误差的概念。我们比较模型的异常程度、D(残差异常程度)和朴素(无)模型的异常程度、D_0。例如，在下面的语句中，我们看到 $D = 682.19$ 和 $D_0 = 1901.71$。如果偏差的减少在统计学上是显著的(如低 p 值所示)，那么认为我们的模型提供了一个良好的整体拟合，比没有解释(x)变量的模型更好。

```
> summary(logit.reg)
Call:
glm(formula = Personal.Loan ~ ., family = "binomial", data = train.df)
Deviance Residuals:
Min    1Q Median   3Q   Max
-2.0380 -0.1847 -0.0627 -0.0183 3.9810
Coefficients:
[OMITTED]
---
Signif. codes: 0 '***' 0.001 '**' 0.01 '*' 0.05 '.' 0.1 ' ' 1
```

```
(Dispersion parameter for binomial family taken to be 1)
Null deviance: 1901.71 on 2999 degrees of freedom
Residual deviance: 682.19 on 2987 degrees of freedom
AIC: 708.19
Number of Fisher Scoring iterations: 8
```

最后，训练数据的混淆矩阵和提升图(见图 12-5)说明了模型对数据分类的准确性。如果模型能很好地匹配数据，那么它能将这些数据准确地分类到它们的实际类别中。

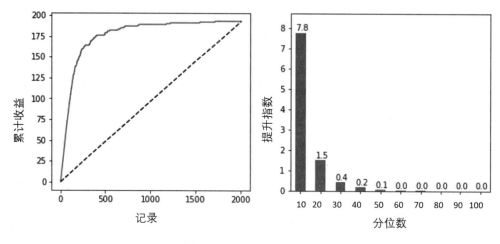

图 12-5　训练数据的提升

2. 单一预测因子

在多元线性回归中，逻辑回归程序的输出通常会产生一个系数表，其中对于每个预测因素 x_i 都会有一个估计系数 b_i 以及一个相关的标准误差。相关的 p 值表示预测因素 x_i 的统计显著性，非常低的 p 值表明预测因素和结果之间有统计学意义上的关系(假设其他预测因素都已经考虑在内)，这种关系很可能不是偶然的结果。需要记住的三个要点如下。

(1) 统计上显著的关系不一定是实际意义上显著的关系。在实际意义上，预测因素有很大的影响。如果样本非常大，而且将模型拟合到特定数据集的机会具有不确定性，那么 p 值会非常小，在小样本中可能相当大，在大样本中可以忽略不计。

(2) 除非所有的预测因子都有相同的尺度，否则比较系数的大小，或者等效的概率系数是没有意义的。每个系数都要乘以预测值，所以不同的预测值尺度会导致不同的系数尺度。

(3) 统计上显著的预测因子意味着该预测因子的一个单位增加与结果的某种影响相关(保持所有其他预测因子不变)。然而，它并不表明预测能力。统计学意义在解释性模态或分析中是重要的，但在预测建模(分类)中是次要的。在预测建模中，统计上有意义的预测因素可能会给出关于重要或不重要预测因素的提示，但是对预测因素的选择应该基于预测措施，例如验证集混淆矩阵(用于分类)或验证集提升图(用于排名)。

(三)两类以上的逻辑回归

二元结果的逻辑回归模型可以扩展到两个以上的类。假设有 m 个类，使用逻辑回归模型，对于每条记录，我们将有 m 个属于 m 个类中的每一个的概率。因为 m 个概率加起来必须是 1，我们只需要估计 $m-1$ 个概率即可。

1. 顺序类

顺序类是指具有意义的顺序的类。例如，在股票推荐中，买入、持有和卖出三个类可以按顺序处理。作为一个简单的规则，如果类能够以有意义的方式进行编号，我们就认为它们是有序的。当类数较大时(通常大于 5 个)，我们可以将结果变量视为连续的，进行多元线性回归。当 $m=2$ 时，采用上述逻辑回归模型。因此，我们需要对少量的序数类($3 \leqslant m \leqslant 5$)进行逻辑回归的扩展。这里有几种扩展二元分类的方法。

为了简化解释和计算，我们研究类成员的累积概率。例如，在股票推荐中，有 $m=3$ 个类。我们用 1 表示买入，2 表示持有，3 表示卖出。模型估计的概率分别为 $P(y=1)$(买入推荐的概率)、$P(y=2)$(持有建议的概率)和 $P(y=3)$(卖出建议的概率)。类成员的三个非累积概率可以很容易地从两个累积概率中计算出：

$$P(y=1) = P(y \leqslant 1)$$
$$P(y=2) = P(y \leqslant 2) - P(y \leqslant 1)$$
$$P(y=3) = 1 - P(y \leqslant 2)$$

接下来，我们希望将每个分对数建模为预测因素的函数。每个 $m-1$ 的累积概率对应一个分对数。在我们的例子中，我们会有以下的式子：

$$\mathrm{logit(buy)} = \log \frac{P(y \leqslant 1)}{1 - P(y \leqslant 1)}$$
$$\mathrm{logit(buy\ or\ hold)} = \log \frac{P(y \leqslant 2)}{1 - P(y \leqslant 2)}$$

然后，将每个分对数建模为预测因素的线性函数。如果在股票推荐中我们有一个单一的预测值 x，那么我们使用两个方程计算两个分对数值。

$$\mathrm{logit(buy)} = \alpha_0 + \beta_1 x$$
$$\mathrm{logit(buy\ or\ hold)} = \beta_0 + \beta_1 x$$

这意味着两条线具有相同的斜率 β_1，一旦系数 α_0，β_0，β_1 已知，我们就可以用概率重写 logit 方程来计算类的成员概率。例如，对于三类情况，我们有如下公式：

$$P(y=1) = P(y \leqslant 1) = \frac{1}{1 + \mathrm{e}^{-(\beta_0 + \beta_1 x)}}$$
$$P(y=2) = P(y \leqslant 2) - P(y \leqslant 1) = \frac{1}{1 + \mathrm{e}^{-(\beta_0 + \beta_1 x)}} - \frac{1}{1 + \mathrm{e}^{-(\alpha_0 + \beta_1 x)}}$$
$$P(y=3) = 1 - P(y \leqslant 2) = 1 - \frac{1}{1 + \mathrm{e}^{-(\beta_0 + \beta_1 x)}}$$

这是 α_0，β_0，β_1 为从训练集得到的估计。

对于每条记录，我们现在有了它属于每个类的估计概率。在示例中，每只股票将有三种可能性：买入建议、持有建议和卖出建议。最后一步是将记录分类到其中一个类中。这是通过将其分配给具有最高成员概率的类来实现的。如果一只股票的估计概率 $P(y=1) =$

0.2、$P(y=2)=0.3$、$P(y=3)=0.5$，那么我们将其归类为卖出推荐。

2. 名义类别

当类不能被排序并且彼此只是不同时，就是名义类别。例如，在几个品牌的麦片之间的选择。验证类是否名义类别的一个简单方法是，将它们标记为 A、B、C、……将字母分配给类并不重要。为了简单起见，假设有 $m=3$ 个品牌的麦片可供消费者选择(假设每个消费者选择一个)，然后我们估计概率 $P(y=A)$，$P(y=B)$ 和 $P(y=C)$ 和前面一样。如果我们知道其中的两个概率，就能确定第三个概率。因此，我们使用其中一个类作为引用类。例如，用 C 作为参考品牌。

同样，我们的目标是将类成员关系建模为预测因素的函数。在麦片的例子中，如果我们知道麦片的价格 x，那么我们可能想预测哪种麦片会被选择。

接下来，我们形成在预测中是线性 $m-1$ 的微分对数方程。在我们的例子中，是下面的式子：

$$\text{logit}(A) = \log \frac{P(y=A)}{P(y=C)} = \alpha_0 + \alpha_1 x$$

$$\text{logit}(B) = \log \frac{P(y=B)}{P(y=C)} = \beta_0 + \beta_1 x$$

一旦从训练集估计出四个系数，我们就可以估计出类的隶属概率：

$$P(y=A) = \frac{e^{\alpha_0 + \alpha_1 x}}{1 + e^{\alpha_0 + \alpha_1 x} + e^{\beta_0 + \beta_1 x}}$$

$$P(y=B) = \frac{e^{\beta_0 + \beta_1 x}}{1 + e^{\alpha_0 + \alpha_1 x} + c^{\beta_0 + \beta_1 x}}$$

$$P(y=C) = 1 - P(y=A) - P(y=B)$$

其中，α_0，α_1，β_0 和 β_1 是从训练集中获得的系数估计值。最后，将记录分配给概率最高的类。

练　习　题

1. 逻辑回归适用什么情境？用来分析哪类问题？
2. 逻辑回归与其他数据挖掘方式相比有哪些优缺点？

扫一扫，获取本章相关微课视频。

数据挖掘方法：逻辑回归.mp4

第十三章　神　经　网　络

在这一章，我们将介绍另一种数据挖掘方法——神经网络，一种灵活的数据挖掘方法，可以用于分类或预测。尽管神经网络在可解释性方面被认为是一个"黑箱"，但是在预测精度方面，神经网络已经非常成功。我们讨论"节点"和"层"(输入层、输出层和隐藏层)的概念，以及它们是如何连接起来形成网络结构的。然后，我们将解释神经网络是如何拟合数据的。过度拟合是神经网络的一个主要危险，我们将介绍一个策略来避免它，以及用户必须指定不同的参数，并解释每种参数对流程的影响。最后，我们讨论神经网络的有用性和局限性。

一、介绍

神经网络又称为人工神经网络，是分类和预测的模型。神经网络是基于大脑中生物活动的模型，神经元相互连接并从经验中学习。神经网络模仿人类专家的学习方式。它的学习与记忆特性类似于人类的学习和记忆特性，它们也有从细节中归纳的能力。

现在已经有了许多成功的应用，例如破产预测、货币市场交易、挑选股票和商品交易、检测信用卡和货币交易中的欺诈以及客户关系管理。神经网络也有一些成功的工业应用，其中最著名的是"阿尔文"，这是一款在高速公路上以正常速度行驶的自动驾驶汽车。

神经网络的主要优点是其高预测性能。它们的结构支持捕获预测因子和结果变量之间非常复杂的关系，这通常是其他预测模型无法做到的。

二、神经网络的概念与结构

神经网络背后的想法是将预测信息以一种非常灵活的方式结合起来，以便捕获这些变量之间以及它们与结果变量之间的复杂关系。回想一下，在线性回归模型中，结果和预测因素之间的关系形式是由用户直接指定的。在许多情况下，这种关系的确切形式是非常复杂的，或者通常是未知的。在线性回归建模中，我们可能会尝试对预测因子、预测因子之间的交互作用等进行不同的转换，但特定形式的关系仍然是线性的。相比之下，在神经网络中，用户不需要指定正确的形式。相反，该网络试图从数据中了解这种关系。事实上，线性回归和逻辑回归被认为是非常简单的神经网络的特殊情况，它们只有输入层和输出层，没有隐含层。

虽然研究人员已经研究了许多不同的神经网络结构，但是神经网络在数据挖掘方面最成功的应用是多层前馈网络。这些网络中有一个输入层，它由节点(有时称为神经元)组成，这些节点简单地接受前预测因素的值，以及连续的节点层，这些节点层接收来自前一层的输入。每一层节点的输出都是下一层节点的输入，最后一层称为输出层。输入层和输出层之间的层称为隐藏层。前馈网络是一种单向流、无循环的全连接网络。图 13-1 显示了该体系的结构，有两个隐藏层和一个节点在输出层，用于预测结果值。在有 m 个类的分类问题中，会有 m 个输出节点(或者 m-1 个输出节点)。

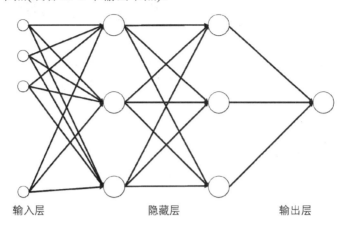

输入层　　　　　隐藏层　　　　　输出层

图 13-1　多层前馈网络

三、使网络适应数据

为了说明神经网络是如何适应数据的，下面我们举例说明。尽管在这个例子中，该方法并不具有可操作性，但是它对于解释主要步骤和操作、演示如何进行计算以及集成神经网络数据拟合的所有不同方面是有用的。

● 案例 13-1

考虑以下非常小的数据集。表 13-1 包含了某个加工奶酪的品尝分数。这两个预测因子是脂肪和盐的分数，表明了特定奶酪样本中脂肪和盐的相对存在性(0 是生产过程中可能的最小值，1 是最大值)。结果变量是奶酪样本的消费者口味偏好，喜欢或不喜欢表明消费者是否喜欢奶酪。

表 13-1　小数据集数据

序　号	脂　肪	盐	接 受 度
1	0.2	0.9	喜欢
2	0.1	0.1	不喜欢
3	0.2	0.4	不喜欢
4	0.2	0.5	不喜欢
5	0.4	0.5	喜欢
6	0.3	0.8	喜欢

图 13-2 描述了一个典型的神经网络示例，它可以根据这些数据预测新消费者对奶酪的偏好(喜欢/不喜欢)。我们将示例中的节点编号为 1 到 7。节点 1 和节点 2 属于输入层，节点 3 到节点 5 属于隐藏层，节点 6 和节点 7 属于输出层。连接箭头上的值称为权重，从节点 i 到节点 j 箭头上的权重用 w 表示 $w_{i,j}$。附加的偏置节点记为 θ_j，作为节点 j 输出的拦截。

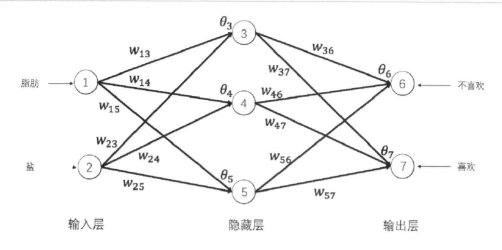

图 13-2　小数据集案例的多层前馈网络

(一)计算节点输出

下面我们分别讨论三种类型的层(输入层、隐藏层和输出层)的节点的输入和输出。它们的主要区别在于用于将节点的输入映射到输出的函数。

输入节点将预测因素的值作为输入,它们的输出和输入是一样的。如果有 p 个预测因素,那么输入层通常会包含 p 个节点。在示例中,有两个预测因素,因此输入层包括两个节点,每个节点输入隐藏层的每个节点。例如,第一条记录:输入层的输入是脂肪 =0.2 和盐 = 0.9,这一层的输出也是 $x_1 = 0.2$ 和 $x_2 = 0.9$。隐含层节点将来自输入层的输出值作为输入。

本例中的隐藏层由三个节点组成,每个节点接收来自所有输入节点的输入。为了计算隐含层节点的输出,我们计算输入的加权和,并对其应用某个函数。更确切地说,一组输入值 x_1, x_2, $\cdots$, x_p,通过取加权和来计算节点 j 的输出,则:

$$\theta_j + \sum_{i=1}^{p} w_{ij} x_i$$

其中, θ_j, $w_{1,j}$, $\cdots$, $w_{p,j}$ 是最初随机设置的权重,然后随着网络的"学习"而调整。注意, θ_j 也称为节点 j 的偏差,是一个常数,它控制着节点 j 的贡献水平。函数 g 也称为传递函数或激活函数,是某个单调函数,包括线性函数[$g(s) = bs$]、指数函数[$g(s) = \exp(bs)$]和逻辑/形函数[$g(s) = 1/(1 + e^{-s})$]。最后一个函数是神经网络中最常用的函数,它的实用价值来自这样一个事实,即它对非常小或非常大的值有挤压作用,但在函数值介于 0.1 和 0.9 之间的范围内几乎是线性的。

如果使用逻辑激活函数,那么节点 j 在隐藏层中的输出为:

$$\text{Output}_j = g\left(\theta_j + \sum_{i=1}^{p} w_{ij} x_i\right) = \frac{1}{1 + e^{-\left(\sum_{i=1}^{p} w_{ij} x_i\right)}}$$

(二)将权重初始化

θ_j 和 $w_{i,j}$ 的值初始化通常是小的、随机的数字(通常在 0±0.05 的范围内),这些值表示网络没有知识的状态，类似于没有预测因素的模型。最初的权重在第一轮训练中使用。

回到示例，假设节点 3 的初始权重为 $\theta_j = -0.3$，$w_{1,3} = -0.05$，$w_{2,3} = 0.01$，使用逻辑函数可以计算隐藏层节点 3 的输出(使用第一个记录)为：

$$\text{Output}_3 = \frac{1}{1+e^{-[-0.3+(0.05)(0.2)+(0.01)(0.9)]}} = 0.43$$

图 13-3 显示了小数据集中第一个记录的初始权重、输入和输出。如果有一个以上的隐藏层，除了第二个、第三个等的输入值以外，同样的计算也适用，隐藏层将是前一个隐藏层的输出。这意味着某个节点的输入值的数量等于前一层的节点数量 (如果在示例中有一个额外的隐藏层，那么它的节点将从第一个隐藏层中的三个节点接收输入)。

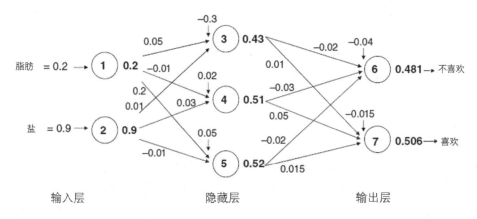

图 13-3　小数据集案例的多层前馈网络

最后，输出层从(最后的)隐藏层获得输入值。它应用与上面相同的函数来创建输出。换句话说，它取其输入值的加权和，然后应用函数 g。在示例中，输出节点 6 和 7 接收来自三个隐藏层节点的输入，我们可以计算这些节点的输出，则：

$$\text{Output}_6 = \frac{1}{1+e^{-[-0.04+(-0.02)(0.43)+(-0.03)(0.51)+(0.015)(0.52)]}} = 0.481$$

$$\text{Output}_7 = \frac{1}{1+e^{-[-0.015+(0.01)(0.43)+(0.05)(0.507)+(0.015)(0.511)]}} = 0.506$$

这两个数字几乎就是倾向 $P(y=\text{不喜欢}|\text{脂肪}=0.2,\text{盐}=0.9)$ 和 $P(y=\text{喜欢}|\text{脂肪}=0.2,\text{盐}=0.9)$，最后一步是对这两个值进行标准化，使它们加起来等于 1，则：

$$P(y=\text{不喜欢}) = \text{Output}_6 / (\text{Output}_6 + \text{Output}_7) = 0.481/(0.481+0.506) = 0.49$$

$$P(y=\text{喜欢}) = 1 - P(y=\text{不喜欢}) = 0.51$$

对于分类，我们倾向使用一个阈值(对于二元结果)。使用阈值 0.5，我们将把这个记录分类为喜欢。对于有两个以上类的应用程序，我们选择值最大的输出节点。

(三)与线性回归和逻辑回归的关系

考虑一个神经网络工作与一个单一的输出节点都没有的隐藏层，对于具有 p 个预测因素的数据集，输出节点接收 $x_1, x_2, \cdots, x_p$，取它们的加权和，并应用 g 函数。因此，神经网络的输出为 $g\left(\theta + \sum_{i=1}^{p} w_i x_i\right)$。

首先，考虑一个数值结果变量 y。如果 g 是恒等函数$[g(s) = s]$，那么输出很简单：

$$\hat{Y} = g(\theta + \sum_{i=1}^{p} w_i x_i)$$

这完全等同于多元线性回归的公式。这意味着，一个没有隐藏层只有一个输出节点和一个恒等函数 g 的神经网络只具有搜索结果和预测因素之间的线性关系。

现在考虑一个二元结果变量 y。如果 g 是逻辑函数，那么输出为：

$$\hat{P}(y = 1) = \frac{1}{1 + e^{-\left(\theta + \sum_{i=1}^{p} w_i x_i\right)}}$$

这相当于逻辑回归公式。

在这两种情况下，虽然公式等价于线性和逻辑回归模型，但是由于估计方法不同，对权重(线性和逻辑回归中的系数)的估计结果可能不同。神经网络估计方法不同于线性回归中用于计算系数的最小二乘法，也不同于逻辑回归中使用的最大似然法。下面解释神经网络学习的方法。

(四)数据预处理

当使用逻辑激活函数时，预测因子和结果变量在[0,1]的范围内，神经网络表现最佳。因此，所有的变量在进入网络之前都应该被缩放到一个[0,1]的区间。对于一个数值变量 x，它的值在 $a < b$ 的范围内，通过减去 a 来标准化测量值，然后除以 $b{-}a$，即归一化的量。

$$x_{\text{norm}} = \frac{x - a}{b - a}$$

注意，如果$[a, b]$在[0,1]区间内，那么原始尺度将被拉伸。

如果 a 和 b 是未知的，那么可以从数据中 x 的最小值和最大值来估计它们。即使新数据稍微超出这个范围，生成的规范化值略低于 0 或大于 1，也不会造成对结果影响很大的情况。

对于二元变量，无须调整，只需要创建虚拟变量即可。对于具有 m 个类别的分类变量，如果它们在本质上是有序的，那么在[0,1]中选择 m 分数应该反映它们的感知顺序。如果四个序数类别之间的距离相等，那么可以将它们映射到[0,0.25,0.5,1]。如果类别是名义上的，就转换成 m-1 虚拟变量是一个很好的解决方案。

提高网络性能的另一个操作是转换高度倾斜的预测因素。在业务应用程序中，往往有许多高度右偏的变量(例如收入)。对右偏的变量进行对数变换[在转换为[0,1]尺度之前]通常会更加对称地分布这些值。

另一个常见的形函数是双曲正切函数。在使用这个函数时，通常将预测因素缩放为$[-1,1]$。

(五)训练模型

训练模型意味着对权重 θ_j 和 w_{ij} 的估计,这样就能得到最好的预测结果。对于训练集中的所有记录,重复前面描述的计算神经网络输出的过程。对于每条记录,模型生成一个预测,然后与实际结果值进行比较。它们的区别是输出节点的误差。然而,与最小二乘或最大似然不同的是,使用误差的全局函数(例如误差的平方和)来估计系数,在神经网络中的估计过程会迭代地使用误差来更新估计的权重。

特别是输出节点的误差分布在导致误差的所有隐藏节点上,因此每个节点都被分配了部分误差的"责任",然后使用这些特定于节点的误差更新权重。

(六)误差反向传播

使用模型误差更新权重("学习")最流行的方法是一种称为反向传播的算法,它是指错误从最后一层(输出层)计算到隐藏层。

让我们通过 $\hat{y}k$ 表示输出节点 k 的输出。相关的错误以输出节点 k 计算。

$$\text{err}_k = \hat{y}k(1 - \hat{y}k)(yk - \hat{y}k)$$

请注意,这类似于误差 $(yk - \hat{y}k)$ 乘以修正系数的普通定义。权重更新如下:

$$\theta_j^{\text{new}} = \theta_j^{\text{old}} + l \times \text{err}_j$$

$$w_{ij}^{\text{new}} = w_{ij}^{\text{old}} + l \times \text{err}_j$$

其中,l 是学习率或权重衰减参数,通常是 $0\sim1$ 之间的常数,它是控制权重从一次迭代到下一次迭代的变化量。

在示例中,与第一个记录的输出节点 7 相关的错误是(0.506)(1-0.506)(1-0.506)= 0.123。对于输出节点 6,错误为 0.481(1-0.481)(1-0.481) = 0.129。然后,使用这些误差来计算与隐藏层节点相关的误差,并使用类似的公式相应的更新这些权重。

权重的更新有两种方法:事例更新和批处理更新。在事例更新中,权重在每条记录通过网络运行后更新(称为试验)。例如,使用学习率 0.5,那么权重 θ_7,$w_{3,7}$,$w_{4,7}$,$w_{5,7}$ 更新为:

$$\theta_7 = -0.015 + (0.5)(0.123) = 0.047$$

$$w_{3,7} = 0.01 + (0.5)(0.123) = 0.072$$

$$w_{4,7} = 0.05 + (0.5)(0.123) = 0.112$$

$$w_{5,7} = 0.015 + (0.5)(0.123) = 0.077$$

类似地,我们得到了更新后的权重 $\theta_6 = 0.025$,$w_{3,6} = 0.045$,$w_{4,6} = 0.035$,$w_{5,6} = 0.045$。在第二个记录通过网络运行之后,这些新的权重将被更新,第三个记录以此类推,直到所有记录都被使用为止,这被称为数据的迭代。通常有许多迭代。

在批量更新中,在每次权重更新之前,整个训练集都要通过网络运行。在这种情况下,更新方程中的误差 err_k 是来自所有记录的误差之和。在实践中,事例更新往往比批处理更新产生更准确的结果,但需要更长的运行时间。这是一个需要认真考虑的问题,因为在批处理更新中,也要对训练数据执行数百次甚至数千次扫描。

更新什么时候停止？最常见的情况有以下几种。

(1) 当新的权重仅与前一次迭代的增量不同时。

(2) 当误分类率达到要求阈值时。

(3) 当达到运行次数的限制时。

● 案例 13-2

让我们将神经网络训练过程应用到一些真实的数据上：根据严重程度划分为无伤害、受伤或死亡的美国汽车事故分类。公司要开发一种基于初始报告和系统中相关数据(其中一些依赖于 GPS 辅助报告)快速对事故严重程度进行分类的系统。这种系统可以用于分配应急小组的优先事项。表 13-2 显示了从美国政府数据库中提取的一小部分(10 条记录，4 个预测变量)。

表 13-2 对事故严重程度进行分类的案例数据

Obs.	ALCHL_I	PROFIL_I_R	SUR_COND	VEH_INVL	MAX_SEV_IR
1	1	1	1	1	1
2	2	1	1	1	0
3	2	1	1	1	1
4	1	1	1	1	0
5	2	1	1	1	2
6	2	0	1	1	1
7	2	0	1	3	1
8	2	0	1	4	1
9	2	0	1	2	0
10	2	0	1	2	0

4 个预测变量和结果变量的解释见表 13-3。为了进行分析，我们将 ALCHL_I 转换为 0/1 虚拟变量(1 =有酒精)，并为 SUR_COND 创建了 4 个假设。这给了我们总共 7 个预测因素。

表 13-3 对事故严重程度进行分类的案例数据

ALCHL_I	1=有酒精，2=无酒精
PROFIL_I_R	道路纵断面：1=标高，0=其他
SUR_COND	道路表面状况：1=干燥，2=潮湿，3=雪/泥泞，4=冰，9=未知
VEH_INVL	涉及车辆数量
MAX_SEV_IR	存在伤害/死亡：0=无伤害，1=伤害，2=死亡

除了酒精和大数据库中的其他一些变量以外，大多数变量都是我们合理预期在首次事故报告时，在第一反应者确定事故细节和严重程度之前可以得到的变量。数据挖掘模型可以在这些初始报告的基础上预测事故的严重程度，在分配应急人员资源方面具有价值。

为了使用神经网络架构来解决这个分类问题，我们在输入层使用了 7 个节点，7 个预测器各有一个节点，在输出层使用了 3 个神经元(每个类一个)。我们使用了单一的隐藏层，并对节点的数量进行了实验。大多数变量都是可以合理预期的，在首次事故报告时的事故细节和严重程度由第一方确定之前,可以得到的变量响应者。如果将节点数从 1 增加到 5,并检查产生的混淆矩阵,那么发现两个节点在提高训练集的预测性能和不降低验证集的性能之间取得了很好的平衡(隐藏层中有两个以上节点的网络与两个节点的网络性能相同,但增加了不希望的复杂性)。

1. 避免过度拟合

神经网络的一个弱点是,它很容易对数据进行过度拟合,导致验证数据(最重要的是新数据)的错误率过大。因此,重要的是限制训练迭代的次数,而不是在数据上过度训练。在分类树和回归树中,可以通过检查验证集的性能来检测过度拟合,或者更好地交叉验证集的性能,并观察它何时开始恶化,而训练集的性能仍在提高。这种方法被用于一些算法,以便限制训练迭代的次数。验证错误在训练的前期迭代中会减少,但一段时间后,它会开始增加。最小验证误差点是训练的最佳迭代次数的一个很好的指标,该阶段的权重很可能在新数据中提供最佳的错误率。

2. 使用输出进行预测和分类

当神经网络用于预测一个数值结果变量时,输出结果需要按比例缩小到该结果变量的原始单位。回想一下,数值变量(预测变量和结果变量)在被网络使用之前通常被重新标定为[0,1]区间,因此输出也将在[0,1]的尺度上。为了将预测转换回原始的 y 单位,也就是在$[a, b]$范围内,我们将神经网络输出乘以$(b-a)$并加上 a。

当使用神经网络进行分类时有 m 个类,将从 m 个输出节点中获取每一个输出(或 $m-1$ 个输出节点)。我们如何将 m 的输出转化为一个分类算法呢?通常,最大值的输出节点决定了神经网络的分类。

在二元结果($m = 2$)的情况下,我们使用两个具有阈值的输出节点将预测概率映射到两个类中的一个。通常,在其他分类器中使用 0.5 的阈值,但是在神经网络中,阈值有一种聚集在 0.5 左右的趋势(从上到下),另一种方法是使用验证集来确定能够产生合理的预测性能的阈值。

四、必需的输入

使用反向传播训练模型的一个耗时且复杂的问题是,首先需要确定一个网络架构,这意味着要指定隐藏层的数量和每个层中的节点数量。通常的过程是使用过去的经验进行明智的猜测,并在不同的体系结构上进行多次试错。有一些算法可以在训练过程中有选择地增加节点的数量,或者以类似于分类和回归树的方式对节点进行修剪,对这些方法的研究还在继续。到目前为止,似乎没有一种自动方法明显优于试错法。下面是一些选择架构的一般指导原则。

(1) 隐藏层的数量。对于隐藏层的数量,最普遍的选择是 1。通常,一个隐藏层就足以捕获预测器之间非常复杂的关系。

(2) 隐藏层的大小。隐藏层节点的数量也决定了网络捕获的预测器之间关系的复杂程度，要在拟合不足和过拟合之间进行权衡。一方面，使用太少的节点可能不足以捕获复杂的关系(比如在线性回归和逻辑回归中，在零节点或没有隐藏层的极端情况下)；另一方面，节点过多可能会导致过度拟合。

(3) 输出节点的数量。对于有 m 个类的分类结果，节点的数量应该等于 m 或 $m-1$。对于数值结果，通常使用单个输出节点，除非对预测多个函数感兴趣。

除了架构的选择之外，用户还应该注意预测因素的选择。由于神经网络高度依赖于其输入的质量，因此在使用网络之前，应该谨慎地选择预测因素，使用领域知识、变量选择和降维技术。

根据软件的不同，用户能够控制的其他参数有学习率(又称为权重衰减)、l 和动量。第一种方法主要是通过降低新信息的权重来避免过度拟合，这有助于降低异常值对权重的影响，并避免陷入局部最优。该参数通常接受范围为[0,1]的值。

在权重收敛到最佳值时，动量用于"保持球滚动"，这样做的目的是让权重保持在与前一次迭代相同的方向上变化，这有助于避免陷入局部最佳状态。动量值高意味着神经网络将"不愿意"从那些想要改变权重方向的数据中学习，特别是当我们考虑案例更新时。通常，使用范围为 0~2 的值。

五、预测因素与结果的关系探讨

神经网络被称为"黑箱"，因为它们的输出不能阐明它所建模的数据的模式(就像人的大脑一样)。事实上，这是对该方法最大的批评之一。在某些情况下，通过对验证集进行敏感性分析，可以了解神经网络，捕获更多的关系，即通过将所有预测值设为其平均值，从而获得网络的预测。然后重复这个过程，依次将每个预测器设置为最小值，最后是最大值。通过比较不同层次的预测者的预测，我们可以了解哪些预测因素对预测的影响更大，以及它以何种方式影响预测。

【知识窗】

深 度 学 习

案例中的大多数数据要么是数值的，要么是类别的，可用的预测变量或特征本身就是有信息的(例如汽车发动机的大小或汽车的油耗)。发现它们对目标变量的影响，并关注最有意义的变量，是比较简单的。然而，对于某些数据，我们从大量不是同样意义上的"预测因素"的值开始。对于图像数据，一个"变量"是特定位置像素的颜色和强度，而一幅 2 英寸[①]的正方形图像可能有 40000 个像素。我们现在处于这样的"大数据"的领域。

如何获得有意义的高级特征，比如边、曲线、形状甚至更高级的特征，比如脸?深度学习已经在这个领域取得了巨大的进步。深度学习网络是指具有许多隐藏层的神经网络，用于从复杂数据中自学习特征。深度学习网络在捕获复杂数据(例如图像或音频)中的局部结构

---

① 1 英寸=2.54 厘米。

和依赖关系方面尤其有效。这是通过无监督的方式使用神经网络来完成的，其中数据被用作输入(有一些噪声)和输出。当使用多个隐藏层时，深度学习网络的学习是分层的——通常是从单个像素到边缘，从边缘到更高层次。然后，网络将相似的高级特征"汇集"到图像中，以便建立相似特征的集群。如果它们在大量图像中出现的次数足够多，人脸、车辆和房屋等独特而规则的结构就会成为最高级别的特征。

其他应用包括语音和笔迹识别。脸书和谷歌正有效地使用深度学习技术从图像中识别人脸，高端零售店也使用涉及深度学习的人脸识别技术来识别重要客户，并给予他们特别的销售关注。

尽管深度学习网络不是新出现的，但是由于计算能力的显著提高，使我们既能处理海量数据，又能处理网络的极端复杂性，它们对大量的未标记数据(例如图像和音频)也起到了巨大的作用。与神经网络一样，深度学习网络存在过拟合和运行时慢的问题，解决方案包括使用规范化(通过将"无用"节点的系数归零来消除它们)和技巧来提高反向传播算法。

六、神经网络的优缺点

神经网络最突出的优点是具有良好的预测性能。它们对噪声数据具有很高的容忍度，并且能够捕捉预测因子和最终变量之间高度复杂的关系。它们最薄弱的地方是提供了对关系结构的洞察，这给了"黑箱"称号。

(1) 在使用神经网络时，应该记住几个注意事项和风险。虽然它们能够从一组例子中归纳，但向外衍生仍然存在风险。如果网络只看到一定范围内的记录，那么超出这个范围的预测就会是完全无效的。

(2) 神经网络没有内置的变量选择机制。这意味着需要仔细考虑预测因素，结合分类、回归树和其他降维技术。

(3) 神经网络的极大灵活性在很大程度上依赖于为训练目的提供足够的数据。一个相关的问题是，在分类问题中，神经网络需要对少数类有足够的记录时才能学习它，这是通过采样来实现的。

(4) 还有一个技术问题是获得导致局部最优而不是全局最优的权重的风险，因为权重收敛于不能提供最适合训练数据的值。我们介绍了一些用来避免这种情况的参数(例如控制学习率和缓慢减少动量)。然而，这不能保证得到的权重确实是最优的。

(5) 确定神经网络的有用性的一个实际考虑是计算时间。神经网络在生成时间上比较长，比其他分类器需要更长的运行时间。当预测因素的数量增加时，这个运行时间将大大增加(因为需要计算更多的权重)。在需要进行实时或近实时预测的应用程序中，应该对运行时间进行度量，以便确保它不会在决策过程中造成不可接受的延迟。

练 习 题

ToyotaCorolla.csv 共有 1436 条记录和 38 个属性的详细信息,包括价格、年龄、公里数、功率和其他规格。我们的目标是根据丰田卡罗拉的规格来预测二手车的价格。

1. 根据数据拟合神经网络模型,使用具有 2 个节点的单个隐藏层。

使用预测因素:Age_08_04、km、Fuel_Type、HP、Automatic、Doors、Quarterly_Tax、Mfg_Guarantee、Guarantee_Period、Airco、Automatic_Airco、CD_Player、Powered_Windows、Sport_Model 和 Tow_Bar。

2. 请记住,首先将数值预测值和结果变量缩放为 0～1,并将分类预测值转换为虚拟值记录训练数据和验证数据的均方根误差。重复此过程,将隐藏层和节点的数量更改为单隐藏层 5 个节点,双隐藏层 5 个节点。

(1) 随着层数和节点数的增加,训练数据的均方根误差会发生什么变化?

(2) 验证数据的均方根误差会发生什么变化?

(3) 解释此应用程序的适当层和节点数。

微课视频

扫一扫,获取本章相关微课视频。

数据挖掘方法:神经网络.mp4

第十四章　判　别　分　析

本章将介绍判别分析的方法，这是一种基于模型的分类方法。我们讨论的主要原则，其中分类是基于记录与每个类平均值的距离。我们解释了"统计距离"的基本度量，该度量考虑了预测变量之间的相关性。判别分析程序的输出生成估计的"分类函数"，然后使用这些函数来获得分类分数，这些分数可以转化为分类或倾向(类成员的概率)。我们也可以直接将错误分类代价整合到判别分析中，并解释这是如何实现的。最后将讨论基本的模型假设、对一些假设违反的实际稳健性，以及当假设合理满足时的判别分析的优势(例如，一个小的训练样本的充分性)。

一、介绍

判别分析是一种分类方法。与逻辑回归一样，它是一种经典的统计技术，可以用于分类和分析。它是使用对不同类别的记录的测量集将新记录分类到这些类别中的一类。该方法的常见用途是将申请贷款、信用卡及保险分成低风险及高风险类别；将新产品的客户分为早期采用者、早期多数、后期多数和落后者；将债券划分为债券评级类别；可以用于职位录取与否的决定，涉及违约和非违约的分类等情况。

- 案例 14-1

一个割草机制造商希望找到一种方法，将城市中的家庭分为可能购买割草机的家庭和不可能购买割草机的家庭。在城市中对 12 名业主和 12 名非业主进行了试点随机抽样，如图 14-1 所示。我们可以把线性分类规则想象成一条线，它将二维区域分成两部分，大部分所有者在一个半平面上，而大部分非所有者在另一个半平面上。一个好的分类规则可以分离数据，使错误分类的点最少。

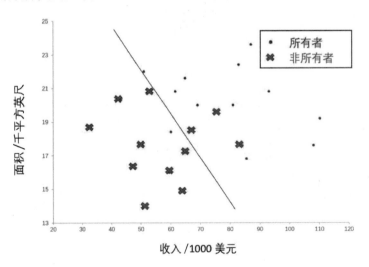

图 14-1　骑乘式割草机散点图

● 案例 14-2

银行的目标是确定最有可能接受个人贷款的新客户。为了简单起见，我们将只考虑两个预测变量：客户的年收入(单位为 1000 美元)和平均每月信用卡支出(单位为 1000 美元)。图 14-2 的第一部分显示了来自银行数据库的 200 个客户子集接受个人贷款作为收入和平均每月信用卡支出的函数。我们在两个坐标轴上使用对数尺度来增强可视性，因为有许多点集中在低收入、低成本的消费区域。即使对于这个小子集，也分离不清楚。图 14-2 中的第二幅图显示了所有 5000 个客户以及处理大量记录所增加的复杂性。

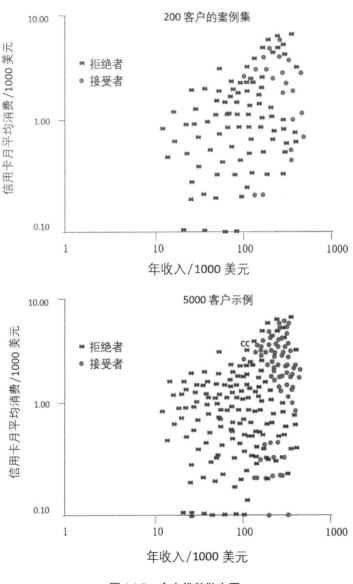

图 14-2 个人贷款散点图

二、记录与类的距离

要想找到最好的成绩间隔，就要测量它们与类的距离。一般的想法是将一个记录分类到它最接近的类。假设我们需要根据收入 x 将银行的新客户划分为其个人贷款的接受者或拒绝者。从银行数据库中我们发现，贷款接受者的平均收入为 144.75 万美元，而非接受者的平均收入为 66.24 万美元。我们可以通过一个简单的欧氏距离规则来使用收入作为贷款接受度的预测因子：如果 x 更接近接受者类的平均收入而不是拒绝者类的平均收入，就将客户分类为接受者；否则，将客户归类为拒绝者。换句话说，如果 $|x-144.75|<|x-66.24|$，就分类为接受，否则为拒绝。从单个预测变量(收入)移动到两个或更多的预测变量，类的均值的等价物就是类的质心。这个向量的意思是 $\overline{x}=[\overline{x}_1,\cdots,\overline{x}_p]$。一个记录与 p 次测量之间的欧几里得距离 $\overline{x}=[\overline{x}_1,\cdots,\overline{x}_p]$，质心 $\overline{x}$ 定义为各值与均值之差的平方和的平方根：

$$D_{\text{Euclidean}}(x,\overline{x})=\sqrt{(x_1-\overline{x}_1)^2+\ldots+(x_p-\overline{x}_p)^2}$$

使用欧几里得距离有三个缺点。首先，距离取决于我们选择的单位来测量预测变量。如果我们决定以美元来衡量收入，而不是以千美元来衡量，那么我们会得到不同的答案。

其次，欧几里得距离没有考虑变量的可变性。如果我们比较两个阶层的收入的可变性，那么我们发现接受者的标准差比拒绝者要低($31.6k 比$40.6k)。因此，新客户的收入可能更接近接受者的美元平均收入。但由于拒绝者的收入变异性大，该客户同样可能是拒绝者。因此，我们希望距离度量考虑到不同变量的方差，并以标准差而不是原始单位度量距离，这等价于 z 分数。

【知识窗】

z 分数

z 分数能够真实地反映一个分数距离平均数的相对标准距离。如果我们把每一个分数都转换成 z 分数，那么每一个 z 分数会以标准差为单位表示一个具体分数到平均数的距离或离差。将呈正态分布的数据中的原始分数转换为 z 分数，我们就可以通过查阅 z 分数在正态曲线下面积的表格来得知平均数与 z 分数之间的面积，进而得知原始分数在数据集合中的百分等级。一个数列的各 z 分数的平方和等于该数列数据的个数，并且 z 分数的标准差和方差都为 1，平均数为 0。

最后，欧几里得距离忽略了变量之间的相关性。这通常是一个非常重要的考虑点，特别是当我们使用许多预测变量来分隔类时。在这种情况下，通常会有变量，它们本身就是类之间有用的区分符。但是，在存在其他预测变量的情况下，变量实际上是多余的，因为它们与其他变量具有相同的效果。

让我们用 $\boldsymbol{S}$ 表示 p 变量之间的协方差矩阵。统计距离的定义为：

$$D_{\text{Statistical}}(x,\overline{x})=[x-\overline{x}]'\boldsymbol{S}^{-1}[x-\overline{x}]=\left[(x_1-\overline{x}_1),(x_2-\overline{x}_2),\cdots,(x_p-\overline{x}_p)\right]'\boldsymbol{S}^{-1}\begin{bmatrix}x_1-\overline{x}_1\\x_2-\overline{x}_2\\\vdots\\x_p-\overline{x}_p\end{bmatrix}$$

式中，表示转置操作的符号 "'" 是将列向量转换为行向量。S^{-1} 是 S 的逆矩阵，S 是除法的 p 维扩展。当只有一个预测因子时 ($p = 1$)，此公式简化为(平方)z 积分计算，因为我们减去均值，然后除以标准差。统计距离不仅考虑了预测值的均值，还考虑了预测值的分布和不同预测值之间的相关性。为了计算一个记录和一个类之间的统计距离，我们必须计算预测器的平均值(质心)和每一对预测因素之间的协方差，这些是用来构建距离的。判别分析方法以统计距离为基础，寻找一条与不同类别均值等距离的分离线(或者，如果有两个以上的变量，一个分离超平面)。它基于测量记录到每个类的统计距离，并将其分配到最近的类，这是通过分类函数来完成的。下面将对此进行解释。

三、费雪线性分类函数

线性分类函数是由著名的统计学家费雪(R.A.Fisher)在 1936 年提出的，作为改进记录分类的基础。其思想是找到测量值的线性函数，使类别间变异性与类别内变异性的比率最大化。换句话说，我们将获得同构且彼此之间差异最大的类。对于每个记录，这些函数用于计算分数，以便度量该记录与每个类的接近程度，并将记录分类为属于其分类分数最高的类别(相当于最小的统计距离)。

四、判别分析的分类性能

判别分析方法得到分类分数主要有两个假设：第一，它假设所有类别的预测量都来自多元正态分布。当这个假设得到合理的满足时，判别分析是一种比其他分类更有力的工具方法。事实上，如果数据是多变量的、正态的，那么分析的效率会比逻辑回归高 30%。也就是说，我们需要减少 30% 的记录才能得到相同的结果。实践证明，该方法对偏离正态性的数据具有较强的稳健性，因为预测因子可以是非正态的，甚至可以是虚拟变量。只要最小的类足够大(大约超过 20 条记录)，就是正确的。这种方法也被认为对单变量空间预测和多变量空间的异常值敏感。因此，应该使用探索性分析来定位极端情况，并确定是否可以消除这些情况。

判别分析背后的第二个假设是，一个类内不同预测因素之间的关联结构是相同的，这可以通过分别计算每个类的预测因素之间的关联矩阵和比较矩阵来大致检查。如果相关性在类之间存在显著差异，那么分类器将倾向于将记录分类到具有最大可变性的类中。当相关结构差异较大且数据集很大时，可以采用二次判别分析的方法。

尽管这些统计假设中包含了一些注意事项，但是回想一下，在预测建模环境中，最终的测试是模型是否有效。合理的方法是对正态性和相关性进行一些探索性分析，训练和评估一个模型，然后根据分类精度和从最初的探索中学到的东西，来进一步探讨是否应该检查异常值或重新选择预测变量。

在分类准确度的评价方面，我们再次使用了一般的性能指标(判断分类器的性能)，其中主要指标基于混淆矩阵(准确度单独或结合成本)进行分类，提升图的排序。使用验证集来评估性能的观点仍然成立。例如，在割草机的例子中，家庭 1、13 和 17 被错误分类，这意味着该模型对这些数据的错误率为 12.5%。然而,这个比率是一个有偏估计——它过于乐观了,因为我们使用了相同的数据来拟合分类函数和估计误差。因此,与所有其他模型一样,我们在一个验证集上测试性能,该验证集包括与估计分类函数无关的数据。

为了从判别分析中获得混淆矩阵,我们要么直接使用分类分数,要么使用由分类分数计算的倾向性(类成员的概率)。在这两种情况下,我们根据最高分数或概率来决定每个记录的分类,然后将这些分类与这些记录的实际类成员身份进行比较,这就产生了混淆矩阵。

五、先验概率

假设我们的目标是最小化分类误差,上面的方法假设遇到来自任何一个类的记录的机会都是相同的。如果在未来遇到不同类的分类记录的概率不相等,那么我们应该修改函数以便降低预期(长期平均)错误率。调整如下:用 P_j 来表示 j 类中成员资格的先验概率或未来概率。(在二元分类情况下,我们有 p_1 和 $p_2 = 1 - p_1$)。通过添加 $\log(p_j)$ 来修改每个类的分类函数。为了说明这一点,假设在骑乘式割草机案例中所有者的比例为 15%,而在样本中为 50%,这意味着该模型应该将更少的家庭归为所有者。

六、不均衡的错误分类代价

当错误分类代价不对称时,需要进行二次修改。如果分类 1 的错误分类代价与分类 2 的错误分类代价相差很大,那么我们可能想要的是预期代价最小化错误分类,而不是简单的错误率(不占不平等的错误分类代价)。在两类情况下,很容易通过分类函数来考虑不同的错误分类代价(除了先验概率以外)。我们用 q_1 表示将第 1 类成员错误分类为第 2 类的代价,用 q_2 表示将第 2 类成员错误分类为第 1 类的代价,通过将 $\log(q_1)$ 添加到类 1 的常数中,将 $\log(q_2)$ 添加到类 2 的常数中,这些代价被集成到分类函数的常数中。为了综合先验概率和误分类代价,将 $\log(p_1q_1)$ 加到第 1 类的常数上,将 $\log(p_2q_2)$ 加到第 2 类的常数上。

在实践中,对于每个类来说,计算错误分类成本 q_1 和 q_2 并不总是那么简单。通常情况下,估算代价 q_2/q_1 的比率要容易得多(例如,对信用违约者进行错误分类的代价是对非违约者进行错误分类的 10 倍)。幸运的是,分类函数之间的关系只依赖于这个比率。因此,我们可以设置 $q_1 = 1$ 和 $q2 = q_2/q_1$,再把 $\log(q_2/q_1)$ 加到第 2 类的常数中。

七、超过两类的分类问题

● 案例 14-3

最理想的情况是,每次事故呼叫急救电话,救护车都能立即派到事故现场。但是,在某些情况下,派遣可能会延迟(例如在事故高峰期或在一些资源短缺的地区)。在这种情况下,调度员必须根据粗略的信息决定派遣哪个单位。为了将事故分为轻伤、重伤或死亡,用附加信息补充初始呼叫中提供的有限信息是有用的。为此,我们可以使用 2001 年在美国收集的涉及某种伤害的汽车事故的数据。对于每一场事故,附加的信息被记录下来,比如星期几、天气状况和道路类型。表 14-1 显示了一个包含 11 个变量的小样本记录。

表 14-1 向事故现场派遣医疗人员案例数据

Accident #	RushHour	WRK_ZONE	WKDY	INT_HWY	LGTCON
1	1	0	1	1	dark_light
2	1	0	1	0	dark_light
3	1	0	1	0	dark_light
4	1	0	1	0	dark_light
5	1	0	0	0	dark_light
6	1	0	1	0	dark_light
7	0	0	1	1	dark_light
8	0	0	1	0	dark_light
9	1	0	1	0	dark_light
10	1	0	1	0	dark_light
11	1	0	1	0	dark_light
12	1	0	1	0	dark_light
13	1	0	1	0	dark_light
14	0	0	1	0	day
15	1	0	0	0	day
16	1	0	1	0	day
17	1	0	0	0	day
18	0	0	1	0	dark
19	0	0	0	0	dark
20	0	0	0	0	dark

LEVEL	SPD_LIM	SUR_COND	TRAF_WAY	WEATHER	MAX_SEV
1	70	ice	one_day	adverse	no-injury
0	70	ice	divided	adverse	no-injury
0	65	ice	divided	adverse	non-fatal
0	55	ice	two_day	not_adverse	non-fatal
0	35	snow	one_day	adverse	no-injury
1	35	wet	divided	adverse	no-injury
1	70	wet	divided	adverse	non-fatal
1	35	wet	two_day	adverse	no-injury
0	25	wet	one_day	adverse	non-fatal
0	35	wet	divided	adverse	non-fatal
0	30	wet	divided	adverse	non-fatal
0	60	wet	divided	not_adverse	no-injury
0	40	wet	two_day	not_adverse	no-injury
1	65	dry	two_day	not_adverse	fatal
0	55	dry	two_day	not_adverse	fatal
0	55	dry	two_day	not_adverse	non-fatal

LEVEL	SPD_LIM	SUR_COND	TRAF_WAY	WEATHER	MAX_SEV
0	55	dry	two_day	not_adverse	non-fatal
0	55	ice	two_day	not_adverse	no-injury
0	50	ice	two_day	adverse	no-injury
1	55	snow	divided	adverse	no-injury

目标是判别这些预测因子在多大程度上能对损伤类型进行正确分类。为此，采集 1000 条记录样本，并将其划分为训练集和验证集，并对训练数据进行了判别分析。输出结构与两类情况非常相似，唯一的区别是，每个记录现在有三个分类功能(每种伤害类型一个)，混淆矩阵大小为 3×3，以便说明正确和不正确分类的所有组合。分类的规则仍然是将记录分类到具有最高相应分类分数的类。和前面一样，使用分类函数系数计算分类分数。

八、判别分析的优势与劣势

判别分析通常被认为是一种统计分类方法，而不是一种数据挖掘方法，这反映在许多数据挖掘资料中没有或很少提及它。然而，它在社会科学领域非常受欢迎，并表现出良好的效果。判别分析的应用和效果与多元线性回归相似。因此，这两种方法有一些共同的优点和缺点。

与线性回归一样，判别分析寻找预测因子的最佳权重。在线性回归中，加权与数值结果变量有关。而在判别分析中，加权与分类的分离有关。两者都使用最小二乘进行估计，结果估计对局部最优具有稳健性。

在这两种方法中，一个基本假设是正态性。在判别分析中，我们假设预测因子近似于多元正态分布。尽管在许多实际应用中(例如常用的二元预测因素)违背了这个假设，但该方法是非常有用的，原因可能是数据通常只能支持简单的分离边界，例如线性边界。然而，对于那些有偏的连续变量(通过直方图可以看到)，像取对数这样的转换却可以提高性能。此外，该方法对异常值的敏感性要求解释数据的极值，并从分析中删除这些记录。

判别分析作为分类器的一个优势(在这方面类似于逻辑回归)是，它提供了单个预测因子贡献的估计值。这对于获得预测因素重要性的排序和变量选择非常有用。

最后，该方法计算简单、节省时间，尤其适用于小数据集。由于其参数化的形式，判别式分析充分利用了数据，因此对于小样本尤其有用。

练 习 题

环球银行是一家相对年轻的银行，在整体客户获取方面发展迅速。这些客户大多数是负债客户，与银行的关系各不相同。资产类客户的客户群较小，银行有意迅速扩大这个客户群，以便引进更多的贷款业务。特别是，它希望探索如何将负债客户转变为个人贷款客户。

该行去年为负债客户开展的一项活动显示,成功的客户转化率高达 9% 以上,这鼓励零售市场部设计更聪明的营销活动和更好的营销目标。我们分析的目标是对上一次活动的客户行为进行建模,以便分析哪些因素组合在一起能使客户更可能地接受个人贷款。

UniversalBank.csv 包含环球银行 5000 名客户的数据,这些数据包括客户的人口统计信息(年龄、收入等)、客户与银行的关系(抵押贷款、证券账户等),以及客户对上一次个人贷款活动(个人贷款)的反应。在这 5000 名客户中,只有 480 名(9.6%)客户接受了在早期活动中向他们提供的个人贷款。

对数据进行分区(60% 的训练和 40% 的验证),然后执行判别分析,将个人贷款建模为剩余预测因子(不包括邮政编码)的函数。先把两个以上类别的分类预测值变成虚拟变量,将成功类指定为 1(个人贷款接受),并使用默认的阈值 0.5。

1. 分别计算贷款接受方和非接受方预测值的汇总统计信息。对于连续预测值,计算平均值和标准差。对于分类预测,计算百分比。这两个类别有很大不同的预测因素吗?

2. 检查验证集上的模型性能。

(1) 准确率是多少?

(2) 一种错误分类比另一种更容易吗?

(3) 选择 3 个被错误分类为接受者的客户和 3 个被错误分类为拒绝者的客户。我们的目标是确定他们被错误分类的原因。首先,检查他们被归类为接受者的概率:是否接近 0.5 的阈值?如果不是,将他们的预测值与这两类的汇总统计数据进行比较,以便确定他们被错误分类的原因。

3. 在许多营销活动中,更重要的是确定愿意接受报价的客户,而不是不接受报价的客户。因此,一个好的模型应该特别精确地检测客户。检查验证集的升力图和十分位升力图,并根据此排名目标解释它们。

4. 将判别分析结果与逻辑回归分析结果进行比较(两者的阈值均为 0.5,预测因子相同)。检查混淆矩阵、升力图和十分位升力图。哪种方法在你的验证集上检测的效果更好?

5. 该银行正计划通过向另外 1000 名客户发送报价来继续这项活动。假设发送报价的成本为 1 美元,接受报价的利润为 50 美元。这次活动的预期盈利是多少?

6. 将贷款接受方客户错误分类为拒绝方的代价远远高于相反的错误分类代价。为了将错误分类的预期代价降到最低,是否应该增加或减少分类的阈值(目前为 0.5)?

 微课视频

扫一扫,获取本章相关微课视频。

数据挖掘方法:判别分析.mp4

第十五章 关联规则与协同过滤

在本章中，我们将介绍无监督学习的关联规则和协同过滤方法。这两种方法在市场营销领域都很流行，用于交叉销售与消费者正在考虑的产品。

在关联规则中，目标是识别事件类型数据库中的项目簇。关联规则在市场营销中被称为市场篮子分析，旨在发现哪些商品是一起购买的。然后，将这些商品一起展示，以交易后优惠券的形式提供，或者在网上购物中推荐。我们介绍规则生成过程，然后评估规则的强度来选择一个子集。首先介绍常用的规则生成先验算法，然后给出判断规则强度的标准。

协同过滤的目标是提供个性化的推荐，利用用户层次的信息。基于用户的协同过滤从一个用户开始，找到购买过类似商品的用户，或者以类似的方式对商品进行排序，然后根据类似用户购买或喜欢的东西向初始用户推荐。基于商品的协同检索从用户正在考虑的商品开始，然后定位其他与第一件商品共同购买的商品。下面介绍该技术及其在实践中的应用。

一、关联规则

简单地说，关联规则或亲缘性分析构成了"什么与什么相关联"的研究。这种方法也被称为市场篮子分析，因为它起源于通过对客户交易数据库的研究，确定购买不同商品之间的依赖关系。关联规则在零售中被大量使用，用于了解一起购买的商品，但它们在其他领域也很有用。例如，医学研究人员可能想了解哪些症状同时出现。在法律上，对未经过授权销售其他公司类似的商品的行为可能被判定为侵权。

1. 发现数据库中的关联规则

客户交易的详细信息的可用性导致了自动查找存储在数据库中的项目之间关联的技术的发展，超市中使用条形码扫描器收集数据就是一个例子。这种市场购物篮数据库由大量的交易记录组成，每条记录列出客户在一次交易中购买的所有项目。经理们感兴趣的是某一组商品是否一直一起购买。他们可以使用这些信息来决定商店的布局和商品的陈列，或进行交叉销售，或进行促销，或进行目录设计，以及根据购买模式来确定客户群体。关联规则以"如果-那么"语句的形式提供这种类型的信息。这些规则是从数据中计算出来的，与逻辑的"如果-那么"规则不同，关联规则在本质上是概率性的。

关联规则通常出现在在线推荐系统中，在该系统中，顾客在查看一件商品或可能购买的商品时，会看到其他经常与第一件商品一起购买的商品。京东或淘宝等购物网站展示了"经常一起购买"这类规则的应用。

- 案例 15-1

一家出售手机配件的商店对手机壳进行促销活动。从 6 种不同颜色中选择购买多个手机壳的客户可以享受折扣。店长收集了交易数据，如表 15-1 所示，他们希望了解客户可能会一起购买的手机壳的颜色。

表 15-1 关于购买手机壳的数据

交 易	颜 色			
1	红	白	绿	
2	白	橙		
3	白	蓝		
4	红	白	橙	
5	红	蓝		
6	白	蓝		
7	红	蓝		
8	红	白	蓝	绿
9	红	白	蓝	
10	黄			

2. 生成候选规则

关联规则背后的思想是以"如果-那么"格式检查项目之间所有可能的规则，并且只选择那些最有可能是真正依赖的指标。我们用前项来描述"如果"部分，用后项来描述"那么"部分。在关联分析中，前项和后项是不相交的项目集。注意，项目集不是人们购买的记录，它们只是项目的可能组合，包括单个项目。

回到购买手机壳的例子，一个可能的规则是"如果红，那么白"，意思是如果购买了一个红色的面板，那么也会购买一个白色的面板。这里，前项是红色的，后项是白色的。在本例中，前项和后项各包含一个项。另一个可能的规则是"如果红和白，那么绿"，这里的先行词包括项目集{红，白}，结果是{绿}。

关联规则的第一步是生成所有可能成为指示项之间关联的候选规则。理想情况下，我们可能想要在一个有 p 个不同项目的数据库中查看所有可能的项目组合(在手机壳的例子中，$p=6$)，这意味着在事务数据库中找到一个项目、两个项目、三个项目等的所有组合。然而，生成所有这些组合需要很长的计算时间，在 p 中以指数形式增长。一个实用的解决方案是只考虑数据库中出现频率较高的组合，这些被称为频繁项目集。

确定什么可以作为频繁项目集与支持的概念有关。规则的支持仅仅是包含前项和后项的交易的数量。它被称为支持，因为它度量数据"支持"规则有效性的程度。这种支持有时表示为数据库中记录总数的百分比。例如，在手机壳案例中对项目集{红，白}的支持是 4(或 $100 \times \dfrac{4}{10} = 40\%$)。

因此，构成频繁项目集的内容被定义为支持度超过用户确定的最小支持度的项目集。

3. 先验算法

对于频繁项目集的生成，已经提出了几种算法，但经典的算法是阿格拉瓦尔等人提出的先验算法。该算法的关键思想是，首先，生成只有一个项(一个项目集)的频繁项目集。其次，递归生成有两个项的频繁项目集。最后是有三个项的频繁项目集。以此类推，直到生成所有大小的频繁项目集。生成频繁的单项集很容易，我们要做的就是数数。

对于每个项，数据库中有多少交易包括该项，这些交易计数是对单项目集的支持。我们将支持度低于所需最小支持度的单项目集删除，以便创建频繁的单项目集列表。

为了生成频繁的两项目集，我们使用频繁的单项目集。其原因是，如果某个单项目集没有超过最小支持，那么包括它的任何更大的项目集都不会超过最小支持。通常，生成 k 个项目集使用前一步生成的频繁 $(k-1)$ 项目集。每一步都需要在数据库中运行一次，因此先验算法即使在数据库中有大量唯一项时，也运算得非常快。

4. 选择强大的规则

从生成的大量规则中，我们的目标是只找那些表明前项目集和后项目集之间有很强依赖性的规则。为了衡量规则所隐含的关联强度，我们使用置信度和提升比率的度量。

5. 支持和置信度

除了我们前面描述的支持之外，还有另一种度量方法表达关于"如果-那么"规则的不确定性程度，这就是所谓的置信度规则。该方法将数据库中前项目集和后项目集的共现与前项目集的共现进行比较。置信度定义为包含所有前项目集和后项目集(即支持项)交易数量与包含所有前项目集的交易数量之比：

$$置信度 = \frac{包含前项目集和后项目集的交易}{前项目集的交易}$$

假设超市数据库有 100 000 个销售点交易，在这些交易中，2000 笔交易包括橙汁和(非处方的)流感药物，800 笔交易包括购买汤。关联规则"如果购买了橙汁和流感药物，那么在同一行程中购买了汤"支持 800 笔交易(或者，0.8% = 800/100 000)和 40%的置信度(= 800/2000)。

为了了解支持和置信度之间的关系，让我们想想它们在衡量(估计)什么。考虑支持的一种方式是，从数据库中随机选择的一个交易将包含前项和后项中的所有项目的(估计)概率：

$$支持 = \hat{P}(前项和后项)$$

而置信度则是在交易包含前项的前提下，随机选择的一个交易包含后项中所有项的条件概率：

$$置信度 = \frac{\hat{P}(前项和后项)}{\hat{P}(前项)} = \hat{P}(前项|后项)$$

高置信度意味着一个强关联规则，然而这是有欺骗性的。如果前项和(或)后项有一个高水平的支持，即使当前项和后项是独立的，我们也会得到很高的置信度。如果几乎所有的顾客都买香蕉，几乎所有的顾客都买冰激凌，那么"如果香蕉，那么冰激凌"这类规则的置信度就会很高，而不管这些商品之间是否有关联。

6. 提升比率

判断关联规则强度的一种较好的方法是将规则的置信度与基准值进行比较，其中假设每条规则的后项目集的出现与前项目集的出现是独立的。换句话说，如果前项目集和后项目集是独立的，那么我们期望看到什么置信值？在独立的情况下，支持的公式将是：

$$P(前项和后项) = P(前项) \times P(后项)$$

基准置信度为：

$$\frac{P(前项) \times P(后项)}{P(前项)} = P(后项)$$

根据数据对此基准的估计，称为规则的基准置信值，由以下公式计算：

$$基准置信值 = \frac{后项目集的交易数量}{数据库中交易的数量}$$

通过观察它们的比率来比较基准置信值和置信值，这被称为规则的提升率。提升率是规则的置信值除以基准置信值，假设结果与前项无关，则：

$$提升率 = \frac{置信值}{基准置信值}$$

当提升率大于 1 时，说明这个规则是有用的。换句话说，如果前项目集和后项目集是独立的，那么它们之间的关联水平要比预期的高。提升率越大，规则的强度越大。

为了说明手机壳示例的支持、置信度和提升率的计算，我们介绍了一种更适合此目的的替代数据表示方法。

7．数据格式

交易数据通常显示出两种格式：一是事件数据库(每一行代表一个交易中购买的项目列表)；二是二元关联矩阵，其中列表示项，行表示事件，每个单元格有 1 或 0，表示交易中是否有该项。我们将交易数据库中手机壳的购买数据转换为表 15-2 中的二元关联矩阵格式。

表 15-2　购买手机壳的数据二元关联矩阵

交易	红	白	蓝	橙	绿	黄
1	1	1	0	0	1	0
2	0	1	0	1	0	0
3	0	1	1	0	0	0
4	1	1	0	1	0	0
5	1	0	1	0	0	0
6	0	1	1	0	0	0
7	1	0	1	0	0	0
8	1	1	1	0	1	0
9	1	1	1	0	0	0
10	0	0	0	0	0	1

现在，假设我们希望这个数据库中支持计数至少为 2(相当于支持百分比为 2/10 = 20%)的项之间的关联规则。换句话说，基于在至少 20%的事务中一起购买的项目的规则。通过枚举，我们可以看到只有表 15-3 中列出的项目集的计数至少为 2。

表 15-3　购买手机壳的数据项目集计数

项　目	支　持
{红}	6
{白}	7
{蓝}	6
{橙}	2
{绿}	2
{红、白}	4
{红、蓝}	4
{红、绿}	2
{白、蓝}	4
{白、橙}	2
{白、绿}	2
{红、白、蓝}	2
{红、白、绿}	2

8. 选择规则的过程

选择强规则的过程基于生成所有满足规定的支持度和置信度要求的关联规则，这需要分两个阶段完成。第一个阶段包括查找所有"频繁"项目集，即那些具有必要支持的项目集；第二个阶段是从频繁项目集中归纳出满足置信度要求的关联规则。第一步的目标是删除数据库中罕见的项目组合；在第二个阶段过滤剩余的规则，并只选择那些具有高度可信度的规则。对于大多数关联分析数据，计算挑战是第一个阶段，如先验算法的讨论所述。

第二个阶段置信度的计算很简单。因为任何子集(例如，在手机壳例子中的{红})必须至少和它所属的集合(例如，{红，白})一样出现，所以每个子集也将在列表中，然后就可以直接用项目集的支持度与项目集的每个子集的支持度之比来计算置信度。只有当它超过置信度期望的阈值，我们才会保留相应的关联规则。例如，从项目集{红、白、绿}中购买手机壳，我们可得到以下关联规则、置信度和提升率，如表 15-4 所示。

表 15-4　关于购买手机壳的数据关联规则、置信度和提升率

规　则	置　信　度	提　升　率
{红、白}→{绿}	$\dfrac{\{红、白、绿\}的支持}{\{红、白\}的支持} = 2/4 = 50\%$	$\dfrac{规则置信度}{基准置信度} = \dfrac{50\%}{20\%} = 2.5$
{绿}→{红}	$\dfrac{\{绿、红\}的支持}{\{绿\}的支持} = 2/2 = 100\%$	$\dfrac{规则置信度}{基准置信度} = \dfrac{100\%}{60\%} = 1.67$
{白、绿}→{红}	$\dfrac{\{白、绿、红\}的支持}{\{白、绿\}的支持} = 2/2 = 100\%$	$\dfrac{规则置信度}{基准置信度} = \dfrac{100\%}{60\%} = 1.67$

如果期望的最小置信度是 70%，那么我们将只报告第二条和第三条规则。

9. 规则和机会

非技术层面的置信度呢？我们如何确定制定的规则是有意义的呢？从统计学的角度考虑这个问题，我们可以发问：我们发现的关联真的只是偶然发生的吗？

让我们检查一下算法应用程序对一个包含 50 个事件的小型数据库的输出，其中 9 个项目中的每一个都被随机分配给每笔交易，数据如表 15-5 所示。

表 15-5　小型数据库数据表

交 易	货 物	交 易	货 物	交 易	货 物
1	8	18	8	35	3、4、6、8
2	3、4、8	19		36	1、4、8
3	8	20	9	37	4、7、8
4	3、9	21	2、5、6、8	38	8、9
5	9	22	4、6、9	39	4、5、7、9
6	1、8	23	4、9	40	2、8、9
7	6、9	24	8、9	41	2、5、8
8	3、5、7、9	25	6、8	42	1、2、7、9
9	8	26	1、6、8	43	5、8
10		27	5、8	44	1、7、8
11	1、7、9	28	4、8、9	45	8
12	1、4、5、8、9	29	9	46	2、7、9
13	5、7、9	30	8	47	4、6、9
14	6、7、8	31	1、5、8	48	9
15	3、7、9	32	3、6、9	49	9
16	1、4、9	33	7、9	50	6、7、8
17	6、7、8	34	7、8、9		

生成的关联规则见表 15-6。在查看这些表时，请记住 lhs 和 rhs 是指项目集，而不是记录。

表 15-6　小型数据库项目集

	lhs	rhs	support	confidence	lift
[18]	{item.2}	=> {item.9}	0.08	0.8	1.481481
[89]	{item.2, item.7}	=> {item.9}	0.04	1.0	1.851852
[104]	{item.3, item.4}	=> {item.8}	0.04	1.0	1.851852
[105]	{item.3, item.8}	=> {item.4}	0.04	1.0	5.000000
[113]	{item.3, item.7}	=> {item.9}	0.04	1.0	1.851852
[119]	{itcm.1, itcm.5}	=> {item.8}	0.04	1.0	1.851852
[149]	{item.4, item.5}	=> {item.9}	0.04	1.0	1.851852
[155]	{item.5, item.7}	=> {item.9}	0.06	1.0	1.851852
[176]	{item.6, item.7}	=> {item.8}	0.06	1.0	1.851852

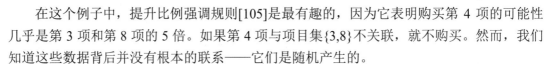

在这个例子中，提升比例强调规则[105]是最有趣的，因为它表明购买第 4 项的可能性几乎是第 3 项和第 8 项的 5 倍。如果第 4 项与项目集{3,8}不关联，就不购买。然而，我们知道这些数据背后并没有根本的联系——它们是随机产生的。

两个原则可以指导我们评估由于偶然效应可能产生的虚假规则。

(1) 规则所依据的记录越多，结论就越可靠。

(2) 我们认真考虑的规则越不同(可能合并处理相同条目的多规则)，就越有可能至少有一些是基于随机抽样结果的。对于一个人来说，抛 10 次硬币得到 10 次正面是相当令人吃惊的。如果 1000 个人把一枚硬币抛 10 次，那么有一个人得到 10 次正面也就不足为奇了。在进行多次比较时，对"统计显著性"的正式调整本身就是一个复杂的主题。合理的方法是从业务或操作适用性的角度来考虑自上向下的规则，而不考虑可以合理地纳入决策过程的内容，这将对搜索"有趣的内容"时自动检查成百上千条规则所产生的危险施加一个粗略的限制。

二、协同过滤

推荐系统是提供各种产品或服务的网站中非常重要的一部分。例如，亚马逊提供数百万种不同的产品；爱奇艺有数千部电影可供在线观看；谷歌可搜索大量的网页；网易云音乐和百度音乐这样的网络电台网站包含了许多不同艺术家的音乐专辑；旅游网站提供许多目的地和酒店信息；社交网站有很多群组。推荐引擎根据用户的信息以及相似用户的信息向用户提供个性化的推荐。信息意味着表明偏好的行为，例如购买、评级和点击。

推荐系统为用户提供的价值帮助在线公司将浏览者转化为买家，增加交叉销售，并建立用户忠诚度。

协同过滤是这类推荐系统常用的一种技术。协同过滤是基于这样的概念：通过考虑许多用户的偏好(协同)，从大量的项目集合中为特定用户识别相关的项目(过滤)。

《财富》网站于 2012 年 6 月 30 日刊登了一篇文章——《亚马逊推荐的秘密》，描述了该公司使用协同过滤的方式，不仅用于提供个性化的产品推荐，还用于为每个用户定制整个网站界面。

从根本上说，这家零售巨头的推荐系统是基于一些简单的元素：用户过去买过什么，在虚拟购物车中有哪些商品，对商品进行过评价和点击过"喜欢"，以及其他客户看过和购买过哪些商品。亚马逊称这种数学方法为"商品到商品的协同过滤"，并使用这种算法为回头客定制大量的浏览体验。

(一)数据类型和格式

协同过滤需要所有"商品-用户"信息的可用性。具体地说，对于每个商品-用户组合，我们应该为用户对该商品的偏好进行一些度量。偏好可以是用实际行动表示或用文字评价，例如购买或点击"喜欢"。对于 n 个用户$(u_1,u_2,\cdots,u_n)$和 p 个商品$(i_1,i_2,\cdots,i_p)$，我们可以把数据看成 $n\times p$，n 行(用户)p 列(商品)的矩阵。每个单元包括用户对商品的偏好所对应的行为或评价(见表 15-7)。通常不是每个用户都购买或评价每一件商品，因此一个购买矩阵将有许多零(它是稀疏的)，而一个评价矩阵将有许多缺失的值，这些缺失的值有时表示"不感兴趣"(而非缺失的值表示感兴趣)。

表 15-7 商品的偏好所对应的行为或评价

用户 ID	商品(i_1)	商品(i_2)	......	商品(i_P)
u_1	$r_{1,1}$	$r_{1,2}$	......	$r_{1,p}$
u_2	$r_{2,1}$	$r_{2,2}$	......	$r_{2,p}$
......				
u_n	$r_{n,1}$	$r_{n,2}$	......	$r_{n,p}$

表 15-7 中 $r_{1,1}$ 是指用户 u_1 对商品 i_1 的评价结果(偏好信息)，以此类推，$r_{n,p}$ 是指用户 u_n 对 i_p 个产品的评价。当 n 和 p 都很大时，在 $n \times p$ 矩阵中存储首选项数据($r_{u,i}$)是不实际的。相反，数据可以存储在($U_u, I_i, r_{u,i}$)形式的多行三元组中，其中每个三元组包含用户 ID、商品 ID 和偏好信息，U_u 表示 u_n 的集合，I_i 表示 i_p 的集合，$r_{u,I}$ 表示 u，i 的矩阵。

● 案例 15-2

我们一直认为，关联规则和协同过滤都是不受监督的技术，但通过查看对抗数据，看看用户购买了什么以及他们如何评价商品，可以判断它们的表现如何。著名的网飞大奖赛就是这样做的，并且提供了一个很有用的例子来说明协同过滤。

2006 年，北美最大的电影租赁服务公司网飞宣布了一项价值 100 万美元的竞赛，目的是改进名为 CineMatch 的推荐系统。参与者获得了多个数据集，每部电影一个。每个数据集包括该电影的所有客户评价以及时间标签。我们可以考虑一个大型的组合数据集的形式[客户 ID，电影 ID，评价，日期]，其中每个记录包括某个客户某一天对某个电影的评价，评分是 1～5 星。参赛选手被要求开发一种推荐算法，以便改进现有的系统。表 15-8 是竞赛数据的一个小样本，按矩阵格式排列。

表 15-8 网飞竞赛数据样本

客户 ID	电影 ID								
	1	5	8	17	18	28	30	44	48
30878	4	1			3	3	4	5	
124105	4								
822109	5								
823519	3		1	4		4	5		
885013	4	5							
893988	3						4	4	
1248029	3					2	4		3
1503895	4								
1842128	4						3		
2238063	3								

有趣的是，获胜的团队能够改进他们的系统，不仅要考虑电影的评分，还要考虑电影是否由特定的客户评分。换句话说，客户决定评价哪部电影的信息被证明是关于观众喜好的重要信息，而不仅仅是考虑1～5星的评分信息。

协同过滤方法解决了评价值的稀疏集问题。然而，通过观察数据的其他特征也可以获得很大的准确性。首先是关于每个用户选择评价哪些电影的信息，而不考虑具体的评价值（"二元视图"）。这在改善电影评价机制的解决方案中起到了决定性的作用，并反映了这样一个事实，即要评分的电影是由用户有意选择的，而不是随机的样本。

在这个例子中，将评价信息转换成评价与未评价的二元矩阵是有用的。

(二)基于用户的协同过滤

使用协同过滤为用户生成个性化推荐的一种方法是，寻找具有相似偏好的用户，然后对用户喜欢但没有购买的商品进行推荐。算法分为两个步骤。

(1) 找到与感兴趣的用户(邻居)最相似的用户。这是通过将我们的用户的偏好与其他用户的偏好进行比较来实现的。

(2) 只考虑用户尚未购买的商品，重新编码用户的邻居最喜欢的商品。

这就是亚马逊"购买了该商品的顾客也购买了……"的策略。在谷歌搜索中，它还用于生成显示在每个搜索结果附近的"相似页面"链接。

步骤(1)需要选择距离(或接近度)度量我们的用户和其他用户之间的距离。一旦计算了距离，我们就可以对距离或所需邻居的数量使用一个阈值，以便确定步骤(2)中使用的最近的邻居，这种方法称为"基于用户的Top-N推荐"。

最近邻法测量我们的用户与数据库中每个其他用户的距离，类似于K-NN算法。我们在K-NN那一章中讨论的欧几里得距离测度在协同过滤方面的表现不如其他一些测度。两个用户之间比较流行的接近度测量方法与他们评分之间的皮尔森积差相关。我们将项目$I_1, \cdots, I_p$由用户U_1表示为$r_{1,1}, r_{1,2}, \cdots, r_{1,p}$的评级及其平均值由$\bar{r}_1$表示。同样，用户$U_2$的评价为$r_{2,1}, r_{2,2}, \cdots, r_{2,p}$，平均为$\bar{r}_2$。两个用户之间的相关接近度定义为：

$$\text{Corr}(U_1, U_2) = \frac{\sum (r_{1,i} - \bar{r}_1)(r_{2,i} - \bar{r}_2)}{\sqrt{\sum (r_{1,i} - \bar{r}_1)^2} \sqrt{\sum (r_{2,i} - \bar{r}_2)^2}}$$

在这种情况下，总和只超过由两个用户共同评价的项目。

为了说明这一点，我们在表中的小数据集示例中计算了客户30878和客户823519之间的相关性。我们假设表中显示的数据是全部信息。首先，我们计算每个用户的平均评分：

$$\bar{r}_{30878} = (4 + 1 + 3 + 3 + 4 + 5) / 6 = 3.333$$

$$\bar{r}_{823519} = (3 + 1 + 4 + 4 + 5) / 5 = 3.4$$

请注意，对于这些客户，平均计算的是不同数量的电影，因为他们每个人都对一组不同的电影进行评价。客户的平均评分是根据客户评分的所有电影计算出来的。相关性的计算涉及与平均值的偏差，但是只有他们共同评价的项目。在这种情况下，联合分级的电影ID是1、28和30：

$$\mathrm{Corr}\left(U_{30878}, U_{823519}\right)$$

$$= \frac{(4-3.333)(3-3.4)+(3-3.333)(4-3.4)+(4-3.333)(5-3.4)}{\sqrt{(4-3.333)^2+(3-3.333)^2+(4-3.333)^2}\sqrt{(3-3.4)^2+(4-3.4)^2+(5-3.4)^2}}$$

$$= 0.6/1.75 = 0.34$$

当数据以二元矩阵的形式出现时，也可以使用同样的方法(例如，已购买或未购买)。

另一种流行的测量方法是皮尔森积差相关的变体，称为余弦相似度。它不同于相关公式，因为它不减去平均值。在相关公式中减去平均值可以调整用户不同的总体评分方法，例如，一个总是给高分的客户和一个倾向于给低分的客户。

举例来说，两个网飞客户之间的余弦相似度为：

$$\mathrm{Cos\,Sim}\left(U_{30878}, U_{823519}\right) = \frac{4\times3+3\times4+4\times5}{\sqrt{4^2+3^2+4^2}\sqrt{3^2+4^2+5^2}} = 44/45.277 = 0.972$$

请注意，当数据是二元矩阵的形式时，例如购买或不购买，余弦相似度必须计算所有项目的用户已经购买的商品，它不能局限于共同购买的物品。

协同过滤面临所谓的冷启动问题：它不能用于为新用户或新项目创建推荐。对单一项目进行评价的用户，该用户与其他用户(在用户生成的协同过滤中)之间的相关系数将为零分母，而无论评价如何，余弦接近度将为1。同样地，只有一个项目的用户和只有一个用户的项目不符合成为邻近用户的候选人的条件。

对于感兴趣的用户，我们使用相关、余弦相似度或其他度量方法计算他与数据库中每个用户的相似度。然后，在第二步中，我们只查看离我们最近的 k 个用户，然后在他们评价、购买的所有其他物品中，选择最好的一个并推荐给我们的用户。哪一个是最好的呢？对于二元购买数据，它是购买最多的项目。对于评价数据，它可以是最高评价，或者两者的权重。

当我们有一个庞大的用户数据库时，最近邻方法的计算成本可能会很高。一种解决方案是使用聚类方法根据用户的偏好将用户分组到同类集群中，然后测量用户到每个集群的距离。这种方法将计算负载放在可以更早且离线进行的集群步骤上，这样实时地将我们的用户与每个集群进行比较就会更简单也更快。集群的代价是不太准确的建议，因为不是最接近集群的所有成员都与我们的用户最相似。

(三)基于项目的协同过滤

当用户的数量远远大于产品的数量时，查找相关的产品肯定比查找相关的用户更便宜，也更快。具体来说，当用户表示对某个特定项目感兴趣时，基于项目的协同过滤算法有两个步骤。

(1) 找到(由任何用户)与感兴趣的项目共同评价或共同购买的项目。

(2) 推荐相关项目中最受欢迎或最相关的项目。

现在计算的是项目之间的相关性，而不是用户之间的相关性。例如，在我们的网飞案例的小样本中，电影 1(平均值 $\bar{r}_1 = 3.7$)和电影 5(平均值 $\bar{r}_5 = 3$)之间的相关性是：

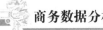

$$\text{Corr}(I_1, I_5) = \frac{(4-3.7)(1-3)+(4-3.7)(5-3)}{\sqrt{(4-3.7)^2+(4-3.7)^2}\sqrt{(1-3)^2+(5-3)^2}} = 0$$

相关性为 0 是因为同样被评价为 1 的用户对第 5 部电影给出了相反的评分。一位用户给了它 5 星，另一位用户给了它 1 星。

类似地，我们可以计算所有电影之间的相关性，这可以离线完成。对某部电影评价较高的用户，我们可以实时查阅电影相关表，并推荐与该用户新评电影正相关最高的电影。

开发亚马逊的研究人员发布的一份行业报告称，物品关联式推荐系统(基于项目的)算法实时生成推荐，扩展到海量数据集，并生成高质量的推荐。

基于项目推荐的缺点是，项目之间的差异较小(与用户的喜好相比)，因此推荐往往很明显。

(四)协同过滤的优缺点

协同过滤依赖于用户偏好的主观信息的可用性。如果我们的数据库包含足够多的相似用户(不一定很多，但每个用户至少有几个)，那么它就提供了有用的建议，即使是针对"长尾"项目，以便每个用户都能找到其他具有相似品位的用户。同样，数据应该包括足够的每件商品的评价或购买情况。因此，协同过滤的一个限制是它不能为新用户或新条目生成推荐，应对这个挑战有多种方法。

基于用户的协同过滤在高评价或偏好的项目方面寻找相似性。然而，它对低评价或不想要的物品的数据视而不见，因此我们不能指望用它来检测不需要的物品。

以用户为基础的协同过滤有助于利用人们品位之间的相似性来提供个性化推荐。然而，当用户数量非常大时，协同过滤在计算上就变得非常困难。解决方案包括基于商品的算法、用户聚类和降维。在这种情况下，最常用的降维方法是特异值分解，它是主成分分析的一种计算上的优越形式。

虽然术语"预测"通常用来描述协同过滤的输出，但是这种方法本质上是无监督的。它可以用来为用户生成预测的评分或购买指示，但在实践中我们通常没有真正的结果价值。改进协同过滤生成的推荐的一个重要方法是获得用户反馈。一旦产生了建议，用户就可以指出建议是否充分。由于这个原因，许多推荐系统诱使用户对他们的推荐提供反馈。

(五)协同过滤与关联规则

虽然协同过滤和关联规则都是用于生成推荐的无监督方法，但是它们在以下几个方面有所不同。

1. 频繁的项目集和个性化的建议

关联规则寻找频繁的项目组合，并且只对这些项目提供推荐。相比之下，协同过滤为每一个条目提供个性化的推荐，从而迎合不同口味的用户。从这个意义上说，协同过滤有助于捕捉用户偏好的"长尾"，而关联规则则寻找"头"。这种差异暗示了所需的数据：关联规则需要大量"篮子"(交易)上的数据，以便找到足够数量的篮子，其中包含特定的项目组合。相比之下，协同过滤不需要很多"篮子"，但需要为许多用户提供尽可能多的项目数据。此外，关联规则在篮子级别操作(数据库可以为每个用户包含多笔交易)，而协同过滤在用户级别操作。

因为关联规则产生通用的、客观的规则(基于关联的建议，比如亚马逊的"一起经常买"显示相同的建议所有用户搜索一个特定的项目)，它们可以用于设置常见的策略。例如，一个商店的产品放置或医院诊断测试顺序。相比之下，协同过滤产生特定用户的推荐(例如，亚马逊的"购买了该商品的客户还购买了……")，因此它是一种专为个性化设计的工具。

2. 事件型数据和用户数据

关联规则提供基于某商品与其他商品在许多交易(篮子)中共同购买物品的推荐。相比之下，协同过滤提供的建议项目基于他们的共同购买或共同评价，即使是少数其他用户。反复购买同样的物品时(例如在杂货店购物时)，使用不同的篮子是很有用的。当每个物品被购买/评价一次(例如，购买书籍、音乐和电影)时，考虑不同的用户是有用的。

3. 二元数据和评价数据

关联规则将对象视为二元数据(1 =购买，0 =不购买)，而协同过滤可以对二元数据或数值评价进行操作。

4. 两个或更多项

在关联规则中，前项和后项可以分别包含一个或多个项(例如，如果是牛奶，就是饼干和玉米片)。因此，推荐可能是兴趣项目与多个项目的捆绑(购买牛奶、饼干和玉米片，并获得 10%的折扣)。相比之下，在协同过滤中，相似度是衡量对物品或对用户之间的相似度。因此建议将针对单个项目(像你这样的人最喜欢购买的商品，你没有购买)或多个单项之间的关系(前两个像你这样的人购买的商品，你没有购买)。

这些区别对于非流行商品的购买和推荐更为明显，特别是在比较关联规则和基于用户的合作过滤时。当考虑向购买了流行商品的用户推荐什么时，关联规则和基于商品的协同过滤可能会对单个商品产生相同的推荐。但是，基于用户的推荐可能会有所不同。假设一位顾客每周购买牛奶和无谷蛋白产品(其他顾客很少购买无谷蛋白产品)，在交易数据库上使用关联规则，我们确定规则"如果牛奶，那么饼干"。"然后，下一次我们的客户购买牛奶时，无论他是否购买了饼干，他都会收到购买饼干的推荐(例如优惠券)，而与他购买的无谷蛋白食品无关。"在基于商品的协同过滤中，我们会查看所有用户与牛奶共同购买的所有商品，并推荐其中最受欢迎的商品(不是我们的客户购买的)。这也可能导致对饼干的推荐，因为我们的客户没有购买该项目。现在考虑基于用户的协同过滤。基于用户的合作过滤搜索相似的客户——那些购买了同一套商品的客户——然后推荐这些"邻居"最常购买的商品，而不是我们的客户购买的商品。因此，基于用户的推荐不太可能推荐饼干，而更可能向消费者推荐他们没有购买的受欢迎的无谷蛋白食品。

三、总结

关联规则和协同过滤是从交易数据库中推断购买商品之间关联的无监督方法。关联规则搜索关于一起购买的项目的通用规则。这种方法的主要优点是，它生成了清晰、简单的规则："如果 X 被购买，那么 Y 也有可能被购买。"这种方法非常透明，容易理解。创建关联规则的过程分为两个阶段。首先，生成一组基于频繁项目集的候选规则(先验算法是最常用的规则生成算法)。其次，从这些候选规则中选择显示项目之间最强关联的规则。我们使用支持度和置信度来评估规则中的不确定性。用户还指定在规则生成和选择过程中使用的最小支持和置信度值。第三种方法是提升率，它将检测真实关联的规则的效率与检测随机关联的规则进行了比较组合。

关联规则的缺点之一是规则的泛化。因此，需要找到一种方法，将这些规则简化为一组有用而有力的规则。浓缩信息的一个重要的非自动化方法包括检查非信息的和琐碎的规则以及共享相同支持的规则。需要记住的另一个问题是，罕见的组合往往会被忽略，因为它们不满足最低支持要求。由于这个原因，最好在数据中使用频率大致相同的项目，这可以通过使用更高级的层次结构作为项目来实现。

协同过滤是在线推荐系统中常用的一种技术，它是基于用户在物品上的相似行为所形成的物品之间的关系，比如购买商品或对商品给予高度评价。基于用户的协同过滤操作的是关于商品、用户组合的数据，计算用户之间的相似性，并向用户提供个性化的推荐。协同过滤成功的一个重要因素是用户对所提供的建议提供反馈，并对每个项目都有足够的信息。协同过滤方法的一个缺点是，它们不能为新用户或新项目生成推荐。此外，由于用户数量庞大，基于用户的协同过滤变得非常具有挑战性，所以基于物品的方法或降维方法等替代方法被广泛使用。

练 习 题

一家卫星广播公司的分析师从其客户数据库中获得了一组数据样本，目的是寻找一组与另一组相关的客户。数据包括公司数据以及与公司数据对应的已购买客户数据(见表 15-9)。分析师决定应用关联规则以便了解客户之间的联系。请你对这种方法进行评论。

表 15-9 卫星广播公司案例数据

Row ID	zipconvert_2	zipconvert_3	zipconvert_4	zipconvert_5	homeowner dummy	num_child	income	gender dummy	wealth
17	0	1	0	0	1	1	5	1	9
25	1	0	0	0	1	1	1	0	7
29	0	0	0	1	0	2	5	1	8
38	0	0	0	1	1	1	3	0	4
40	0	1	0	0	1	1	4	0	8

续表

Row ID	zipcon-vert_2	zipcon-vert_3	zipcon-vert_4	zipcon-vert_5	homeowner dummy	num_ child	inco-me	gender dummy	wealth
53	0	1	0	0	1	1	4	1	8
58	0	0	0	1	1	1	4	1	8
61	1	0	0	0	1	1	1	0	7
71	0	0	1	0	1	1	4	0	5
87	1	0	0	0	1	1	4	1	8
100	0	0	0	1	1	1	4	1	8
104	1	0	0	0	1	1	1	1	5
121	0	0	1	0	1	1	4	1	5
142	1	0	0	0	0	1	5	0	8

 微课视频

扫一扫，获取本章相关微课视频。

数据挖掘方法：协同过滤.mp4

数据挖掘方法：关联规则.mp4

第十六章 聚 类 分 析

本章介绍关于无监督的聚类分析，其目标是将数据分割成一组同构的记录簇。将数据集分离为同类记录的聚类也有助于提高监督方法的性能，通过单独建模每个聚类而不是整个异构数据集。聚类应用于从定制营销到行业分析的各种业务程序中。我们介绍两种流行的聚类方法：层次聚类和 k-means 聚类。在层次聚类中，根据记录之间的距离和集群之间的距离，将记录按顺序分组以便创建集群。我们介绍如何进行聚类运算，并介绍几个常用的距离指标。层次聚类也产生一个有用的图形显示的聚类过程和结果，称为树状图。我们介绍树状图并说明其用途。k-means 聚类广泛应用于大型数据集中。在 k-means 聚类中，记录被分配到一个预先指定的聚类集合中，根据它们与每个聚类的距离，我们介绍 k-means 聚类算法及其优势。

一、介绍

聚类分析用于根据对这些记录进行的多次测量，对类似的记录形成组或簇。关键的思想是用对分析目标有用的方式来描述集群。这个思想已经被应用于许多领域，包括天文学、考古学、医学、化学、教育学、心理学、语言学、社会学和生物学。例如，广泛使用类和亚类来组织物种分类。化学中聚类思想的一个特殊成功应用是门捷列夫的元素周期表。

聚类分析在市场营销中的一个流行应用是市场细分：根据人口统计和交易历史信息对客户进行细分，并为每个细分市场量身定制营销策略。在印度等国家，顾客多样性对地点极为敏感，连锁店通常在门店层面进行市场细分，而不是在整个连锁店范围内细分(称为"微观细分"）。另一个用途是市场结构分析：根据同类产品的竞争指标，对同类产品进行分类。在市场营销和政治预测中，使用美国邮政编码的社区聚类已经成功地用于根据生活方式对社区进行分组。率先采用这种方法的 Claritas 公司利用消费者支出和人口统计数据的各种指标，将社区划分为 40 个集群。通过对这些群体的研究，Claritas 公司为那些占据主导地位的生活方式的群体起了一些引人共鸣的名字，比如"波希米亚混血儿""皮草和旅行车""金钱和智慧"。对生活方式的了解可以用来估计对产品(例如运动型多用途车)和服务(例如游船)的潜在需求。类似地，销售组织将衍生出客户的细分类，并给他们命名以便进行销售工作。

在金融领域，聚类分析可以用于创建平衡投资组合：在各种投资机会(例如股票)给定数据，人们可能会发现基于财务绩效变量的集群，比如日回报率、周回报率或月回报率。聚类分析在金融领域的另一个应用是行业分析：对于一个给定的行业，我们感兴趣的是根据增长率、盈利能力、市场规模、产品范围和在各种国际市场上的占有程度等指标找到相似的公司组，然后可以对这些集团进行分析，以便了解行业结构并确定竞争对手。

聚类分析还有一个有趣而不寻常的应用，那就是美国陆军女性军服的一套新尺码的设计。这项研究提出了一个新的服装尺码系统，只有 20 个尺码，不同的尺码适合不同的体形。

这 20 个尺码是 5 种尺寸的组合：胸围、颈围、肩围、袖子外缝和脖子到臀部的长度。这个例子很重要，因为它展示了如何通过检查记录集群来获得一个全新的、有洞察力的视图。

聚类分析可以应用于大量的数据。例如，网络搜索引擎使用聚类技术对用户提交的查询进行聚类。

通常，用于形成集群的基本数据是关于几个变量的度量表，其中每个列表示一个变量，一行表示一条记录。我们的目标是形成记录组，以便相似的记录在同一组中。集群的数量可以预先指定或从数据中确定。

- 案例 16-1

表 16-1 提供了美国 22 家公共事业企业的数据(脚注中给出了不同的定义)。适合聚类记录的是公共事业企业，聚类将基于每个公共事业企业的 8 个度量值。为了进行必要的分析，经济学家需要为各种公用事业建立一个详细的成本模型。然后从这些模型向上扩展，以便估算所有公共事业的成本，这将节省大量的时间和精力。

表 16-1　美国 22 家公用事业企业的数据

公司名称	Fixed	RoR	Cost	Load	Demand	Sales	Nuclear	Fuel Cost
亚利桑那公共服务公司 Arizona Public Service	1.06	9.2	151	54.4	1.6	9077	0.0	0.628
波士顿爱迪生公司 Boston Edison Co.	0.89	10.3	202	57.9	2.2	5088	25.3	1.555
路易斯安那中央公司 Central Louisiana Co.	1.43	15.4	113	53.0	3.4	9212	0.0	1.058
联邦爱迪生公司 Commonwealth Edison Co.	1.02	11.2	168	56.0	0.3	6423	34.3	0.700
爱迪生总公司(纽约) Consolidated Edison Co. (NY)	1.49	8.8	192	51.2	1.0	3300	15.6	2.044
佛罗里达电力照明公司 Florida Power & Light Co.	1.32	13.5	111	60.0	-2.2	11127	22.5	1.241
夏威夷电力公司 Hawaiian Electric Co.	1.22	12.2	175	67.6	2.2	7642	0.0	1.652
爱达荷电力公司 Idaho Power Co.	1.10	9.2	245	57.0	3.3	13082	0.0	0.309
公共事业公司 Kentucky Utilities Co.	1.34	13.0	168	60.4	7.2	8406	0.0	0.862
麦迪逊煤气电力公司 Madison Gas & Electric Co.	1.12	12.4	197	53.0	2.7	6455	39.2	0.623
内华达电力公司 Nevada Power Co.	0.75	7.5	173	51.5	6.5	17441	0.0	0.768
新英格兰电气公司 New England Electric Co.	1.13	10.9	178	62.0	3.7	6154	0.0	1.897

公司名称	Fixed	RoR	Cost	Load	Demand	Sales	Nuclear	Fuel Cost
北部州电气公司 Northern States Power Co.	1.15	12.7	199	53.7	6.4	7179	50.2	0.527
俄克拉荷马州天然气和电力公司 Oklahoma Gas & Electric Co.	1.09	12.0	96	49.8	1.4	9673	0.0	0.588
太平洋煤气电力公司 Pacific Gas & Electric Co.	0.96	7.6	164	62.2	-0.1	6468	0.9	1.400
普吉特声能照明有限公司 Puget Sound Power & Light Co.	1.16	9.9	252	56.0	9.2	15991	0.0	0.620
圣地亚哥燃气电力公司 San Diego Gas & Electric Co.	0.76	6.4	136	61.9	9.0	5714	8.3	1.920
南部公司 The Southern Co.	1.05	12.6	150	56.7	2.7	10140	0.0	1.108
德州公共事业公司 Texas Utilities Co.	1.16	11.7	104	54.0	-2.1	13507	0.0	0.636
威斯康星电力公司 Wisconsin Electric Power Co.	1.20	11.8	148	59.9	3.5	7287	41.1	0.702
联合照明公司 United Illuminating Co.	1.04	8.6	204	61.0	3.5	6650	0.0	2.116
弗吉尼亚电力公司 Virginia Electric & Power Co.	1.07	9.3	174	54.3	5.9	10093	26.6	1.306

注：Fixed：固定费用覆盖比率(收入/债务)；RoR：资本收益率；Cost：每千瓦产能成本；Load：年负载系数；Demand：最高千瓦从 1974 年到 1975 年的需求增长；Sales：销售额(千瓦/年使用量)；Nuclear：核能的百分比；Fuel Cost：燃料总成本(每千瓦分)。

为了简单起见，让我们只考虑两个度量：销售和燃料成本。图 16-1 显示了这两个变量的散点图，每个公司都有标签。乍一看，似乎有两三个公用事业企业集群：一个是燃料成本高的公用事业企业，另一个是燃料成本低、销量相对较低的公用事业企业，第三个是燃料成本低但销量高的公用事业企业。

因此，我们可以将聚类分析看作一种更正式的算法，它测量记录之间的距离，并根据这些距离(这里是二维距离)形成集群。

对于有 n 条记录的数据集，有两种常用的聚类算法：分层聚类和非分层聚类。

1. 分层聚类

分层聚类既可以是凝聚的，也可以是分裂的。随机聚类方法从 n 个聚类开始，依次合并相似的聚类，直到得到一个聚类。分裂方法的工作方向相反，从一个包含所有记录的集群开始。当目标是将集群安排为自然层次结构时，分层方法特别有用。

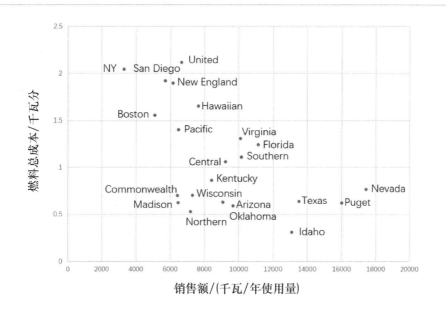

图 16-1　公共事业企业案例散点图

2. 非分层聚类

非分层聚类，例如 k-means。该聚类使用预先指定的集群数目，为每个集群分配记录。这些方法通常计算量较小，因此在处理大型数据集时更受青睐。

这里集中讨论两种最流行的方法：分层聚类和 k-means 聚类。在这两种情况下，都需要定义两种类型的距离：两个记录之间的距离和两个集群之间的距离。在这两种情况下，都可以使用各种度量标准。

二、测量两条记录之间的距离

我们用 d_{ij} 表示记录 i 和 j 之间的距离度量或相异度量。作为记录，我们有 p 测量的向量 $(x_{i1}, x_{i2}, \cdots, x_{ip})$；对于记录 j，我们有测量向量 $(x_{j1}, x_{j2}, \cdots, x_{jp})$。例如，我们可以将亚利桑那州公共服务的测量向量写为 $[1.06, 9.2, 151, 54.4, 1.6, 9077, 0, 0.628]$。

距离可以用多种方式定义，但通常需要以下属性。

非负：$d_{ij} \geqslant 0$。

自接近：$d_{ii} = 0$（记录到自身的距离为 0）。

对称：$d_{ij} = d_{ji}$。

三角不等式：$d_{ij} \leqslant d_{ik} + d_{kj}$（任意一对之间的距离不能超过其他两对之间距离的总和）。

(一)欧几里得距离

最常用的距离度量是欧几里得距离 d_{ij}，在两条记录 i 和 j 之间距离定义为：

$$d_{ij} = \sqrt{\left(x_{i1} - x_{j1}\right)^2 + \left(x_{i2} - x_{j2}\right)^2 + \ldots + \left(x_{ip} - x_{jp}\right)^2}$$

例如，Arizona Public Service 和 Boston Edison Co.之间的欧几里得距离可以通过原始的

计算数据得到。

$$d_{12} = \sqrt{(1.06-0.89)^2 + (9.2-10.3)^2 + (151-202)^2 + (0.628-1.555)^2} = 3989.408$$

(二)标准化数值测量

习惯上在计算欧几里得距离之前对连续的测量值进行标准化。这将把所有的尺度转换成相同的尺度。标准化测量意味着减去平均值然后除以标准差(标准化值也称为 z 值)。例如，22 家公共事业企业的平均销售额为 8914.05，标准差为 3549.98。因此，Arizona Public Service 的标准化销售额为(9077−8914.05)/3549.98 = 0.0459。

回到只有两个测量值(销售和燃料成本)的简化公共事业企业数据，我们首先标准化测量值(见表 16-2)，然后计算每对之间的欧几里得距离。

表 16-2　美国 22 家公共事业企业的数据标准化测量值

Company	Sales	Fuel Cost	NormSales	NormFuel
Arizona Public Service	9077	0.628	0.0459	−0.8537
Boston Edison Co.	5088	1.555	−1.0778	0.8133
Central Louisiana Co.	9212	1.058	0.0839	−0.0804
Commonwealth Edison Co.	6423	0.700	−0.7017	−0.7242
Consolidated Edison Co. (NY)	3300	2.044	−1.5814	1.6926
Florida Power & Light Co.	11127	1.241	0.6234	0.2486
Hawaiian Electric Co.	7642	1.652	−0.3583	0.9877
daho Power Co.	13082	0.309	1.1741	−1.4273
Kentucky Utilities Co.	8406	0.862	−0.1431	−0.4329
Madison Gas & Electric Co.	6455	0.623	−0.6927	−0.8627
Nevada Power Co.	17441	0.768	2.4020	−0.6019
New England Electric Co.	6154	1.897	−0.7775	1.4283
Northern States Power Co.	7179	0.527	−0.4887	−1.0353
Oklahoma Gas & Electric Co.	9673	0.588	0.2138	−0.9256
Pacific Gas & Electric Co.	6468	1.400	−0.6890	0.5346
Puget Sound Power & Light Co.	15991	0.620	1.9935	−0.8681
San Diego Gas & Electric Co.	5714	1.920	−0.9014	1.4697
The Southern Co.	10140	1.108	0.3453	0.0095
Texas Utilities Co.	13507	0.636	1.2938	−0.8393
Wisconsin Electric Power Co.	7287	0.702	−0.4583	−0.7206
United Illuminating Co.	6650	2.116	−0.6378	1.8221
Virginia Electric & Power Co.	10093	1.306	0.3321	0.3655
Mean	8914.05	1.10	0.00	0.00
Standard deviation	3549.98	0.56	1.00	1.00

注：Sales：销售额(千瓦/年使用量)；Fuel Cost：燃料总成本(每千瓦分)；NormSales：销售额的标准化值；NormFuel：燃料总成本的标准化值。

(三)数据的其他距离测量

值得注意的是，距离测度的选择在聚类分析中起着重要作用。主要的指导原则是依赖于领域的：究竟是在测量什么？不同的测量值是如何关联的？每一项测量应该被视为何种尺度(数值、序数或标称)？有异常值吗？最后，根据分析的目标，集群应该主要通过一组较小的测量来区分，还是应该通过多个适当的测量来区分？

虽然欧几里得距离是使用最广泛的距离，但它有三个主要特征需要记住。首先，正如前面提到的，它高度依赖于尺度。改变一个变量的单位(例如，从美分到美元)会对结果产生巨大的影响。因此，标准化是一种常见的解决方案。但是，如果我们希望集群更多地依赖于某些测量方法而较少依赖于其他测量方法，就应该考虑权重。其次，欧几里得距离完全忽略了测量值之间的关系。因此，如果测量值实际上是强相关的，那么不同的距离(比如后面描述的统计距离)可能是更好的选择。最后，欧几里得距离对异常值敏感。如果数据被认为包含异常值，而不选择去除，就应该使用更稳健的距离(例如稍后描述的曼哈顿距离)。

(四)基于相关性的相似性

有时，在记录之间使用相似性度量而不是距离(度量差异)更自然或方便。一种流行的相似性度量是皮尔森相关系数 r_{ij}^2，相关系数定义为：

$$r_{ij} = \frac{\sum_{m=1}^{p}\left(x_{im} - \bar{x}_m\right)\left(x_{jm} - \bar{x}_m\right)}{\sqrt{\sum_{m=1}^{p}\left(x_{im} - \bar{x}_m\right)^2 \sum_{m=1}^{p}\left(x_{jm} - \bar{x}_m\right)^2}}$$

这样的测量总是可以转换为距离测量。在上面的例子中，我们可以定义一个距离度量为 $d_{ij} = 1 - r_{ij}^2$。

1. 统计距离

这个度量比其他度量具有优势，因为它考虑了度量之间的相关性。使用此度量标准，与其他测量高度相关的测量值的贡献不如不相关或轻度相关的测量值大。记录 i 与 j 的统计距离定义为：

$$d_{ij} = \sqrt{\left(x_i - x_j\right)' \boldsymbol{S}^{-1}\left(x_i - x_j\right)}$$

x_i 和 x_j 分别为记录 i 和 j 的测量值的 p 维向量；$\boldsymbol{S}$ 是这些向量的协方差矩阵("'"为转置操作，只需要将列向量转换为行向量)。$\boldsymbol{S}^{-1}$ 是 $\boldsymbol{S}$ 的逆矩阵，是除法的 p 维扩展。

2. 曼哈顿距离

这个距离看的是绝对差而不是差的平方，它的定义是：

$$d_{ij} = \sum_{m=1}^{p}\left|x_{im} - x_{jm}\right|$$

3. 最大的坐标距离

这个距离只看记录 i 和 j 最偏离的测量值，它的定义是：

$$d_{ij} = \max_{m=1,2,\cdots,p} \left| x_{im} - x_{jm} \right|$$

4．分类数据的距离测量

在使用二元的值进行测量的情况下，使用相似度度量比使用距离度量更直观。假设我们有所有 x_{ij} 的二元值，对于记录 i 和 j，如表 16-3 所示。

表 16-3　相似度度量

项　目		j		计　数
		0	1	
i	0	a	b	$a+b$
	1	c	d	$c+d$
计数		$a+c$	$b+d$	n

其中，a 表示记录 i 和 j 不具有该属性的变量的数量(它们在该属性上的值都为 0)，d 表示记录 i 和 j 具有该属性的变量的数量，以此类推。在这种情况下，最有用的相似性度量如下。

匹配系数：$(a+d)/n$

贾卡德系数：$d/(b+c+d)$

这个系数忽略了零匹配。当我们不希望仅仅因为两个人都缺少很多特征就认为他们相似时，这是可取的。如果拥有一辆雪佛兰科尔维特是一个变量，那么一个匹配的"是"将是相似性的证据，但一个匹配的"否"告诉我们很少关于两个人是否相似。

(五)混合数据的距离测量

当测量值是混合的(一些连续的和一些二元的)时，高尔提出的一种相似度系数是很有用的。高尔相似度量是将每个变量缩放到一个[0,1]的尺度后计算出的距离的加权平均值。它被定义为：

$$s_{ij} = \frac{\sum_{m=1}^{p} w_{ijm} s_{ijm}}{\sum_{m=1}^{p} w_{ijm}}$$

其中，s_{ijm} 记录的是 i 与 j 在测量 m 上的相似性，w_{ijm} 为对应距离的二元权重。

相似性度量 s_{ijm} 和权重 w_{ijm} 计算如下：

对于连续测量，$s_{ij} = 1 - \dfrac{\left| x_{im} - x_{jm} \right|}{max(x_m) - min(x_m)}$，$w_{ijm} = 1$，除非测量值为 m 对于一个或两个记录是未知的，则 $w_{ijm} = 0$。

对于二元测量，如果 $x_{im} = x_{jm} = 1$，那么 $s_{ijm} = 1$，否则为 0；要想让 $w_{ijm} = 1$，除非 $x_{im} = x_{jm} = 0$。

对于非二元分类度量，如果两条记录在同一类别中，那么 $s_{ijm} = 1$，否则为 $s_{ijm} = 0$。在连续的度量中，$w_{ijm} = 1$，除非测量的类别 m 对于一个或两个记录是未知的，则 $w_{ijm} = 0$。

三、两簇间距离测量

我们将集群定义为一条或多条记录的集合。我们如何测量集群之间的差异呢？其想法是将记录之间的距离度量扩展为集群之间的距离。考虑集群 A，它包含 m 条记录 $A_1, A_2, \cdots,$ A_m 和集群 B，其中包含 n 条记录 $B_1, B_2, \cdots, B_n$。最广泛使用的测量集群之间距离的方法如下。

1. 最小距离

两个记录之间的距离 A_i 和 B_j 最近的距离为：

$$\min\left(\text{distance}\left(A_i, B_j\right)\right), i = 1, 2, \cdots, m; j = 1, 2, \cdots, n$$

2. 最大距离

两个记录之间的距离 A_i 和 B_j 最远的距离为：

$$\max\left(\text{distance}\left(A_i, B_j\right)\right), i = 1, 2, \cdots, m; j = 1, 2, \cdots, n$$

3. 平均距离

一个集群中的记录与另一个集群中的记录的所有可能距离的平均距离为：

$$\text{Average}\left(\text{distance}\left(A_i, B_j\right)\right), i = 1, 2, \cdots, m; j = 1, 2, \cdots, n$$

4. 质心的距离

质心的距离是指两个聚类中心之间的距离。聚类质心是该聚类中所有记录的测量平均值的向量。对于簇 A，这是向量 $\overline{x}_A$。簇 A 与簇 B 之间的质心距离为：

$$\text{distance}(\overline{x}_A, \overline{x}_B)$$

例如，可以将前两个元素(Arizona、Boston)看作集群 A，然后将后面三个元素(Central、Commonwealth 和 Consolidated)看作集群 B。使用标准化数字和表 16-4 中的距离矩阵我们可以计算上面描述的每一个距离。使用欧几里得距离对每个距离进行计算，得到：

- 最接近的一对是 Arizona 和 Commonwealth，因此簇 A 和簇 B 之间的最小距离是 0.76。
- 最远的一对是 Arizona 和 Consolidated，因此簇 A 和簇 B 之间的最大距离为 3.02。
- 平均距离为$(0.77 + 0.76 + 3.02 + 1.47 + 1.58 + 1.01)/6 = 1.44$。
- 簇 A 的质心为$\left[\dfrac{0.0459 - 1.0778}{2}, \dfrac{-0.8537 + 0.8133}{2}\right] = [-0.516, -0.020]$。
- 簇 B 的质心为$\left[\dfrac{0.0839 - 0.7017 - 1.5814}{3}, \dfrac{-0.0804 - 0.7242 + 1.6926}{3}\right] = [-0.733, 0.296]$。
- 两个质心之间的距离为$\sqrt{\left(-0.516 + 0.733\right)^2 + \left(-0.020 - 0.296\right)^2} = 0.38$。

表 16-4　美国 22 家公共事业企业的数据的欧几里得距离

	Arizona	Boston	Central	Commonwealth	Consolidated
Boston	2.0103293				
Central	0.7741795	1.4657027			
Commonwealth	0.7587375	1.5828208	1.0157104		
Consolidated	3.0219066	1.0133700	2.4325285	2.5719693	
Florida	1.2444219	1.7923968	0.6318918	1.6438566	2.6355728

　　在选择聚类方法时，领域知识是关键。如果你有充分的理由相信集群可能是链条状或香肠样，那么最小距离将是一个不错的选择。此方法不要求集群成员彼此接近，只要求添加的新成员接近其中一个现有成员。可能出现这种情况的一个应用示例是长排种植的作物的特性，或者是一个主要定居地区的可航行水道沿线的疾病暴发。最小距离对于距离中的小偏差也是相当稳健的。但是，添加或删除数据会对其产生很大的影响。

　　如果你知道聚类更可能是球形的(例如，客户聚集在众多属性的基础上)，那么最大距离和平均距离是更好的选择。如果你不知道集群可能的性质，那么这些是很好的选择，因为大多数集群在本质上都是球形的。

四、分层(凝聚)聚类

　　层次化聚类背后的理念是开始时每个聚类只包含一条记录，然后逐步聚集(合并)最近的两个集群，直到最后只剩下一个集群，它包含所有的记录。

　　回到 5 个公用设施和 2 个度量(销售和燃料成本)的小例子，并使用距离矩阵，分层聚类的第一步将加入亚利桑那和联邦，它们是最近的(使用标准化度量和欧几里得距离的结果)。接下来，我们将重新计算一个 4×4 的距离矩阵，该矩阵将包含这 4 个簇之间的距离: {Arizona, Commonwealth}、{Boston}、{Central} 和 {Consolidated}。在这一点上，我们使用集群之间的距离度量。每一个距离(最小、最大、平均和质心距离)都可以在下面的分层方案中实现。

【知识窗】

分层(凝聚)聚类算法步骤

(1) 从 n 个集群开始(每个记录=集群)。

(2) 两个最接近的记录合并到一个集群中。

(3) 在每一步中，两个距离最小的簇被合并。这意味着要么将单个记录添加到现有集群中，要么将两个现有集群合并。

1. 单链聚类

　　在单链聚类中，我们使用的距离度量是最小的距离(两个聚类中最近的一对记录之间的距离，每个聚类中有一条记录)。在公共事业企业案例中，我们将计算{Boston}、{Central}和{Consolidated}与{Arizona, Commonwealth}之间的差异，以便创建 4×4 的距离矩阵(见

表 16-5)。

表 16-5　美国 22 家公共事业企业的数据的最小距离

	Arizona - Commonwealth	Boston	Central	Consolidated
Arizona - Commonwealth	0			
Boston	min(2.01,1.58)	0		
Central	min(0.77,1.02)	1.47	0	
Consolidated	min(3.02,2.57)	1.01	2.43	0

下一步将合并{Centra}和{ Arizona, Commonwealth }，因为这两个集群最近。矩阵距离还是重新计算(这次它将是 3×3)。

这种方法有一种趋势，即在早期阶段，由于在同一簇中有一串中间记录，所以彼此距离较远的记录聚类在一起。当被想象成空间中的物体时，这样的集群像拉长的香肠形状。

2. 全链聚类

在全链聚类中，两个集群之间的距离是最大距离(最远处的一对记录之间)。如果我们在 5 个公共事业企业的例子中使用完全链接，那么重新计算的距离矩阵将与表 16-5 等价，除了 min 函数将被替换为 max 函数以外。

这种方法倾向于在早期阶段产生簇，这些簇的记录彼此之间的距离很小。如果我们把它们想象成空间中的物体，那么这些集群中的记录大概是球形的。

3. 组平均聚类

组平均聚类基于集群之间(所有可能的记录对之间)的平均距离。如果我们在 5 个公共事业企业的例子中使用组平均聚类，那么重新计算的距离矩阵将与表 16-4 等价，除了 min 函数将被 average 函数所取代以外。这种方法也称为非加权组平均法。

注意，与组平均聚类不同，单链和全链方法的结果只依赖于记录间距离的排序。距离的线性变换(以及其他不改变顺序的变换)不会影响结果。

4. 质心聚类

质心聚类是基于质心距离的聚类方法，用各变量的均值代表聚类，形成均值向量。两个簇之间的距离就是这两个向量之间的距离。在组平均聚类中，计算每一对距离，并计算所有这些距离的平均值。而在质心距离聚类中，只计算一个距离：组间均值的距离。这种方法也称为使用质心方法。

5. 沃德法

沃德法也是用于聚类的，它将记录和集群逐步连接在一起，从而产生越来越大的集群，但其操作方式与上面描述的一般方法略有不同。沃德法考虑了当记录聚集在一起时发生的"信息丢失"。当每个集群只有一条记录时，信息不会丢失，所有单独的值仍然可用。当记录连接在一起并在集群中表示时，有关单个记录的信息将替换为其所属集群的信息。为了测量信息的损失，沃德法采用了一种测量方法"误差平方和"，它可以测量单个记录和一组记录平均之间的差异。

这在单变量数据中最容易看到。例如，考虑平均值为 2.5 的值(2,6,5,6,2,2,2,2,2,0,0,0)。它们的误差平方和等于：

$$(2-2.5)^2 + (6-2.5)^2 + (5-2.5)^2 + \cdots + (0-2.5)^2 = 50.5$$

因此，将值分组到单个组中的相关信息丢失率为 50.5%。现在集群的记录分成四组：(0,0,0)、(2,2,2,2)、(5)、(6,6)。信息的损失为每个组误差平方和之和，也就是 0(每组中的每条记录等于该组的平均值，因此每组的误差平方和为 0)。因此，将 10 个记录聚类成 4 个类，不会导致信息丢失，这是沃德法的第一步。在迁移到较少数量的集群时，沃德法将选择导致最小增量信息损失的配置。

沃德法趋向于产生大致相同大小的凸簇，这在某些应用中是一个重要的考虑因素(例如，在建立有意义的客户细分时)。

6. 树状图：显示聚类过程和结果

树状图是一种总结聚类过程的图形。x 轴是记录。相似的记录用直线连接，其长度反映了记录之间的距离。图 16-2 和图 16-3 显示了使用 8 个标准化测量值(欧几里得距离)对 22 个实用程序进行聚类得到的树状图，一次使用单链聚类，另一次使用组平均聚类。

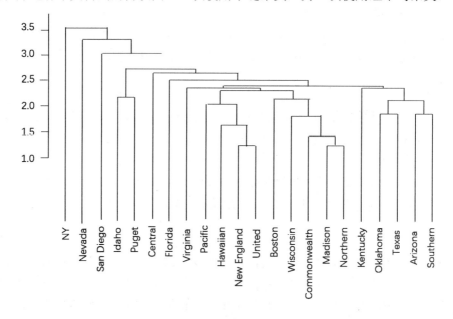

图 16-2　单链聚类树状图

通过选择 y 轴上的截距，将创建一组集群。实际上，这意味着在树状图上画一条水平线，在水平线以下的记录(即它们的距离小于截距)属于同一簇。例如，将截距设置为 2.7，在单链树图上，得到了 6 个簇。这 6 个簇是：

{NY}、{Nevada }、{San Diego}、{Idaho、Puget }、{Central}、{Others}。

如果我们想要使用组平均聚类的 6 个集群，我们可以选择 3.5 的截距，得到的 6 个集群略有不同。

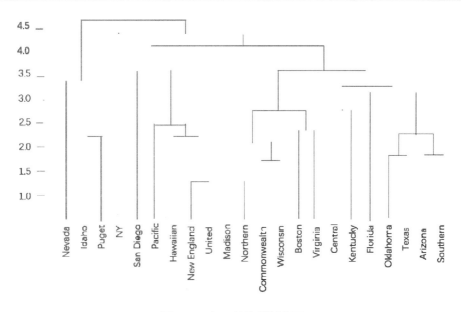

图 16-3　组平均聚类树状图

虽然两种方法中的一些记录保持在同一个簇中(例如，Arizona、Florida、Kentucky、Oklahoma、Texas)，但是其他的记录会发生变化。

请注意，如果我们需要 5 个集群，那么它们将与上面的 6 个集群的情况相同，只是其中 2 个集群将合并为单个集群。例如，在单链接的情况下，树状结构中最右边的 2 个集群将合并为 1 个集群。通常，随着集群数量的减少，所有分层方法都拥有相互嵌套的集群。这对于解释集群是一种有价值的特性，并且在某些应用中是必不可少的，例如对生物多样性的分类。

7. 验证集群

聚类分析的一个重要目标是提出有意义的聚类。由于有许多变体可以选择，所以确保结果集群是有效的(从它们真正产生一些见解的意义上来说)是很重要的。要看聚类分析是否有用，请考虑以下各方面。

(1) 集群可解释性。对由此产生的簇的解释是理性的吗?为了解释集群，探索每个集群的特征。

● 从聚类分析中使用的每个测量值的每个聚类中获取汇总统计数据(例如平均值、最小值、最大值)。

● 检查集群：以便沿着一些在集群分析中没有使用的共同特征(变量)进行分离。

● 标记集群：根据解释，尝试为每个集群分配一个名称或标签。

(2) 集群的稳定性。如果某些输入稍有变化，那么集群分配是否会发生显著变化？另一种检查稳定性的方法是对数据进行分区，看看基于一个部分形成的集群如何应用到另一个部分。要做到以下几点。

● 集群分区。

● 使用来自 A 的集群中心来分配分区 B 中的每条记录(每条记录分配给具有最近中心

的集群)。

● 评估集群分配与基于所有数据的分配的一致性。

(3) 集群分离。检查集群间变异与集群内变异的比率,以便确定这种分离是否合理。对于这个任务存在统计测试(F检验),但它们的有效性仍然存在争议。

【知识窗】

F 检验

F检验最常用的别名叫作联合假设检验,又称为方差比率检验、方差齐性检验。它是一种在零假设之下,统计值服从 F 分布的检验。其通常是用来分析用了超过一个参数的统计模型,以便判断该模型中的全部或一部分参数是否适合用来估计总体。

(4) 集群的数量。根据分析的目的,得到的集群的数量必须是有用的。假设集群的目标是识别客户的类别,并为其分配标签,以便进行市场细分。如果营销部门只能维持三种不同的营销策略,那么识别超过三个集群显然是没有意义的。

回到公共事业企业案例,我们注意到这两种方法(单链接和平均链接)都将{纽约}和{圣地亚哥}标识为单实例集群。此外,这两种树状图都表明该数据集中合理的集群数量是 4。从平均关联集群中可以得出的一个观点是集群倾向于在地理上分组。四个非单例集群大致形成了一个南部组、一个北部组、一个东/西沿海组和一个西部组。

8. 分层聚类的局限性

分层聚类非常吸引人,因为它不需要指定集群的数量。从这个意义上说,它完全是数据驱动的。通过树状图表示聚类过程和结果的能力也是该方法的一个优点,因为它更容易理解和解释。但是,它也有一些限制需要考虑。

(1) 层次聚类需要计算和存储 $n×n$ 的距离矩阵。对于非常大的数据集,这可能是昂贵和缓慢的。

(2) 分层算法数据只计算一次。这意味着在进程早期不正确分配的记录将不能在随后重新分配。

(3) 分层聚类的稳定性较低。重新排序数据或删除一些记录可能导致不同的解决方案。

(4) 对于簇间距离的选择,只要保持相对的排序,单链接和全链接对距离度量(例如欧几里得距离、统计距离)的变化都是稳定的。相比之下,平均链接更容易受到距离度量选择的影响,当度量发生变化时,可能会导致完全不同的簇。

(5) 分层聚类对异常值很敏感。

五、非层次聚类

1. k-means 算法

形成良好集群的一种非分层方法是预先指定所需的集群数量 k,并将每个情况分配给 k 个集群中的一个,以便最小化集群内的分散程度。换句话说,目标是将样本分割成一个预

先确定的 k 个不重叠的簇，使簇相对于所使用的测量值尽可能地同质。

簇内分散的一种常见度量是从簇中心到记录的距离之和(或欧几里得距离的平方之和)。这个问题可以被建立为一个涉及整数规划的优化问题，但是因为解决有大量变量的整数规划是耗时的，集群通常计算使用一个快速的启发式方法，产生好的(虽然不一定是最优的)解决方案。k-means 算法就是这样一种方法。

k-means 算法从将记录初始划分为 k 开始集群。接下来的步骤将修改分区以便减少每个记录与其集群中心之间的距离总和。修改包括将每条记录分配到前一个分区的 k 个中心中最近的一个，这导致了一个新的分割，它的距离和比以前更小。计算新集群的均值，并重复改进步骤，直到改进非常小。

📇【知识窗】

k-means 算法步骤

(1) 从 k 个初始集群开始(用户选择 k 个)。

(2) 在每一步中，每个记录都被重新分配到具有 "最近" 质心的集群中。

(3) 重新计算失去或获得记录的集群的中心，并重复步骤(2)。

(4) 当在集群之间移动更多记录时停止会增加集群分散。

回到有 5 个公共事业企业和 2 个测量值的示例，让我们假设 $k = 2$，初始集群是 A = {Arizona, Boston} 和 B = {Central, Commonwealth, Consolidated}。计算聚类中心：

$$\overline{x}_A = [-0.516, -0.020]$$

$$\overline{x}_B = [-0.733, -0.296]$$

每条记录与这两个质心的距离如表 16-6 所示。

表 16-6　美国 22 家公共事业企业的数据的质心距离 1

公司名称	距质心 A 的距离	距质心 B 的距离
亚利桑那公共服务公司 Arizona Public Service (Arizona)	1.0052	1.3887
波士顿爱迪生公司 Boston Edison Co. (Boson)	1.0052	0.6216
路易斯安那中央公司 Central Louisiana Co. (Central)	0.6029	0.8995
联邦爱迪生公司 Commonwealth Edison Co. (Commonwealth)	0.7281	1.0207
爱迪生总公司(纽约) Consolidated Edison Co. (NY) (Consolidated)	2.0172	1.6341

我们看到，波士顿更接近聚类 B，中央和联邦都更接近聚类 A。因此，我们将这些记录移动到另一个聚类，得到 A = {Arizona, Central, Commonwealth} 和 B ={Consolidated, Boston}。重新计算中心得出：

$$\overline{x}_A = [-0.191, -0.553]$$

$$\overline{x}_B = [-1.33, -1.253]$$

每条记录与每条新计算出的质心的距离列于表 16-7。此时我们停止，因为每个记录都被分配到最近的集群中。

表 16-7　美国 22 家公共事业企业的数据的质心距离 2

公司名称	距质心 A 的距离	距质心 B 的距离
亚利桑那公共服务公司 Arizona Public Service (Arizona)	0.3827	2.5159
波士顿爱迪生公司 Boston Edison Co. (Boson)	1.6289	0.5067
路易斯安那中央公司 Central Louisiana Co. (Central)	0.5463	1.9432
联邦爱迪生公司 Commonwealth Edison Co. (Commonwealth)	0.5391	2.0745
爱迪生总公司(纽约) Consolidated Edison Co. (NY) (Consolidated)	2.6412	0.5067

2. 选择簇数(k)

集群数量的选择可以由外部因素驱动(例如，积累的知识、实际的约束等)，或者可以尝试取不同的 k 值，并比较得到的聚类。选择 k 后，n 条记录被划分为这些初始聚类。如果存在建议某种划分的外部推理，就应该使用该信息。如果存在关于 k 簇中心的外部信息，那么可以用来分配初始记录。

在许多情况下，没有用于初始分区的信息。在这些情况下，算法可以用不同的随机生成的开始分区重新运行，以便减少产生一个糟糕的解决方案的概率。集群的数量数据通常是未知的。因此，最好使用不同的 k 值来运行算法，k 值接近数据中预期的聚类数，以便查看距离之和如何随着 k 值的增加而减小。注意，集群使用不同的 k 值不会被嵌套(不像那些通过层次化的方法)。

最后，我们可以使用最终聚类之间的距离信息来评估聚类有效性。给定 k 的距离平方和与所有记录均值的距离平方和的比值($k = 1$)是衡量聚类有效性的一个有用指标。如果比率接近 1.0，那么集群就不是很有效；如果比率很小，那么就有很好的分组。

练 习 题

Cereals.csv 包括营养信息、商店展示和 77 早餐麦片消费者评价。

数据预处理：删除所有缺失的数据。

1. 使用欧几里得距离对数据进行层次聚类。比较单链和全链的树状图，看簇质心。对团簇的结构及其稳定性进行了评述。提示：要获得层次聚类的聚类质心，请计算每个聚类成员的平均值。

2. 哪种方法会产生最有见地或最有意义的集群？

3. 选择其中一种方法，你会使用多少个集群？这个截止线用的距离是多少(看树状图)？

4. 公立小学愿意选择一套麦片放在他们的日常餐食里。每天提供不同的谷类食品，但所有麦片食品都应该支持健康饮食。为了实现这个目标，你需要找到一组"健康谷物"。数据是否应该标准化？如果没有，那么应该如何在聚类分析中使用它们？

 微课视频

扫一扫，获取本章相关微课视频。

数据挖掘方法：聚类分析.mp4

第十七章 时间序列预测

在本章中，我们将讨论时间序列的预测性质与时间序列的描述性和解释性任务之间的区别。下面将对结合预测方法或结果以便增加精度的问题进行一般性讨论。接下来，我们根据四个分量(水平、趋势、季节性和噪声)介绍时间序列，并介绍可视化不同分量和探索时间序列数据的方法。最后，我们讨论数据分区(创建训练和验证集)，它的执行方式与横截面数据分区的不同。

一、介绍

时间序列预测几乎在每个使用可量化数据的组织中进行。零售商店用它来预测销售；能源公司用它来预测储量、产量、需求和价格；教育机构用它来预测招生人数；政府用它来预测税收和支出；国际金融组织(例如世界银行)和国际货币基金组织用它来预测通货膨胀及经济活动；运输公司用它来预测未来的出行。银行和贷款机构用它来预测新房购买情况；风险投资公司用它来预测市场潜力和评估商业计划。

之前，我们讨论了如何在未考虑时间因素的情况下对数据进行分类和预测，在这种情况下，时间与其他变量没有关联，而且随着时间的推移，测量的顺序并不重要。这些数据通常称为横截面数据。本章处理的是一种不同类型的数据：时间序列。

在当今的信息技术环境下，许多时间序列数据被频繁记录在时间尺度上。股票数据可以记录股票各时段报价水平。线上和线下商店的购物都是实时记录的。物联网整合了大量的时间序列数据，由传感器和其他测量设备产生。虽然数据在一个非常频繁的尺度上可能是可用的，但是在进行预测时，使用这个时间尺度并不总是可取的。在考虑时间尺度的选择时，必须考虑所需预测的尺度和数据中的噪声水平。如果目标是预测杂货店第二天的销售情况，那么使用逐分钟销售数据进行预测可能不如使用日累计数据有用。每分钟的序列将包含许多噪声源(例如高峰和非高峰购物时间的变化)，这些噪声源会降低其预测能力，而当这些数据聚合到一个粗略的水平时，这些噪声源误差很可能会被平均。

本书的重点是预测一个单一的时间序列。在某些情况下，需要预测多个时间序列(例如多个产品的月销售额)。即使要对多个序列进行预测，最流行的预测方法也是对每个序列单独进行预测。单序列预测的优点是简单，缺点是它没有考虑级数之间可能的关系。统计文献包含了多变量时间序列的模型，这些模型直接对序列之间的相互关系进行建模。这种方法往往对数据和交叉序列结构做出限制性的假设，它们还需要统计方面的专业知识来进行估计和维护。计量经济学模型通常包括来自一个或多个系列的信息，作为另一个系列的输入。然而，这些模型是基于因果关系假设的理论模型。另一种方法是更直观地捕捉感兴趣的系列与外部信息之间的关联。例如，根据雅诗兰黛董事长罗纳德·兰黛的观察，口红销量往往会在经济困难时期增长(这种现象被称为"口红指标")，是用口红销量来预测经济的指标。

二、描述性与预测性建模

与横截面数据一样，建模时间序列数据是为了描述或预测。在描述性建模或时间序列分析中，对时间序列建模是根据季节模式、趋势、与外部因素的关系等来确定其组成部分。这些可以用于决策制定和政策制定。与此相反，时间序列预测使用时间序列(或者其他信息)中的信息来预测该序列的未来值。时间序列分析和时间序列预测目标之间的差异导致了所使用的方法类型和建模过程本身的差异。例如，在选择描述时间序列的方法时，优先考虑产生可理解结果的方法(而不是"黑箱"方法)，有时优先考虑基于因果论证的模型(解释性模型)。此外，描述可以做回顾，而预测的性质是前瞻性的。这意味着描述性模型可能使用"未来"信息(例如，平均昨天、今天和明天的值以便获得今天值的平滑表示)，而预测模型则不能。

本章的重点是时间序列预测，目标是预测一个时间序列的未来值。

三、商业中流行的预测方法

在这一部分中，我们主要关注在商业应用中流行的两种预测方法。两者都是通用的、强大的但相对简单的理解和部署。其中，一种预测工具是多元线性回归，用户指定一个特定的模型，然后从时间序列中估计它；另一种是数据驱动的平滑工具，该方法从数据中学习模式。这两种工具各有优缺点。我们还注意到，数据挖掘方法，例如神经网络和其他用于横截面数据的方法，有时也用于时间序列预测，尤其是将外部信息纳入预测。

需要注意的是，提高预测性能的常用方法是将预测方法结合起来。组合预测方法可以通过两级(或多层次)预测，第一种方法使用的起源时间序列生成的预测未来值，第二种方法是使用第一个模型的残差生成预测未来的预测误差，从而"纠正"第一级预测。另一种组合方法是通过"全体"，将多种方法应用于时间序列，并以某种方式对它们的预测结果进行平均，从而得出最终的预测。组合方法可以利用不同预测方法的优势来捕捉时间序列的不同方面(横截面数据也是如此)。采用多种方法进行平均，可以得到更稳健、更精确的预测结果。

四、时间序列成分

一般来说，在回归模型和平滑两种类型的预测方法中，习惯上是将时间序列分解成四个部分：水平、趋势、季节性和噪声。前三个分量假设是不可见的，因为它们是特征的基本系列，我们只观察添加噪声。水平描述的是序列的平均值，趋势是序列从一个时期到下一个时期的变化，而季节性描述的是可以在给定的序列中多次观察到的序列的短期周期性行为。最后，噪声是由测量误差或其他未考虑的原因引起的随机变化。在某种程度上，它总是在时间序列中出现。

注意，不要被"季节"的标准含义所迷惑。例如，冬天、春天等。"季节"的统计意义是指任何一个时间段，在更大的时间序列中循环重复。另外，在预测中，"周期"一词只是

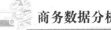

指一段时间,而不是它在物理学中具有的特定意义,即周期中两个等效点之间的距离。

为了确定一个时间序列的组成部分,第一步是检查一个时间图。在最简单的形式中,时间图是一段时间内序列值的折线图,横轴上有时间标签(例如日历日期)。为了说明这一点,我们可以参考下面的例子。

● 案例 17-1

美国国家铁路客运公司定期收集乘客数据。在这里,我们主要用每月的客流量来预测未来的客流量1991 年 1 月至 2004 年 3 月。图 17-1 显示了美国国家铁路客运公司每月客流量系列的时间图。注意,这些值是以千计的乘客为单位的。

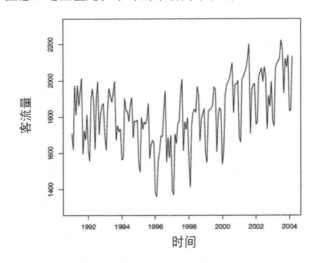

图 17-1　美国国家铁路客运公司列车的客流量时间图

注:案例 17-1 选自机器学习领域经典案例数据集,仅用于介绍方法原理,未将原始数据进行更新,建议学习者替换案例和数据集,注重方法的灵活应用。

看一下时间图就可以看出这个系列的组成部分的性质:总体水平大约是每月 180 万名乘客。在此期间,可以看出一个轻微的 U 形趋势,具有明显的年季节性,夏季(7 月和 8 月)是旅游高峰。

将时间序列可视化的第二步是更仔细地检查它。

放大到系列中较短的时间段可以显示出在观看整个系列时隐藏的模式。当时间序列很长时,这一点尤其重要。考虑一系列每天通过瑞士巴雷格隧道的车辆数量(数据与美国国家铁路客运公司的客流量数据相同;系列 D028)。从 2003 年 11 月 1 日到 2005 年 11 月 16 日的系列显示在图 17-2 中。

放大到 4 个月的周期的图在图 17-3 中,显示了一个强大的周日特征,这在完整时间序列的时间图中是不可见的。

(1) 序列的变化尺度。为了更好地识别趋势的形状,改变序列的尺度是很有必要的。一个简单的选项是将垂直比例更改为指数比例。如果新尺度上的趋势更呈线性,那么原级数上的趋势更接近指数趋势,如图 17-4 所示。

(2) 添加趋势线。另一种更好地识别趋势形状的方法是添加趋势线。通过尝试不同的趋势线，人们可以看到哪种类型的趋势(例如线性、指数、二元)最接近数据，如图 17-5 所示。

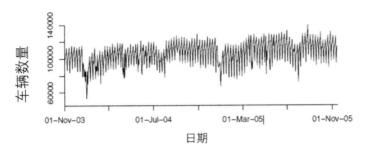

图 17-2　2003 年 11 月 1 日到 2005 年 11 月 16 日的时间图

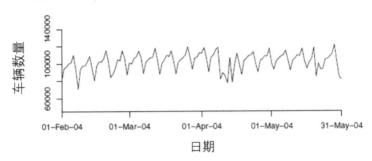

图 17-3　2004 年 2 月 1 日到 2004 年 5 月 31 日的时间图

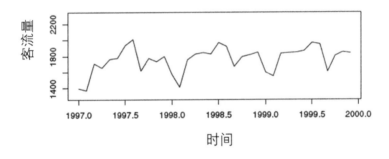

图 17-4　放大至 3 年的时间图

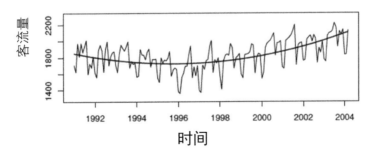

图 17-5　叠加了趋势线的时间图

(3) 抑制季节性。当抑制季节性时，通常更容易在数据中看到趋势。抑制季节性模式可以通过在更原始的时间尺度上绘制序列(例，将每月的数据汇总成年)或为每个季节创建单独的线或时间图(例如，为每周的每一天创建单独的线)来实现。另一个流行的选择是使用移动平均图。

继续关于美国国家铁路客运公司客流量的例子，图 17-5 有助于使该系列的趋势更加可见。

有些预测方法通过对其结构进行假设，直接对这些成分进行建模。例如，一个流行的关于趋势的假设是，在给定的时间或部分时间内，趋势是线性的或指数的。另一个常见的假设是关于噪声结构的：许多统计方法假设噪声服从正态分布。依赖于这些假设的方法的优点是，当这些假设合理地得到满足时，所得到的预测结果将更稳健，且预测结果也更容易理解。其他的预测方法是数据自适应的，它们对这些成分的结构做出的假设较少，而只是试图从数据中估计它们。当这些假设有可能被违背，或者当时间序列的结构随时间变化时，数据自适应方法是有利的。许多数据自适应方法的另一个优点是它们的简单性和计算效率。

决定模型驱动和数据驱动的预测转换方法的一个关键标准是系列的全局模式和局部模式的性质。全局模式是指在整个系列中相对恒定的模式。一个例子是贯穿整个系列的线性趋势。相比之下，局部模式是只在数据的短时间内发生，然后发生变化的模式。例如，在 4 个邻近时间点内近似为线性的趋势，但趋势大小(斜率)随时间缓慢变化。

模型驱动的方法通常更适合预测具有全局模式的序列，因为它们使用所有数据来估计全局模式。对一个局部模型，模型驱动的模型需要指定模式如何以及何时更改，这通常是不切实际的，而且通常是未知的。因此，数据驱动的方法更适合模式。这种局部从数据中"学习"的模式，它们的记忆长度可以设置为最适应序列中变化的速率。快速变化的模式保证了"短期记忆"，而缓慢变化的模式保证了"长期记忆"。最后，时间图不仅应用于确定时间序列的组成部分，而且还应用于确定趋势和季节性的全局/局部性质。

五、数据分区和性能评估

在横截面数据的情况下，为了避免过度拟合，并能够评估模型对新数据的预测性能，我们首先将数据划分为一个训练集和一个验证集(可能还有一个额外的测试集)。然而，在横截面数据划分和时间序列数据划分之间有一个重要的区别。在横截面数据中，分区通常是随机进行的，将一组随机的记录指定为训练数据，其余的记录指定为验证数据。而在时间序列中，随机分割会产生两个具有"漏洞"的时间序列。"几乎所有的标准预测方法都无法处理含缺失值的时间序列。因此，我们将时间序列划分为训练集和验证集。该系列被分割成两个时期：前期设置为训练数据，后期设置为验证数据。然后，在前期的培训阶段对方法进行培训，在后期的验证阶段对其预测性能进行评估。通常使用的评估度量与在横截面评估中使用的度量标准相同，平均绝对误差(MAE)、平均绝对百分比误差(MAPE)和均方根误差(RMSE)是实践中最流行的度量标准。在评估和比较预测方法时，另一个重要的工具是可视化：检查实际和预测的序列的时间图可以阐明性能并暗示可能的改进。

【知识窗】

平均绝对误差(MAE)、平均绝对百分比误差(MAPE)和均方根误差(RMSE)

- 平均绝对误差(Mean Absolute Error)公式：

$$\text{MAE} = \frac{1}{n}\sum_{i=1}^{n}\left|\widehat{y_i} - y_i\right|$$

- 平均绝对百分比误差(Mean Absolute Percentage Error)公式：

$$\text{MAPE} = \frac{100\%}{n}\sum_{i=1}^{n}\left|\frac{\widehat{y_i} - y_i}{y_i}\right|$$

- 均方根误差(Root Mean Square Error)公式：

$$\text{RMSE} = \sqrt{\frac{1}{n}\sum_{i=1}^{n}\left(\widehat{y_i} - y_i\right)^2}$$

式中：$\widehat{y_i}$ 为预测值；y_i 为真实值。

1. 基准性能：朴素的预测

虽然采用"复杂的"预测方法很诱人，但是我们必须将它们的增加值与一种非常简单的方法(即朴素预测)进行比较。一个朴素预测仅仅是这个序列的最新值。换句话说，在时间 t 内，我们对未来任何时期 $t+k$ 的预测仅仅是时间 t 的序列值。虽然简单，但是朴素预测有时很难用更复杂的模型来超越。因此，将朴素预测方法的结果作为基准是很重要的。

当时间序列具有季节性时，可以产生季节朴素预测，这只是本季最后一个类似的值。例如，预测 2001 年 4 月美国国家铁路客运公司的客运量，我们使用的是最近的 2000 年 4 月的客流量。同样，预测 2002 年 4 月的客流量，我们也可以使用 2000 年 4 月的客流量。在图 17-6 中，我们显示了从 2001 年 4 月到 2004 年 3 月的 3 年验证集的朴素预测(水平线)和季节性朴素预测，以及实际值(虚线)。

表 17-1 比较了两种朴素预测的准确性。由于美国国家铁路客运公司的客流量具有月度季节性，因此季节性朴素预测在训练集和验证集以及所有流行的衡量方法上都是明显的赢家。在两个模型之间进行选择时，验证集的准确性比训练集的准确性更重要。验证集的性能更能说明模型在未来的表现如何。

2. 创建未来的预测

横截面划分和时间序列划分的另一个重要区别发生在创建实际预测时。在尝试预测序列的未来值之前，训练集和验证集被重新组合成一个长序列，并对完整的数据重新运行所选择的方法/模型。最后一个模型用于预测未来的价值。重组的三个优势是：

(1) 验证集，即最近的时期，通常包含最有价值的信息，因为在时间上最接近预测时期。

(2) 数据越多(完整的时间序列，而不是训练集)，一些模型的估计就会更准确。

(3) 如果只使用训练集来生成预测，那么它将需要预测更长远的未来(如果验证集包含 4 个时间点，那么预测下一个时期将需要从训练集提前 5 期进行预测)。

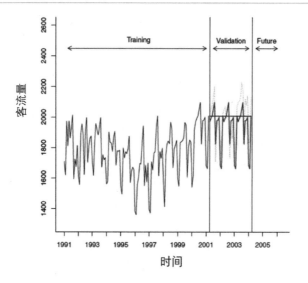

图 17-6　从 2001 年 4 月到 2004 年 3 月的时间图

表 17-1　朴素预测与季节性朴素预测的差别

朴素预测				
	ME	RMSE	MAE	MPE	MAPE
训练集	2.45091	168.1470	125.2975	−0.3460027	7.271393
验证集	−14.71772	142.7551	115.9234	−1.2749992	6.021396
季节性朴素预测				
	ME	RMSE	MAE	MPE	MAPE
训练集	13.93991	99.26557	82.49196	0.5850656	4.715251
验证集	54.72961	95.62433	84.09406	2.6527928	4.247656

练　习　题

ApplianceShipments.csv 包含 1985—1989 年美国家用电器的一系列季度出货量(单位: 百万美元)。

数据预处理: 删除所有缺失的数据。

1. 创建可视化效果较好的数据时间图。

2. 四个组成部分(水平、趋势、季节性、噪声)中的哪一个出现在这个系列中?

扫一扫, 获取本章相关微课视频。

数据挖掘方法: 时间序列分析.mp4

第十八章　社交网络分析

在本章中，我们将介绍社交网络的基本可视化方法、测量联系，并使用监督和非监督技术来分析网络。我们的方法在网络出现之前早已存在，但直到社交媒体数据爆发才得到广泛使用。例如，推特把公司的信息流供公共分析，其他一些社交媒体公司通过应用程序编程接口把它们的数据提供给程序员和开发人员。

实际应用中通常使用 Pandas 和 NumPy 进行数据处理。NetworkX 库专门处理和分析网络，它利用 Matplotlib 实现网络图的可视化。

一、介绍

21 世纪初，随着 Friendster 和 MySpace 的出现，以及 2004 年脸书(Facebook)的出现，社交媒体的使用开始迅速增长。面向专业人士的领英(LinkedIn)很快跟进，推特(Twitter)、汤博乐(Tumblr)、照片墙(Instagram)、Yelp、猫途鹰(TripAdvisor)等网站也紧随其后。这些以信息技术为基础的公司很快就产生了大量的数据，尤其是关于人与人之间链接的数据(朋友、追随者、联系等)。对于像脸书、推特和领英这样的公司来说，公司的全部价值都取决于其社交网络数据的分析和预测价值。亚马逊(Amazon)和潘多拉(Pandora)等其他公司则将社交网络数据作为销售产品和服务的预测工具的重要组成部分。

社交网络基本上是实体(例如人)及其之间的联系。让我们来看看用于描述、刻画和分析网络的构建模块。

网络的基本元素如下。
- 节点(也称为顶点)。
- 边(节点之间的联系)。

图 18-1 是一个非常简单的领英网络，图中有 6 个节点，部分节点通过边连接起来。

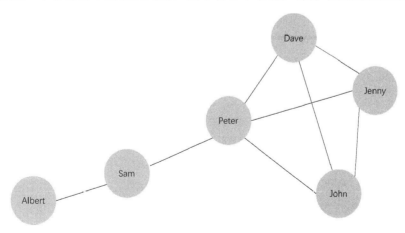

图 18-1　领英网络

二、有向网络与无向网络

在图 18-1 所示的网络图中，边是双向的或者说无向的，这意味着如果 John 和 Peter 相连，那么 Peter 也一定和 John 相连，这种连接在本质上没有区别。从图 18-1 中可以看出有一组连接紧密的成员(Peter、John、Dave、Jenny)和两个连接较少的成员(Sam 和 Albert)。

连接也可以是有向的。例如，在推特上，Jenny 关注了 Frank，但 Frank 可能没有关注 Jenny。一个简单的推特网络(使用相同的成员和连接)可以使用带箭头的边来描绘，如图 18-2 所示。

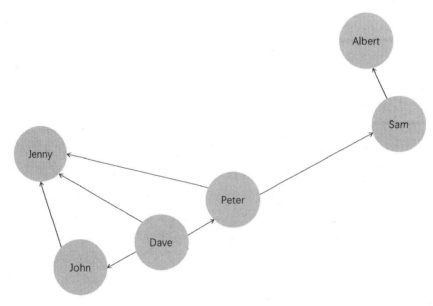

图 18-2　推特网络

边也可以通过加权来反映连接的属性。例如，边的粗细可以表示网络中两个人之间电子邮件的流量或者数字网络中两个节点之间的带宽，如图 18-3 所示。边的长度还可以用来表示图上两点之间的物理距离等属性。

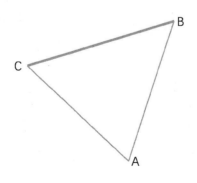

图 18-3　数字网络中节点之间的带宽

三、可视化和分析网络

网络图被用作可视化和探索网络的工具，它们在新闻媒体中被广泛使用。圣安东尼奥快报的记者 Jason Buch 和 Guillermo Contreras 仔细研究执法记录并制作了如图 18-4 所示的网络图来理解和说明犯罪网络关系。从图 18-4 中可以看到一个连接紧密的中心节点，这是圣安东尼奥有门禁的多米尼社区的一处昂贵住宅的地址，业主被指控犯罪。左下角有几个实体只连接到他们自己，还有一个单例。节点的大小取决于他们在网络的中心程度。

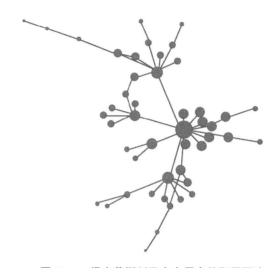

图 18-4　得克萨斯州圣安东尼奥的犯罪网络

1. 平面图

值得注意的是，x、y 坐标在网络图中通常没有意义，其含义在其他元素中传达。例如，节点大小、边宽度、标签和方向箭头。因此，相同的网络可以由两个看起来非常不同的图来描述。例如，图 18-5 展示了假设的领英网络的两种不同布局。

因此，可视化工具在绘图布局上面临无数选择。做选择的第一步是确定应该遵循什么原则来进行绘图布局。邓恩(Dunne)和施奈德曼(Shneiderman)列出了以下四条绘图可读性原则。

(1) 每个节点都应该是可见的。

(2) 每个节点都应该是可量化的。

(3) 每个连接从源头到目的地都应该是可追溯的。

(4) 集群和异常值应该是可识别的。

这些一般原则被转换成可读性指标，通过这些指标可以判断绘图。简单的布局有圆形(所有节点都在一个圆中)和网格(所有节点都位于网格线的交点)。你或许可以想到更清晰的布局，例如集群和单例，计算机也可以使用各种算法。这些算法通常使用固定的任意起始结构、随机调整、类似的物理属性(例如弹性连接节点)以及一系列迭代和根据可读性原则进行测量的组合。在 NetworkX 中可用的 Kamada-Kawai 力导向布局就是这种算法的一个例子。

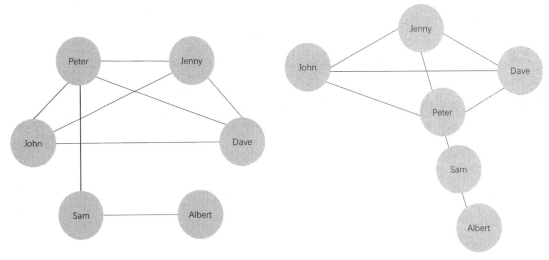

图 18-5　领英网络图的两种不同布局

2. 边列表

例如，图 18-4 这样的网络图总是与一个叫作边列表或邻接表的数据表相关联。表 18-1 显示了用于生成图 18-4 的数据表的摘录。这两列中的所有实体都是节点，每一行表示两个节点之间的连接。如果网络是有向的，那么连接通常就是从左列到右列的结构。

在一个典型的网络可视化工具中，在数据表中选择一行，可以看到它的节点和连接在网络图中突出显示。同样，在图中单击一个节点，可以看到它在数据表中突出显示。

表 18-1　网络的边列表摘录

6451 Babcock Road	Q&M LLC
Q&M LLC	10 Kings Heath
Maurico Sanchez	Q&M LLC
Hilda Riebeling	Q&M LLC
Ponte Vedra Apartments	Q&M LLC
OSF STEAK HOUSE, LLC	Mauricio Sanchez
Arturo Madrigal	OSF STEAK HOUSE，LLC
HARBARD BAR, LLC	Arturo Madrigal
10223 Sahara Street	OSF STEAK HOUSE，LLC
HARBARD BAR, LLC	Mauricio Sanchez
9510 Tioga Drive, Suite 206	Mauricio Sanchez
FDA FIBER, INC	Arturo Madrigal
10223 Sahara Street	OSF STEAK HOUSE，LLC
AGQ FULL SERVICE, LLC	Alvaro Garcia de Quevedo
19510 Gran Roble	Arturo Madrigal
Lorenza Madrigal Cristan	19519 Gran Roble
Laredo National Bank	19519 Gran Roble

3. 邻接矩阵

同样的关系可以用矩阵表示。图 18-2 中的推特有向网络的邻接矩阵如表 18-2 所示。

表 18-2　对应于图 18-2 中推特数据的邻接矩阵摘录

网　名	Dave	Peter	Jenny	Sam	John	Albert
Dave	0	1	1	0	1	0
Peter	0	0	1	1	1	0
Jenny	0	0	0	0	0	0
Sam	0	0	0	0	0	1
John	0	1	1	0	0	0
Albert	0	0	0	0	0	0

矩阵中的每个单元格表示一条边，起始节点位于左侧标题列，目标节点位于首行的标题。看第一排，可以看到 Dave 关注了三个人——Peter、Jenny 和 John。

4. 利用网络数据进行分类和预测

在讨论分类与预测以及聚类和数据缩减时，我们主要介绍处理数据框架形式的高度结构化数据——列是变量(特性)，行是记录。在前面章节中，我们了解了如何使用 Python 从关系数据库中取样，将数据转换为数据帧的形式。

高度结构化的数据可以用来进行网络分析，但网络数据一开始往往是非结构化或半结构化的格式。推特提供了大量数据流中的一部分公共信息流，这吸引了研究人员的注意，并加速了对将网络分析应用于社交媒体数据的兴趣。网络分析可以将这种非结构化数据转化为具有可用指标的结构化数据。

这些指标不仅可以用来描述网络的属性，而且可以作为更传统的数据挖掘方法的输入。

四、社交数据度量和分类

在网络分析中使用了几个流行的网络指标。在介绍它们之前，我们先介绍一些用于构建度量的基本网络术语。

边权重度量两个连接节点之间关系的强度。例如，在电子邮件网络中，可能存在一个边权重，它反映了由该边链接的两个人之间交换的电子邮件数量。

路径和路径长度是衡量节点间距离的重要指标。路径是节点 A 到节点 B 所需要的途径，路径长度是该路径的边数。这些术语通常是指最短路径。在加权网络中，最短路径不一定是边数最少的路径，而是权重最小的路径。如果权值反映一个成本因素，那么最短路径将反映最小成本。

连接网络是指网络中的每个节点都有一条通向其他节点的任意长度的路径。一个网络可能在整体上是不相连的，但它由内部相连的部分组成。在可视化网络中，网络作为一个整体是不相连的——节点并不都彼此相连。可以看到两个独立的子网络，一个大的和一个有四个节点的小的。团簇是每个节点通过一条边与其他节点直接相连的网络。连接必须都是单边的——通过多节点路径的连接不算数。

单例是一个未连接的节点。当一个人注册了一个社交网络服务(例如阅读评论),却不参与任何社交活动时,可能会出现这种情况。

1. 节点中心度指标

通常,我们可能会对特定的个人或节点的重要性或影响感兴趣,这反映在节点在网络中的中心程度。

最常见的计算方法是通过度来计算节点连接的边数。有许多连接的节点在更中心。在图 18-1 中,Albert 节点的度为 1,Sam 节点的度为 2,Jenny 节点的度为 3。在有向网络中,我们对入度和出度(一个节点的进出连接数)都感兴趣。在图 18-2 中,Peter 的入度为 1,出度为 2。

另一个衡量节点中心度的指标是接近中心度,即节点与网络中其他节点的距离。这是通过找到从该节点到所有其他节点的最短路径来衡量的,然后取这些路径长度平均值的倒数。在图 18-1 的例子中,Albert 的接近中心度为 5/(1 + 2 + 3 + 3+3)= 0.417。

还有一个度量标准是间距中心度——一个给定的节点在节点对之间最短路径上的程度。计算从给定的节点(比如节点 A)和其他两个节点(比如节点 B 和节点 C)开始,这些节点可能来自一个网络中的许多节点。列出节点 B 到节点 C 之间的最短路径,并记录包含 A 的路径所占比例。一个节点的间距中心度是所有节点对中这个比例的总和。在图 18-1 的例子中,Peter 的节点在 Dave、Jenny 和 John 之间和 Albert 或 Sam 之间的所有最短路径上。因为在这个例子中,在节点对之间只有一条最短路径,这就给了 Peter 一个非标准化的间距中心度。为了规范化,这个数字要除以所有可能的最短路径的数量 $n_2 = \dfrac{n(n-1)}{2}$。在这个例子中,这个数字是 10,所以 Peter 的标准化的中间值是 0.6。这个比例也被记录为所有其他节点对,间距中心度是平均比例。

有一句与社交媒体网络相关的格言是:"重要的不是你知道什么,而是你认识谁。"更准确的解释应该进一步限定它——"重要的是你认识的人和他们认识的人。"连接到一个有很多其他联系的成员,可能比连接到一个没有什么联系的成员更有价值。衡量这种连通性的一个指标是特征向量中心度,它将一个节点的连接数和这些连接的后续连接数都考虑进来。节点中心度的结果总是在 0(非中心)和 1(最大中心度)之间。给定的节点的值越大,它就越接近节点中心。

在网络图上,中心度可以通过节点的大小来描述——节点越接近中心,它的值就越大。

2. 自我中心网络

从个人及其关系的分析中获取信息通常是很重要的。例如,一家招聘公司可能对拥有特定职位头衔的人以及与这些人有联系的人感兴趣。

自我中心网络是以单个节点为中心的连接网络。一个中心度为 1 的自我中心网络由连接到单个节点的所有边以及它们的连接组成。一个中心度为 2 的自我中心网络是所有这些节点和边,加上连接它们的边和节点的网络。Peter 在领英网络中的 1 度和 2 度自我中心网络如图 18-6 所示。请注意,Peter 的中心度为 2 的自我中心网络是图 18-1 所示的整个网络。

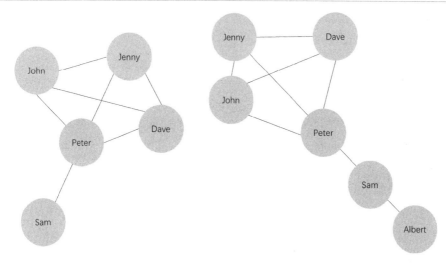

图 18-6　Peter 的 1 度和 2 度自我中心的网络

3. 网络指标

至此，我们已经讨论了适用于节点和边的度量及术语。我们也可以衡量网络作为一个整体的属性。两个主要的网络度量是度分布和密度。

度分布描述节点的连通性范围。例如，有多少节点有 5 个连接，有多少节点有 4 个连接，有多少节点有 3 个连接，等等。在领英网络中(见图 18-1)，我们看到 Peter、Jenny 和 Dave 有三个连接，John 和 Sam 有两个连接，Albert 有一个连接。该度分布如表 18-3 所示。

表 18-3　领英网络的度分布

Degree	Frequency
Degree0	0
Degree1	1
Degree2	1
Degree3	3
Degree4	1

密度是描述网络数据整体连通性的另一种方式，它关注边缘，而不是节点。该度量着眼于实际边数与最大潜在边数的比率。在一个节点数量固定的网络中，每个节点都与其他节点相连。对于有向网络有 n 个节点，最大可能有 $n(n-1)$ 条边。对于无向网络，边数为 $n(n-1)/2$。有向网络和无向网络的密度计算如下：

$$density(directed) = \frac{e}{n(n-1)}$$

$$density(undirected) = \frac{e}{n(n-1)/2}$$

其中，e 为边数，n 为节点数。这个度量范围在刚好大于 0(一点儿也不密集)和 1(尽可能密集)之间。图 18-7 和图 18-8 分别展示了稀疏网络与紧密网络。

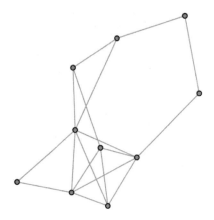

图 18-7 相对稀疏的网络

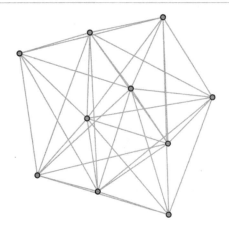

图 18-8 相对紧密的网络

五、使用网络指标进行预测和分类

1. 分类

在标准分类和预测过程中，网络属性可以与其他预测器一起使用。最常见的应用涉及匹配的概念。例如，在线求职服务会为他们的成员预测哪些招聘岗位可能是合适的。他们的算法通常包括计算一个寻求工作的成员和招聘岗位匹配之间的距离。它也可能超越成员的自我介绍上的特征，并包含关于成员和招聘岗位匹配之间的联系的信息。一个链接可能表示的动作是"已查看的招聘信息"。

2. 链接预测

像脸书和领英这样的社交网络使用网络信息来推荐新的关系，将这个目标转化为分析问题是："如果有一个网络，那么你能预测下一个形成的链接吗？"

预测算法列出所有可能的节点对，然后为每个节点对打分，以此反映两个节点的相似度。得分最相似(最接近)的一对是下一个预测形成的链接。在计算相似性度量中使用的一些变量与基于非网络信息(例如受教育年限、年龄、性别、地点)的变量相同。用于链接预测的其他特别适用于网络数据的指标有最短路径、共同邻居数和边权重。

链接预测也用于目标舆情监控。"收集所有东西"可能在技术上、政治上或法律上都不可行，因此一个机构必须事先确定一小部分需要监视的目标。机构通常会从已知的目标开始，然后使用链接预测来识别其他目标和优先级收集的工作。

3. 实体解析

各国政府利用网络分析来追踪恐怖主义网络，其中的关键就是对个人进行身份识别，同一个人可能从不同的数据源多次出现。例如，法国在突尼斯的监视识别出的 A 与以色列情报机构在黎巴嫩识别出的 AA 以及美国情报机构在巴基斯坦识别出的 AAA，情报机构想知道他们是不是同一个人。

评估一个个体是否出现在多个数据库中的一种方法是测量距离，以类似于最近邻或集群的方式使用它们。当基于这些变量进行实体解析时，引入领域知识来衡量每个变量的重要性是很有用的。例如，个人记录中的两个变量可能是街道地址和邮政编码。街道地址上的匹配比邮政编码上的匹配更明确，因此我们可能希望在计分算法中赋予街道地址更多的权重。

除了基于个人档案测量距离以外，我们还可以将网络属性引入图像中。看图 18-9 的简单网络中的每一个个体，显示了与已知个体的连接：基于网络连接，可以得出 A 和 AA 可能是同一个人，而 AAA 可能是另一个人。

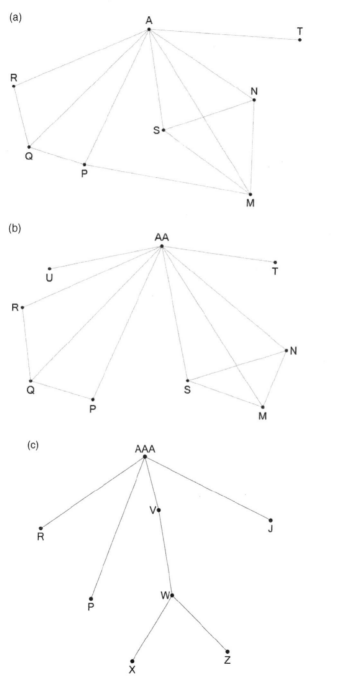

图 18-9　嫌疑人 A、嫌疑人 AA、嫌疑人 AAA 的网络

实体解析也广泛应用于客户记录管理和搜索。例如，客户可能会联系公司查询产品或服务，触发创建客户记录。同一个客户稍后可能会再次查询，或购买一些东西。客户数据库系统应该将第二个交互标记为属于第一个客户。理想情况下，客户将以完全相同的方式在每次交互中输入他或她的信息，以便促进匹配，但这并不一定会发生。如果没有精确匹配，那么其他客户可能会被建议作为基于接近度的匹配。

使用实体解析的另一个领域是欺诈检测。例如，一家大型电信公司使用链路分辨率来检测那些在累积债务后"消失"，但随后通过开设新账户重新出现的客户。这类人的电话网络往往保持稳定，有助于公司识别他们。

在传统的业务操作中，匹配可能基于诸如姓名、地址和邮政编码等变量。在社交媒体产品中，匹配也可以基于网络相似性进行计算。

4. 协同过滤

我们在第十五章看到了协同过滤使用相似性度量来识别相似的个体，从而为特定的个体提出建议。在业务中拥有社交媒体组件的公司可以使用关于网络连接的信息来增加其他数据，以便衡量相似性。例如，在一家互联网广告公司，一个关键问题是向消费者展示什么广告。

来看一个以在线用户为主的公司的例子：用户 A 刚刚登录，将与用户 B、D 进行比较。表 18-4 显示了每个用户的一些人口特征和用户数据。

表 18-4　用户 A、B、C、D 的四种测量值

User	Months as cust.	Age	Spending	Education
A	7	23	0	3
B	3	45	0	2
C	5	29	100	3
D	11	59	0	3

我们最初的步骤是根据这些值来计算距离，以便确定哪个用户最接近用户 A。首先，我们将原始数据转换成规范值，让所有测量遵循同一个尺度(例如教育：1=高中，2 =大学，3 =大学以上)。标准化就是减去平均值，然后除以标准差。标准化数据如表 18-5 所示。

表 18-5　用户 A、B、C、D 的标准化测量值

User	Months as cust.	Age	Spending	Education
A	0.17	−1.14	−0.58	0.58
B	−1.18	0.43	−0.58	−1.73
C	−0.51	−0.71	1.73	0.58
D	1.52	1.42	−0.58	0.58

其次，我们计算 A 与其他每个用户之间的欧几里得距离(见表 18-6)。根据这些只考虑人口特征和用户数据的计算，用户 C 是最接近新用户 A 的用户。

表 18-6 每对用户之间的欧几里得距离

Pair	Months as cust.	Age	Spending	Education	Euclidean dist.
A-B	1.83	2.44	0	5.33	3.1
A-C	0.46	0.18	5.33	0	2.44
A-D	1.83	6.55	0	0	2.89

现在让我们引入网络指标，并假设最短路径的用户间距离为 A-B = 2、A-C = 4、A-D = 3(见表 18-7)。

表 18-7 网络度量

Pair	Shortest Path
A-B	2
A-C	4
A-D	3

最后，我们将这个网络度量与之前计算的其他用户测量距离结合起来。不需要像我们使用其他用户度量方法那样计算和标准化差异，因为最短路径度量方法本身已经度量了记录之间的距离。因此，我们对网络和非网络指标进行加权平均，使用反映我们希望附加到每个指标的相对重要性的权重。使用相同的权重(见表 18-8)，用户 B 被评分为最接近 A，并且可以是推荐给用户 A 的链接(在社会环境中)，或者可以作为产品和服务推荐的来源。不同的权重可能得到不同的结果。选择权重不是一个科学的过程，相反，它取决于关于网络指标相对于非网络用户指标的重要性的业务判断。

表 18-8 结合网络和非网络指标

Pair	Shortest Path	Weight	Non-network	Weight	Mean
A-B	2	0.5	3.1	0.5	2.55
A-C	4	0.5	2.44	0.5	3.22
A-D	3	0.5	2.89	0.5	2.95

除了推荐建议的社交媒体连接和提供数据，网络分析基于网络数据已经被用于识别集群相似的个体(例如用于市场细分目的)，识别影响个人在某些情况下控制疾病的传播和信息流动。

【知识窗】

使用社交网络数据

社交网络数据的主要用户是社交网络本身、为社交网络开发应用程序的设计者以及他们的广告商。脸书、推特、其他网络和相关应用程序开发人员使用网络数据为每个用户定制个人体验并提高其参与度(即鼓励更多和更长时间的使用)。

社交网络数据也是一个强大的广告工具。脸书每年的广告收入约为 500 亿美元，推特

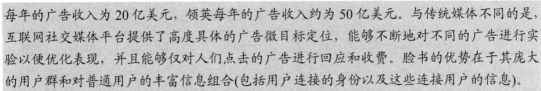

每年的广告收入为 20 亿美元，领英每年的广告收入约为 50 亿美元。与传统媒体不同的是，互联网社交媒体平台提供了高度具体的广告微目标定位，能够不断地对不同的广告进行实验以便优化表现，并且能够仅对人们点击的广告进行回应和收费。脸书的优势在于其庞大的用户群和对普通用户的丰富信息组合(包括用户连接的身份以及这些连接用户的信息)。

脸书和推特过去通过应用程序编程接口公开了数据。通过第三方应用程序使用脸书数据引起争议，导致脸书程序的改变和重大限制。推特要求用户注册为应用程序开发人员才能访问其接口。推特数据尤其受研究人员欢迎，不仅仅是因为它的网络数据，它还用于分析社会趋势、政治观点和消费者情绪。社交媒体的应用程序接口会定期更新，对数据的处理也会受到限制。

六、优点和缺点

社交网络数据对企业的关键价值在于它提供的关于个人及其需求、愿望和品位的信息。这些信息可以用来改进目标广告——完美的目标广告是广告业的圣杯。人们常常忽视传统的"广谱"广告，而当看到他们感兴趣的特定信息时，他们会密切关注。网络数据的强大之处在于，它们允许在不直接测量或收集此类数据的情况下获取有关个人需求和品位的信息。此外，网络数据通常是用户提供的，而不是主动收集的。

想要了解社交网络数据的威力，只需看看 21 世纪基于数据的社交媒体巨头。它们几乎完全基于社交数据中包含的信息建立了巨大的价值——它们不生产任何产品，也不向用户出售任何传统意义上的服务。它们产生的主要价值是能够产生个人层面的实时信息，从而更好地定向投放广告。

区分参与社交网络和使用社交网络分析非常重要。许多组织都有社交媒体政策，并将社交媒体作为其传播和广告策略的一部分，然而这并不意味着他们可以获取用于分析的详细社交网络数据。互联网营销机构 Abrams Research 曾经在 2009 年指出，先锋网络零售商 Zappos 在使用社交媒体方面表现最佳，但 Zappos 的定位是参与社交网络——将社交媒体用于产品支持和客户服务，而不是进行分析。

对社交网络分析的依赖伴随着风险和挑战。一个主要的风险是社交媒体使用的动态、追随潮流和稍纵即逝的本质。这在一定程度上是因为参与社交媒体的时间较短，而且随着新参与者和新技术的到来，情况正在发生变化。这也源于社交媒体的本质，人们使用社交媒体不是为了食物和住所等基本需求，而是作为一种自愿的业余活动，用来娱乐和与他人互动。人们的品位在变化，在这些领域流行和过时转换非常快速。

脸书是一个先锋，它最初吸引的是大学生群体，后来又逐渐吸引了已工作的部分年轻人。现在，近一半的用户年龄在 45 岁以上，明显高于社交媒体行业的其他用户。这些用户每次访问花费的时间比大学生更多，而且比大学生更富有，所以脸书可能会从这种人口趋势中受益。然而，这种快速的转变表明，他们的商业模式的本质可以转变得更快。

其他挑战在于所涉及数据的公开和个人性质。尽管个人几乎总是自愿地使用社交媒体，但这并不意味着他们会负责任地这么做，或知道潜在的后果。在美国，近 1/3 的离婚案件中，发布在脸书上的信息成为离婚案件的证据，还有无数的当事人因为在脸书上发布信息而被解雇。

一位程序员曾创建过一个网站，上面列出了那些通过 FourSquare "签到" 到咖啡馆或餐厅的人的实时位置，从而让全世界知道他们不在家。FourSquare 并没有让黑客很容易获得这些信息，但是签到会自动发布到推特上，在推特上他们可以通过应用程序接口获取这些信息。因此，为了丰富广告对用户的 "针对性" 而收集的信息最终给 FourSquare 和推特带来了不利影响。推特的责任是间接产生的，对于推特来说，在与 FourSquare 建立联系时很容易忽视这种风险。

总之，尽管存在滥用和风险的可能性，但是社交网络分析提供的价值使其分析方法仍有需求。

练 习 题

描述一个网络。假设 A、B、C、D、E 之间有一个无向网络，A 连接到 B 和 C，B 连接到 A 和 C，C 连接到 A、B 和 D，D 连接到 C 和 E，E 连接到 D。

(1) 生成此网络的网络图。

(2) 需要从网络中删除哪些节点，剩下的节点就能组成一个小圈子？

(3) 节点 A 的度量值是多少？

(4) 哪个节点的度量值最低？

(5) 将该网络的度分布列成表格。

(6) 这个网络是否连通？

(7) 计算节点 A、C 的中间向心性。

(8) 计算网络密度。

微课视频

扫一扫，获取本章相关微课视频。

数据挖掘方法：社交网络分析.mp4

第十九章 文 本 挖 掘

在本章中，我们将介绍文本作为数据的一种形式。首先，我们讨论文本数据的表格表示形式，其中每一列是一个单词，每一行是一个文档，每一个单元格是 0 或 1，表示该列的单词是否出现在该行的文档中。其次，我们考虑如何从非结构化文档转移到这个结构化矩阵。最后，我们将说明如何将此过程集成到标准数据挖掘过程中。

在文本挖掘中通常使用 Pandas 进行数据处理，使用 Scikit-learn 进行特征创建和模型构建，自然语言工具包将用于更高级的文本处理。

一、介绍

到目前为止，在一般的数据挖掘中，我们一直在处理三种类型的数据。

(1) 数值。

(2) 二进制(是/否)。

(3) 多重范畴。

然而，在一些常见的预测分析应用程序中，数据是以文本形式出现的。例如，网络服务供应商可能希望使用自动算法将支持问题分类为紧急问题或例行问题，以便紧急问题可以立即接受人工检查。面对大量发现过程(审查大量文件)的律师事务所将受益于文档审查算法，该算法可以将文档分类为相关或无关。在这两种情况下，预测变量(特性)都作为文本嵌入文档中。

文本挖掘方法因社会媒体数据的可用性而得到提升，例如推特订阅源、博客、在线论坛、评论网站和新闻文章。雷克斯分析 2013 年数据挖掘调查显示，25%~40%的数据挖掘者使用这些来源的文本进行数据挖掘。它们的公开可用性和高利润提供了一个巨大的数据仓库，研究人员可以在此基础上改进文本挖掘方法，不断增长的一个领域是将文本挖掘方法应用于呼叫中心和服务中心的笔记与记录。

二、文本的表格式表示:术语-文档矩阵和"词袋"

看看下面三句话。

S1.这是第一句话。

S2.这是第二句。

S3.第三句在这里。

我们可以在文档矩阵中表示这三个句子(称为文档)中的单词(称为术语)，其中每一行是一个单词，每一列是一个句子。在 Scikit-learn(软件机器学习库)中，将一组文档转换为术语文档矩阵可以通过先将文档收集到一个列表中，然后使用 Scikit-learn 的 CountVectorizer(文本特征提取函数)。

Python Code
```
text = ['this is the first sentence.',
'this is a second sentence.',
'the third sentence is here.']
# learn features based on text
count_vect = CountVectorizer()
counts = count_vect.fit_transform(text)
printTermDocumentMatrix(count_vect, counts)
```

Output
```
          S1 S2 S3
First      1  0  0
Here       0  0  1
is         1  1  1
second     0  1  0
sentence   1  1  1
the        1  0  1
third      0  0  1
this       1  1  0
```

请注意，三个句子中的所有单词都在矩阵中表示，每个单词只有一行。顺序并不重要，单元格中的数字表示该术语在该句子中的频率。这是一种词袋方法，将文档简单地视为单词的集合，其顺序、语法和逻辑无关紧要。

文本挖掘并不简单，即使将我们的分析局限于词袋方法，也可能需要进行大量的思考和预处理。除为了训练目的而简单地对文件进行分类之外，对文件进行一些人工审查可能是必不可少的。

三、词袋与文档意义提取

在文本挖掘中，我们可以区分两种活动。

(1) 将一个文档标记为属于一个类，或将类似的文档聚在一起。

(2) 从文档中提取更详细的含义。

第一个目标需要大量的文档或语料库，从文档中提取预测变量的能力，对于分类任务还要有大量预先标记的文档来训练模型。不过，所使用的模型是标准的统计和机器学习预测模型，用来处理数值和分类数据。

第二个目标可能只涉及一个文档，而且更加有目的性。计算机必须至少学习一些构成人类语言理解能力的复杂"算法"：语法、句法、标点符号等。换句话说，它必须用一种自然的(即非计算机)语言来理解用那种语言编写的文档。理解一个文档的意思要比根据来自成百上千个类似文档的规则给文档分类要艰难得多。

首先，理解文本需要考虑词序。"旧金山在昨晚的棒球比赛中击败波士顿"和"波士顿在昨晚的棒球比赛中击败旧金山"有很大的不同。

根据不同的文化和社会背景，即使是相同顺序的单词也会有不同的含义："希区柯克在博德加湾拍摄了《鸟》(the Birds in Bodega Bay)，"对于一个不注意大写字母、不熟悉阿尔弗雷德·希区柯克(Alfred Hitchcock)电影的热衷户外活动的人来说，这可能是关于猎鸟的。解决歧义是文本理解中的一个主要挑战。

这里的重点以及更简单的目标——将一个文档归类或者把类似的文档归在一起。第二个目标——理解单个文档是自然语言处理(NLP)领域的主题。

四、文本预处理

我们给出的简单例子是用空格隔开的普通单词，以及表示每个句子结束的句号。一个相当简单的算法可以用一些关于空格和句号的规则把句子分解成单词矩阵。很明显，解析来自真实数据源的数据所需的规则更加复杂。此外，为文本挖掘编制数据比为预测模型编制数据或分类数据更为复杂。例如，下面的语句是修改后的示例。

```
Python Code
text = ['this is the first sentence!!',
'this is a second Sentence :)',
'the third sentence, is here ',
'forth of all sentences']
# Learn features based on text. Special characters are excluded
in the analysis
count_vect = CountVectorizer()
counts = count_vect.fit_transform(text)
printTermDocumentMatrix(count_vect, counts)
```

```
Output
          S1 S2 S3 S4
all        0  0  0  1
first      1  0  0  0
forth      0  0  0  1
here       0  0  1  0
is         1  1  1  0
of         0  0  0  1
second     0  1  0  0
sentence   1  1  1  0
sentences  0  0  0  1
the        1  0  1  0
third      0  0  1  0
this       1  1  0  0
```

这组句子有额外的空格、非字母、不正确的大写字母和拼写错误的 fourth。

1. 标记

我们的第一个简单数据集完全由字典中找到的单词组成。一组真正的文档将具有更多的多样性，包含数字、字母、字符串，例如日期或编号、网络和电子邮件地址、缩写、俚语、专有名词、拼写错误等。

标记是将文本自动划分为独立的"标记"或术语的过程。标记(术语)是基本的分析单位。由空格分隔的单词是一个标记。2+3 被分成 3 个标记，而 23 将作为一个标记。标点也可以作为它自己的标记(例如@符号)。这些标记成为数据矩阵中的行标头。每个文本挖掘软件程序都有自己的分隔符列表(空格、逗号、冒号等),它使用这些分隔符将文本划分为标记。在默认情况下,文本特征提取函数(CountVectorizer)中的记号忽略了数字和标点符号,但通过修改默认标记器就可以提取标点符号。

对于一个相当大的语料库,标记化将导致大量的变量——英语有超过 100 万个单词,更不用说在典型文档中遇到的非单词术语了。在预处理阶段可以做的任何减少术语数量的工作都将有助于分析,最初的重点是消除那些只会增加数量和噪声的术语。

来自语料库初始解析的一些术语可能在进一步分析中没有用处,可以在预处理阶段消除。例如,在一个法律发现案例中,一个文档文集可能是电子邮件,所有的电子邮件都包含公司信息和一些作为签名一部分的模板文件。这些术语可以添加到一个停止词列表中,这些停止词列表将在预处理阶段自动消除。

2. 文本还原

大多数文本处理软件(包括 Scikit-learn 中的 CountVectorizer 类)都带有一个通用的停止词列表,其中包含要删除的经常出现的术语。如果你在预处理阶段查看机器学习(Scikit-learn)的停止词列表,那么你将看到它包含大量要删除的词汇。通过使用停止词(stop_words)关键字参数可向文本特征提取函数(CountVectorizer)提供自己的停止词(stop_words)列表。

减少文本量("词汇减少")的技巧还包括以下几方面。

(1) 词干法,一种把单词的不同变体压缩成一个共同核心的语言方法。

(2) 频率滤波器,用来消除出现在绝大多数文档中的术语或非常罕见的术语。 频率过滤器还可以用于将词汇表限制为 n 个最常用的词汇。

(3) 同义词或同义短语可以合并。

(4) 忽略大小写。

(5) 用类别名称替换类别中的各种特定术语,这叫作正规化。 例如,不同的电子邮件地址或不同的数字都可以替换为"emailtoken"或"numbertoken"。

3. 存在/缺失与频率

词袋方法可以根据术语的频率或术语的存在或不存在来实现。在某些情况下,后者可能是合适的。例如,在分类模型中,特定供应商名称的存在或不存在可能是一个关键的预测变量,而不考虑它在给定文档中出现的频率。然而,在其他情况下,频率也很重要。例如,在处理支持问题时,单独提到"IP 地址"可能是没有意义的——所有支持问题都可能涉及用户的 IP 地址作为提交的一部分。然而,多次重复这个短语可能会提供有用的信息,即 IP 地址是问题的一部分(例如 DNS 解析)。

4. 术语频率逆向文档频率

还有一些流行的做法是将一个术语在文档中的频率和带有该术语的文档的频率考虑在内。例如,术语频率逆向文档频率(TF-IDF),它用来衡量术语对文档的重要性。对于给定的文档 d 和术语 t,术语频率(TF)是术语 t 在文档 d 中出现的次数:TF(t, d) = #术语 t 出现在文档 d 中的次数。

为了考虑在感兴趣的领域中频繁出现的术语，我们计算术语 t 的逆向文档频率(IDF)，在整个语料库上计算，定义为：

$$IDF(t) = 1 + \log\left(\frac{\text{total number of documents}}{\text{\#documents containing term} t}\right)$$

加 1 可以确保术语数为零的项在分析中不会被忽略。

$$TF - IDF(t, d) = TF(t, d) \times IDF(t)$$

特定术语-文档对的 TF-IDF(t, d)是 TF(t, d)和 IDF(t)的乘积：TF-IDF 矩阵包含每个术语-文档的组合的值。上述 TF-IDF 的定义是一种常见的定义，但是 TF 和 IDF 的定义及权重都有多种方法，因此 TF-IDF 的定义也有多种。例如，下面的语句显示了四句话示例的 TF-IDF 矩阵(经过标记化和文本缩减后)。TfidfTransformer 类函数使用自然对数来计算 IDF。例如，文档 1 中术语"first"的 TF-IDF 值是：

$$TF - IDF(first, 1) = 1 \times \left[1 + \log\left(\frac{4}{1}\right)\right] \approx 2.386$$

TF-IDF 的总体概念是，它用频繁出现的罕见术语标识文档。TF-IDF 为那些出现频率较高却比较少见的术语的文档提供了较高的值，而对于文档中没有的术语或大多数文档中都存在的术语则提供了接近于零的值。

```
Python Code
text = ['this is the first sentence!!',
'this is a second Sentence :)',
'the third sentence, is here ',
'forth of all sentences']
# Apply CountVectorizer and TfidfTransformer scquentially
count_vect = CountVectorizer()
tfidfTransformer = TfidfTransformer(smooth_idf=False, norm=None)
counts = count_vect.fit_transform(text)
tfidf = tfidfTransformer.fit_transform(counts)
printTermDocumentMatrix(count_vect, tfidf)
```

```
Output
              S1          S2          S3          S4
all        0.000000    0.000000    0.000000    2.386294
first      2.386294    0.000000    0.000000    0.000000
forth      0.000000    0.000000    0.000000    2.386294
here       0.000000    0.000000    2.386294    0.000000
is         1.287682    1.287682    1.287682    0.000000
of         0.000000    0.000000    0.000000    2.386294
second     0.000000    2.386294    0.000000    0.000000
sentence   1.287682    1.287682    1.287682    0.000000
sentences  0.000000    0.000000    0.000000    2.386294
the        1.693147    0.000000    1.693147    0.000000
third      0.000000    0.000000    2.386294    0.000000
this       1.693147    1.693147    0.000000    0.000000
```

5. 从术语到概念：潜在语义索引

在之前的章节中，我们展示了如何将众多的数字变量简化为少量的"主成分"，这些"主成分"可以解释一组变量中的大部分变化。主成分是原始变量(通常是相关的)的线性组合，其中的一个子集作为新变量来替代众多的原始变量。如果我们检查文档集合，就可能会发现每当"交流发电机"这个术语出现在汽车文档中，该文档还包括"电池"和"前灯"两个术语；或者每次"刹车"这个词语出现在汽车文件中，术语"护垫"和"吱吱声"也出现了。但是，关于同时使用"交流发电机"和"制动器"这两个术语，并没能检测到的模式，包含"交流发电机"的文件可能包含或不包含"制动器"，包含"制动器"的文件可能包含或不包含"交流发电机"。四个术语——电池、前灯、护垫和吱吱声，描述了两种不同的汽车维修问题——失灵的刹车和故障的交流发电机。

因此，在这种情况下，潜在语义索引将四个术语减少为两个概念。

- 刹车失灵。
- 交流发电机故障。

6. 提取语义

在简单的潜在语义索引示例中，术语映射到的概念(刹车失灵、发电机故障)是清晰和可理解的。但在许多情况下，术语映射到的概念并不明显。在这种情况下，潜在语义索引将大大提高以构建可管理性的文本为目的的预测模型，提高预测能力，减少噪声，但它将预测模型转换成了一个黑箱。这对于我们的目的没有问题——正如前面提到的，我们主要关注文本挖掘来对新文档进行分类或聚类，而不是提取语义。

五、实现数据挖掘方法

文本经过预处理阶段之后，它就变成了数字矩阵格式，你可以应用本书前面讨论的各种数据挖掘方法。集群方法可以用于识别文档的集群，如通过挖掘大量医疗报告来识别症状群。预测方法可以与技术支持问题一起使用，以便预测解决一个问题需要多长时间。也许文本挖掘最流行的应用是文档的分类(也称为标记)。

- 案例 19-1

这个案例演示了一个分类任务——将互联网的帖子分类为与汽车相关的或与电子产品相关的。一个帖子是这样的：

```
From: smith@logos.asd.sgi.com (Tom Smith) Subject: Ford
Explorer 4WD - do I need performance axle?
We're considering getting a Ford Explorer XLT with 4WD and we
have the following questions (All we would do is go skiing - no offroading):
1. With 4WD, do we need the "performance axle" - (limited slip
axle). Its purpose is to allow the tires to act independently when the
tires are on different terrain.
2. Do we need the all-terrain tires (P235/75X15) or will the allseason
(P225/70X15) be good enough for us at Lake Tahoe?
Thanks,
```

```
Tom
-
===============================================
Tom Smith Silicon Graphics smith@asd.sgi.com 2011 N. Shoreline
Rd. MS 8U-815 415-962-0494 (fax) Mountain View, CA 94043
===============================================
```

这些帖子来自汽车和电子产品领域的网络小组，因此预先贴上了标签。很明显，这和汽车有关。一个相关的组织场景可能涉及医务室接收到的消息，这些消息必须分类为医疗或非医疗(在这种真实场景中，作为预处理的一部分，可能必须由人对消息进行标记)。

这些帖子采用压缩文件的形式，包含两个文件夹：汽车帖子和电子帖子。每个文件夹包含一组 1000 个帖子，这些帖子被组织在小文件中。下面将介绍从预处理到在数据上构建分类模型的主要步骤。

1. 记录的导入和标注

Python 标准库中的 ZipFile 模块用于读取压缩数据文件中的各个文档。创建一个标签数组，使它与文档的顺序相对应——汽车记录"1"，电子产品记录"0"。分配基于文件路径(参见下面语句的 step1)。

```python
Python Code
# Step 1: import and label records
corpus = []
label = []
with ZipFile('AutoAndElectronics.zip') as rawData:
for info in rawData.infolist():
if info.is_dir():
continue
label.append(1 if 'rec.autos' in info.filename else 0)
corpus.append(rawData.read(info))
# Step 2: preprocessing (tokenization, stemming, and stopwords)
class LemmaTokenizer(object):
def __init__(self):
self.stemmer = EnglishStemmer()
self.stopWords = set(ENGLISH_STOP_WORDS)
def __call__(self, doc):
return [self.stemmer.stem(t) for t in word_tokenize(doc)
if t.isalpha() and t not in self.stopWords]
preprocessor = CountVectorizer(tokenizer=LemmaTokenizer(),
encoding='latin1')
preprocessedText = preprocessor.fit_transform(corpus)
# Step 3: TF-IDF and latent semantic analysis
tfidfTransformer = TfidfTransformer()
tfidf = tfidfTransformer.fit_transform(preprocessedText)
# Extract 20 concepts using LSA ()
svd = TruncatedSVD(20)
normalizer = Normalizer(copy=False)
lsa = make_pipeline(svd, normalizer)
lsa_tfidf = lsa.fit_transform(tfidf)
```

2. Python 中的文本预处理

文本预处理步骤对单词进行分词处理，然后对停止词进行词干提取和删除。这两个操作在上面的语句 step2 中有所显示。

3. 生成概念矩阵

预处理步骤将产生一个"干净的"语料库和术语-文档矩阵，该语料库和术语-文档矩阵可以用于计算前面描述的 TF-IDF 术语-文档矩阵。TF-IDF 矩阵合并了一个术语的频率和包含该术语的文档在整个语料库中出现的频率。这里使用 TfidfTransformer 的默认设置。得到的矩阵可能太大，无法在预测模型中进行有效分析。具体来说，示例中的预测器数量为 13466，因此我们使用潜在语义索引来提取一个缩减的空间，称为"概念"。为了便于管理，我们将把概念的数量限制在 20 个。在 Scikit-learn 中，潜在语义索引可以通过 truncatedSVD 实现，然后使用 Normalizer 进行规范化。

最后，我们可以使用这组简化的概念来帮助构建预测模型，而不会试图解释概念的意义。

4. 拟合预测模型

以上步骤已经将原始文本数据转换为预测性建模所需的常见形式——单个目标变量(1 = autos, 0 = electronics)和 20 个预测变量(概念)。

混淆矩阵显示了在分离这两类文档时相当高的精度——精度为 0.96。十分位数提升图(见图 19-1)证实了类的高度可分离性和该模型对排名目标的实用性。对于两类数据集，类之间的比例接近 50/50，每个十分位数的最大升力是 2，这里显示的升力在前 50% 的情况下略低于 2，在后 40% 的情况下接近 0。

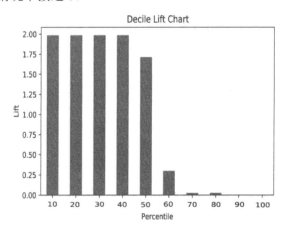

图 19-1   汽车电子文档分类的十分位数提升图

5. 预测

文本挖掘最普遍的应用是分类("标记")，但它也可以用于数值的预测。例如，维护或支持问题可以用来预测维修的年限或成本。上述过程中唯一不同的步骤是预处理之后应用的标签，它将是一个数值而不是一个类。

六、总结

在本章中，我们区分了用于从单个文档中提取意义的文本处理(自然语言处理)和以概率方式对多个文档进行分类或标记的文本处理(文本挖掘)。主要介绍了后者，并研究了在挖掘文本之前需要进行的预处理步骤。这些步骤比准备数值型数据的步骤更加多样和复杂。最终目标是生成一个矩阵，其中行是项、列是文档。语言的本质是，对于有效的模型构建来说，术语的数量过多，因此预处理步骤包括词汇缩减。如果使用一组有限的概念，而不是使用术语，就会产生最终的概念大量减少，这些概念代表文档中的大部分变化，就像主成分捕获数值型数据中的大部分变化一样。最后我们得到一个定量矩阵，其中单元格表示术语出现的频率或频次，列表示文档。在此基础上，我们添加文档标签(类)，然后就可以使用这个矩阵并使用分类方法对文档进行分类了。

练 习 题

根据以下文本思考：

```
Thanks John!<br /><br /><font size="3">
&quot;Illustrations and demos will be
provided for students to work through on
their own&quot;</font>.
Do we need that to finish project? If yes,
where to find the illustration and demos?
Thanks for your help.\<img title="smile"
alt="smile" src="\url{http://lms.statistics.
com/pix/smartpix.php/statistics_com_1/s/smil
ey.gif}" \><br /> <br />
```

(1) 在短文中找出 10 个非单词标记。

(2) 假设这篇文章构成了一个要分类的文档，但你不确定分类任务的业务目标。确定你认为在不知道目标的情况下可以相当安全地丢弃的材料(至少 20%的条款)。

(3) 假设分类任务是预测这个帖子是否需要引起老师的注意，或者是否需要助教的帮助。找出 20%你认为对这个任务最有帮助的术语。

(4) 从简单地使用词袋的观点来看，而不是从提取语义的观点来看，文章的哪个方面最有问题？

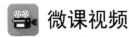微课视频

扫一扫，获取本章相关微课视频。

数据挖掘方法：文本分析.mp4

第四部分

经典商务数据分析案例

　　前面各章节我们从学习理论到实践，在最后这一部分，我们重点介绍数据分析的实际应用场景，看看在现实中是如何选择大数据及相应的数据挖掘方法分析解决问题的。在这一部分，我们介绍国内外运用数据挖掘方法分析解决商务问题的经典案例，学习如何探寻问题、搜集数据、构建模型及解决问题。

第二十章 国际应用案例

案例一 银行金融营销[①]

一家葡萄牙银行在 2008 年 5 月至 2010 年 11 月之间进行了 17 次电话营销活动。银行记录了每个电话的客户联系信息，如表 20-1 所示。

表 20-1 银行营销数据集

变 量 名	描述(可能的值)
客户情况统计	
age	当前年龄
job	工作种类(行政、未知、失业、管理、女佣、企业家、学生、蓝领、个体经营者、退休、技术人员、服务业)
marital	婚姻状况(已婚、离异或丧偶、单身)
education	教育等级(未知、小学、中学、大学)
客户的银行信贷历史	
default	信用违约了吗?(是，否)
balance	年度余额(欧元)
housing	是否有住房贷款？(是，否)
loan	有个人贷款吗？(是，否)
最近来自市场的联系数据	
contact	联系方式(未知、固定电话、移动电话)
day	本月最后一次联系的日子
month	本年最后一次联系的月份(一月、二月、三月……十一月、十二月)
duration	最后一次联系的持续时间
所有市场联系的数据	
campaign	在此营销活动与客户联系的数量(包括最后的联系)
pdays	在此营销活动上次联系之后未联系客户的天数(-1 表示之前没有联系客户)
previous	此客户端在此活动之前执行的活动数
poutcome	之前营销活动的结果(未知，其他，失败，成功)
对最近的市场联系/电话作出回应	
response	客户订了定期存款了吗? (是，否)

客户的特征包括人口统计学因素(年龄、工作类型、婚姻状况和教育程度)，客户以前使用银行服务的情况也要注意。

① THOMAS W.MILLER. Marketing Data Science Modeling Techniques in Predictive Analytics with R and Python [M]. USA: Pearson Education, Inc. 2015(5): 374-376.

当前联系信息显示了电话呼叫的日期和持续时间，当然还有关于当前呼叫之前的呼叫信息，以及关于客户端的所有呼叫的摘要信息。

银行希望客户投资定期存款。定期存款是一种像存单一样的投资，它不同于活期存款，定期存款的利率和存期是预先确定的。

银行感兴趣的是找出影响客户对新定期存款产品的反应因素，这是营销活动的重点。比如，什么样的客户最有可能认购新的定期存款，什么样的营销方法能有效地鼓励客户进行选择。

案例二　波士顿住房[①]

波士顿住房案例是一种市场反应研究，市场是波士顿市区的 506 个人口普查区。这项研究的目的是检查空气污染对房价的影响，控制其他解释变量的影响。响应变量是人口普查追踪中的房价。表 20-2 显示了案例中包含的变量。

表 20-2　波士顿住房数据集

变　量　名	描　　述
neighborhood	波士顿邻居地区的名字(户口所在地)
mv	房子的中间价(美元)
nox	空气污染(一氧化氮浓度)
crim	犯罪率
zn	土地区划占比
indus	工业与非零售业占比
chas	在查尔斯河旁(1)否(0)
rooms	每户的平均房间数
age	1940 年前所建房屋的百分比
dis	上班距离
rad	去主要公路距离
tax	税率
ptratio	学生、教师比例
lstat	社会底层人民的百分比

案例三　电脑的选择[②]

1998 年，微软推出了一种新的操作系统。电脑制造商对预测个人电脑市场很感兴趣。

① THOMAS W.MILLER. Marketing Data Science Modeling Techniques in Predictive Analytics with R and Python [M]. USA: Pearson Education, Inc. 2015(5): 376-377.

② THOMAS W.MILLER. Marketing Data Science Modeling Techniques in Predictive Analytics with R and Python [M]. USA: Pearson Education, Inc. 2015(5): 377-381.

为了帮助制造商了解个人电脑市场，进行了一项涉及 8 个电脑品牌、价格和其他 4 个感兴趣属性的电脑选择研究：兼容性、性能、可靠性和学习时间。表 20-3 描述了本研究中使用的属性级别。

表 20-3 电脑的选择数据集 1

属 性	等 级 码	等级描述
品牌	苹果	制造商：苹果
	康柏	制造商：康柏
	戴尔	制造商：戴尔
	宏碁	制造商：宏碁
	惠普	制造商：惠普
	IBM	制造商：IBM
	索尼	制造商：索尼
	太阳	制造商：太阳微系统
兼容性	1	65%兼容性
	2	70%兼容性
	3	75%兼容性
	4	80%兼容性
	5	85%兼容性
	6	90%兼容性
	7	95%兼容性
	8	100%兼容性
性能	1	一样快
	2	快两倍
	3	快三倍
	4	快四倍
可靠性	1	可能失败
	2	很少失败
学习	1	4 小时学习
	2	8 小时学习
	3	12 小时学习
	4	16 小时学习
	5	20 小时学习
	6	24 小时学习
	7	28 小时学习
	8	32 小时学习
价格	1	1000 美元
	2	1250 美元
	3	1500 美元
	4	1750 美元
	5	2000 美元

属　性	等 级 码	等 级 描 述
价格	6	2250 美元
	7	2500 美元
	8	2750 美元

电脑的选择研究是一项全国性的研究。在确定了表示有兴趣在明年购买一台新的个人电脑的人中开展调研。自愿参与研究的消费者收到了问卷小册子、答题纸、邮资和回邮信封。每个参与研究的人将得到 25 美元。调查由 16 页组成，每一页都显示了四种产品简介的选择。对于每一个选择集，调查参与者被要求首先选择他们最喜欢的电脑。其次，表明他们是否真的会购买那台电脑。对于一些分析来说，关注每组中的初始选择或最喜欢的电脑可能就足够了。表 20-4 显示了调查的第一页。

表 20-4　电脑的选择数据集 2

1.A 电脑系统	1.B 电脑系统
制造商：太阳微系统	制造商：苹果
Windows95 中的 65%的操作能在此系统中被正确执行	Windows95 中的 95%的操作能在此系统中被正确执行
同配置的 Windows95 系统速度的四分之一	同配置的 Windows95 系统速度的三分之一
相比 Windows95 系统，很少有系统错误	相比 Windows95 系统，有差不多的系统错误
学习成本为 32 小时	学习成本为 24 小时
基础系统价：2750 美元	基础系统价：1500 美元
1.C 电脑系统	**1.D 电脑系统**
制造商：IBM	制造商：康柏
Windows95 中的 90%的操作能在此系统中被正确执行	Windows95 中的 100%的操作能在此系统中被正确执行
同配置相同的 Windows95 系统速度	同配置的 Windows95 系统速度的三分之一
相比 Windows95 系统，很少有系统错误	相比 Windows95 系统，很少有系统错误
学习成本为 16 小时	学习成本为 8 小时
基础系统价：1750 美元	基础系统价：2500 美元

数据分析之前，要定义一个训练集和测试集。在这种情况下，一种方法是在 12 个选择集上建立预测模型，并在 4 个选择集上进行测试。例如，我们可以任意选择集合 3、7、11、15 作为保留的选择集，将其余的项目集 1、2、4、5、6、8、9、10、12、13、14、16 作为训练集。在 16 个选择集的其中 4 个，我们为研究中的每个人提供了 64 个产品简介。培训数据将为每个人包括 48 行产品配置文件，测试数据将为每个人包括 16 行产品配置文件。个人的数据如表 20-5 所示。

这是一项回顾性研究，因为许多参与其中的公司已经改变了它们在计算机行业的角色，或者已经完全离开了这个行业。使用 10 多年前的研究有它的优点，它们都是真实的数据，曾经有过真实的意义。

表 20-5 电脑的选择数据集 3

ID	编号	种类ID	方位	品牌	兼容性	性能	可靠性	学习	价格	选择	购买
1	1	1	上-左	太阳	1	4	2	8	8	0	0
1	2	1	上-右	苹果	7	3	1	6	3	0	0
1	3	1	下-左	IBM	6	1	2	4	4	1	0
1	4	1	下-右	康柏	8	3	2	2	7	0	0
1	5	2	上-左	宏碁	4	2	2	2	2	0	0
1	6	2	上-右	索尼	8	4	1	5	8	0	0
1	7	2	下-左	太阳	1	1	2	7	3	0	0
1	8	2	下-右	戴尔	5	3	1	4	5	1	0
1	9	3	上-左	戴尔	4	4	1	6	7	1	0
1	10	3	上-右	索尼	7	2	2	2	6	0	0
1	11	3	下-左	苹果	3	3	2	8	2	0	0
1	12	3	下-右	惠普	8	1	1	2	5	0	0
1	13	4	上-左	康柏	6	2	1	6	5	0	0
1	14	4	上-右	IBM	5	4	1	2	3	1	1
1	15	4	下-左	惠普	7	3	2	7	1	0	0
1	16	4	下-右	惠普	2	1	1	4	7	0	0
1	17	5	上-左	索尼	6	1	1	8	3	0	0
1	18	5	上-右	康柏	5	4	2	3	1	1	1
1	19	5	下-左	戴尔	1	3	2	2	8	0	0
1	20	5	下-右	宏碁	8	2	1	1	1	0	0
1	21	6	上-左	IBM	1	4	2	4	2	1	1
1	22	6	上-右	戴尔	8	4	2	8	6	0	0
1	23	6	下-左	太阳	4	2	1	3	4	0	0
1	24	6	下-右	宏碁	6	3	1	1	8	0	0
1	25	7	上-左	惠普	2	4	2	1	3	1	1
1	26	7	上-右	康柏	7	2	1	2	5	0	0
1	27	7	下-左	索尼	1	3	1	3	6	0	0
1	28	7	下-右	IBM	6	2	2	7	7	0	0
1	29	8	上-左	戴尔	6	1	2	5	1	0	0
1	30	8	上-右	惠普	5	2	2	6	6	0	0
1	31	8	下-左	宏碁	2	3	2	3	5	1	0
1	32	8	下-右	康柏	1	4	1	1	4	0	0
1	33	9	上-左	苹果	1	2	2	5	5	0	0
1	34	9	上-右	宏碁	3	4	1	7	6	1	0
1	35	9	下-左	IBM	7	1	1	3	8	0	0
1	36	9	下-右	索尼	5	3	2	1	7	0	0
1	37	10	上-左	惠普	4	1	2	4	8	0	0

续表

ID	编号	种类ID	方位	品牌	兼容性	性能	可靠性	学习	价格	选择	购买
1	38	10	上-右	戴尔	8	3	2	1	2	1	1
1	39	10	下-左	IBM	2	2	1	5	6	0	0
1	40	10	下-右	太阳	7	4	1	8	5	0	0
1	41	11	上-左	康柏	4	3	2	5	3	0	0
1	42	11	上-右	惠普	3	4	2	6	8	0	0
1	43	11	下-左	宏碁	5	1	2	8	4	0	0
1	44	11	下-右	惠普	6	4	1	3	2	1	1
1	45	12	上-左	IBM	8	3	2	6	4	1	1
1	46	12	上-右	宏碁	7	4	2	5	7	0	0
1	47	12	下-左	索尼	3	2	1	2	1	0	0
1	48	12	下-右	苹果	4	1	1	1	6	0	0
1	49	13	上-左	太阳	5	1	1	5	2	0	0
1	50	13	上-右	苹果	6	4	2	2	4	0	0
1	51	13	下-左	戴尔	3	2	2	3	3	0	0
1	52	13	下-右	IBM	4	3	1	8	1	1	1
1	53	14	上-左	索尼	4	4	2	7	5	0	0
1	54	14	上-右	惠普	3	3	1	5	4	1	0
1	55	14	下-左	康柏	2	2	2	8	8	0	0
1	56	14	下-右	宏碁	1	1	1	6	1	0	0
1	57	15	上-左	苹果	5	2	1	7	8	0	0
1	58	15	上-右	太阳	6	3	2	4	6	1	0
1	59	15	下-左	惠普	1	2	1	8	7	0	0
1	60	15	下-右	索尼	2	1	2	6	2	0	0
1	61	16	上-左	宏碁	8	2	1	4	3	0	0
1	62	16	上-右	IBM	3	1	2	1	5	0	0
1	63	16	下-左	康柏	5	4	2	3	1	1	1
1	64	16	下-右	戴尔	2	1	1	7	4	0	0

训练集：1/2/4/5/6/8/9/10/12/13/14/16

测试集：3/7/11/15

案例四　DriveTime 汽车[①]

2001 年，DriveTime 是一家汽车经销商和融资公司，在 8 个州拥有 76 家经销商。在一个特别的月份里，该公司销售了大约 4000 辆二手车，处理了大约 1 万份信贷申请。

---

① THOMAS W.MILLER. Marketing Data Science Modeling Techniques in Predictive Analytics with R and Python [M]. USA: Pearson Education, Inc. 2015(5): 381-386.

几乎所有的销售都是融资的。该公司的使命是："为信用不太完美的人提供汽车经销商和金融公司。"

DriveTime 通过电视广播和广告、其他经销商的推荐以及自己的网站为其经销商带来流量。需要融资购买车辆的客户通过一个定制的信用风险记分卡运行，该记分卡使用信用机构和应用程序信息来进行操作确定信用，生成的风险评分用于确定适当的交易结构和信用政策。

DriveTime 的大部分车辆都是在拍卖会上或从批发商那里购买的。该公司使用一项名为 Experian Autocheck 的信息服务来确保车辆的里程表读数正确，之前没有被"合计"过(即在事故后被评估为没有价值)，并且没有其他显著的负面记录。未通过 Experian Autocheck 检查的车辆将被拒收并退回给卖家。那些通过的将被送到驱动器时间重新调节和检查中心，在那里对车辆进行额外的检查和必要的修理，然后车辆被送到经销商处销售。

正常的车辆会在 90 天内交付给经销商。如果一辆车没有在 90 天内售出，它就会被称为超期车，这意味着它在车场停放的时间过长，无法产生正常的经销商利润。每辆超期车的销售价格将会降低，以吸引在随后的 91～119 天内中的买主。在 91～119 天销售的车辆利润远低于正常 90 天销售的车辆利润。如果超期车辆未能在 120 天内售出，那么该车辆将被取走并在拍卖会上出售。DriveTime 在拍卖中出售的车辆将再次亏损。

表 20-6 提供了一个假设的例子，显示了正常和超额销售如何转化为业务利润或损失的驾驶时间。这个例子展示了使用统计模型选择待售车辆的价值。示例中的利润贡献表示毛利润而不是净利润，它们不包括经营成本、管理费用或税收。

表 20-6　DriveTime 汽车数据集 1

项　　目	销售种类			
	正　　常	超　　期	拍　　卖	月　合　计
单位总成本	5000	5000	5000	
单位售价	6000	5500	4000	
单位收益	1000	500	−1000	
销售情况	3400(85%)	400(10%)	200(5%)	4000
收益	3 400 000	200 000	−200 000	3 400 000

表 20-6 反映了与 DriveTime 汽车销售相关的预期利润。假设每辆车的平均总成本为 5000 美元，正常经销商销售的利润增加 20%，超期经销商销售的利润增加 10%，超期拍卖的利润减少 20%。假设在每月销售的大约 4000 辆汽车中，大约 85%是正常经销商销售，10%是超期经销商销售(91～119 天)，5%是超期拍卖销售。

假设研究人员能够开发出一种模型，能够合理准确地预测出一辆车的销售时间。进一步假设，使用这个销售时间模型来指导库存决策，DriveTime 可以使经销商的正常销量从 85%提高到 90%，并相应降低超期汽车的销量。假设汽车成本或价格不变，对利润有什么影响？表 20-7 显示每月利润将增加 220 000 美元。12 个月这种类型的销售每年将贡献超过 260 万美元的利润。这说明了使用统计模型指导业务决策的价值。

表 20-7　DriveTime 汽车数据集 2

项　目	销售种类			
	正　常	超　期	拍　卖	月 合 计
单位总成本	5000	5000	5000	
单位售价	6000	5500	4000	
单位收益	1000	500	−1000	
销售情况	3600(90%)	280(7%)	120(3%)	4000
收益	3 600 000	140 000	−120 000	3 620 000

表 20-8 描述了来自 DriveTime 汽车数据库的变量。这些数据代表了 2001 年下半年销售和融资的 17 506 辆轿车，被分为三个数据集用于建模工作：训练集包含 8753 辆轿车，验证集包含 4377 辆轿车，测试集包含 4376 辆轿车。

表 20-8　DriveTime 汽车数据集 3

变 量 名	描　述
Data.set	建模数据集(训练集、验证集、测试集)
Total.cost	汽车总费用(购买费+修理费+其他费用)
Lot.sale.days	汽车送达经销店后销售的时间(总时间)
Overage	超期车(非=0～90 天，是=91 天以上)
vehicle.type	轿车类型(经济型、家庭小型、家庭中型、家庭大型、豪华型)
domestic.import	制造商分类(国内或进口)
vehicle.age	车龄(销售年份减设计年份)
vehicle.age.group	车龄分组(1～3，4～5，6～7，7 年以上)
color.set	色彩目录(黑、白……金)
makex	制造商(别克、凯迪拉克……丰田)
state	经销点(AZ=亚利桑那、CA=加利福尼亚、VA=弗吉尼亚)
make.model	车辆制造和设计(讴歌、英特格拉、别克·世纪……丰田·雄鹰)

表 20-9 显示了研究人员如何使用 8 种颜色类别来表示车辆数据库中的 29 种颜色。颜色类别的定义是为了使每个类别都有足够大的频率来保证它在建模中的使用。金色成了一个包罗一系列颜色的类别，包括金色、棕褐色、奶油色、黄色和棕色调。

表 20-9　DriveTime 汽车数据集 4

基础颜色	研究者定义的色彩目录								
	黑	白	蓝	绿	红	紫	银	金	总 　计
银	0	0	0	0	0	0	1234	0	1234
米黄	0	0	0	0	0	0	0	123	123
黑	1216	0	0	0	0	0	0	0	1216
蓝	0	0	2149	0	0	0	0	0	2149
暗蓝	0	0	16	0	0	0	0	0	16

基础颜色	研究者定义的色彩目录								
	黑	白	蓝	绿	红	紫	银	金	总 计
亮蓝	0	0	53	0	0	0	0	0	53
青铜	0	0	0	0	0	0	0	15	15
棕色	0	0	0	0	0	0	0	64	64
深红	0	0	0	0	0	1410	0	0	1410
奶油	0	0	0	0	0	0	0	76	76
不锈钢色	0	0	0	0	0	0	1	0	1
铜	0	0	0	0	0	0	0	9	9
灰	0	0	0	0	0	0	618	0	618
金	0	0	0	0	0	0	0	1003	1003
绿	0	0	0	3309	0	0	0	0	3309
暗绿	0	0	0	59	0	0	0	0	59
亮绿	0	0	0	20	0	0	0	0	20
薰衣草	0	0	0	0	0	8	0	0	8
淡紫	0	0	0	0	12	0	0	0	12
橘色	0	0	0	0	9	0	0	0	9
粉	0	0	0	0	7	0	0	0	7
紫	0	0	0	0	0	366	0	0	366
红	0	0	0	0	1406	0	0	0	1406
棕黄	0	0	0	0	0	0	0	414	414
灰褐	0	0	0	0	0	0	0	11	11
蓝绿	0	0	289	0	0	0	0	0	289
青绿	0	0	2	0	0	0	0	0	2
白	0	3603	0	0	0	0	0	0	3603
黄	0	0	0	0	0	0	0	4	4
总计	1216	3603	2509	3388	1434	1784	1853	1719	17 506

某些变量可能对开发车辆选择模型有用。例如，较新的、里程数少的汽车可能会比较旧的、里程数多的汽车销售得更快。销售价格不包括在车辆数据库中，但我们可以假设在90天内销售的车辆价格(正常的经销商销售)被加价，以便公司收回与购买、维修、运营和利息相关的成本，并获得适当的利润。

DriveTime 管理人员想知道是否有可能使用车辆数据库中的数据来开发轿车的选择模型。单一模型就足够了吗？还是应该为2001年驾驶时间运行的州(亚利桑那州、加利福尼亚州、佛罗里达州、佐治亚州、内华达州、新墨西哥州、得克萨斯州和弗吉尼亚州)建立单独的模型？模型会是什么类型？使用模型会提高多少利润？

案例五　宝洁公司洗衣皂[①]

宝洁公司为其洗衣店开发了一种新配方洗衣皂。在将新配方推向市场之前，宝洁公司想知道消费者是否更喜欢名为 X 的新配方，而不是名为 M 的原始配方。

它们选择了 1008 个家庭的消费者，其中一些是原来 M 配方的用户，有机会在偏好测试中试用配方的 X 和 M 的洗衣皂。在测试的最后，消费者被要求通过选择 X 配方的洗衣皂或 M 配方的洗衣皂来表明他们对洗衣皂的偏好。每个家庭都标明了水温(冷或热)和类型(硬、中、软)。数据编码如表 20-10 所示。

表 20-10　宝洁公司洗衣皂数据集 1

变　量	描述与编码
Choice	X=顾客喜欢新的 X 配方 M=顾客喜欢原来的 M 配方
Muser	No=不是之前 M 配方的用户 Yes=是之前 M 配方的用户
Wtemp	水温 Low=101℃～115℃ High=超过 115℃
Wtype	水的状况 Hard=硬水 Medium=介于软、硬之间 Soft=软水

现场测试的结果表明了交叉分类的数据，如表 20-11 所示。

表 20-11　宝洁公司洗衣皂数据集 2

项　目		之前 M 的用户		非之前 M 的用户	
水的状况	喜欢的配方	高　温	低　温	高　温	低　温
软	X	19	57	29	63
	M	29	49	27	53
中	X	23	47	33	66
	M	47	55	23	50
硬	X	24	37	42	68
	M	43	52	30	42

① THOMAS W.MILLER. Marketing.Data.Science.Modeling.Techniques.in.Predictive.Analytics.with.R.and.Python [M]. USA: Pearson Education, Inc. 2015(5): 386-388.

案例六　Studenmund 餐厅①

一家名为 Studenmund 的全国性连锁餐厅的经理们想要寻找新的餐厅地点。研究人员记录了餐厅总销售额和 2 英里范围内的竞争对手的数量。此外，他们还收集了人口、销量和收入的普查数据，如表 20-12 所示。

表 20-12　Studenmund 餐厅数据集 1

变　量	描　述
Sales	餐厅总销量(这可能是一年的客户数量或销售收入，或者可以是每月平均销售金额，或者是与销售收入相关的一些更严格的衡量标准)
Competition	2 英里内直接竞争对手的餐馆数量
Population	餐厅 3 英里内生活人数
Income	餐厅 3 英里内平均家庭收入

下面是得到的数据，如表 20-13 所示。

表 20-13　Studenmund 餐厅数据集 2

Sales	Competition	Population	Income
107919	3	65044	13240
118866	5	101376	22554
98579	7	124989	16916
122015	2	55249	20967
152827	3	73775	19576
91259	5	48484	15039
123550	8	138809	21857
160931	2	50244	26435
98496	6	104300	24024
108052	2	37852	14987
144788	3	66921	30902
164571	4	166332	31573
105564	3	61951	19001
102568	5	100441	20058
103342	2	39462	16194
127030	5	139900	21384
166755	6	171740	18800
125343	6	149894	15289
121886	3	57386	16702

---

① THOMAS W.MILLER. Marketing Data Science Modeling Techniques in Predictive Analytics with R and Python [M]. USA: Pearson Education, Inc. 2015(5): 388-391.

续表

Sales	Competition	Population	Income
134594	6	185105	19093
152937	3	114520	26502
109622	3	52933	18760
149884	5	203500	33242
98388	4	39334	14988
140791	3	95120	18505
101260	3	49200	16839
139517	4	113566	28915
115236	9	194125	19033
136749	7	233844	19200
105067	7	83416	22833
136872	6	183953	14409
117146	3	60457	20307
163538	2	65065	20111

Studenmund 餐厅的研究人员想知道是否有可能定义一个预测餐厅销售额的模型。这样的模型能产生准确的预测吗？这个模型可以用来选择未来的餐厅位置吗？

案例七　悉尼交通[①]

澳大利亚悉尼北郊的居民可以乘坐汽车或火车往返于市中心。他们选择交通工具的部分原因是考虑开车和乘坐火车通勤的时间及成本。在调查的当天，悉尼的通勤者指出他们的主要交通方式(汽车或火车)和他们的替代交通方式(汽车或火车)。对于已经选择的和可以选择的方法，333 名通勤者提供了汽车、火车、公共汽车、步行和其他交通方式的所有通勤部分的时间与估算成本。

表 20-14 显示了从通勤调查中选择的变量的名称和描述。时间度量反映了汽车或火车的总通勤时间，并将整个行程的所有组成部分相加。成本度量反映了汽车或火车的总成本，将行程的所有组成部分加起来。汽车费用是根据车内人数调整的，包括停车费。利用这些数据，建立一个模型来预测悉尼通勤者的交通选择。

表 20-14　悉尼交通数据集

变　量	描　述
cartime	坐车上下班时间(分钟)
carcost	坐车上下班花费(美元)
traintime	火车上下班时间(分钟)

---

① THOMAS W.MILLER. Marketing Data Science Modeling Techniques in Predictive Analytics with R and Python [M]. USA: Pearson Education, Inc. 2015(5): 391.

续表

变　量	描　述
traincost	火车上下班花费(美元)
choice	选择交通工具(汽车或火车)

案例八　ToutBay[①]

2015 年 3 月，ToutBay 处于启动阶段，等待其第一批产品的发布。在这个越来越依赖数据驱动的世界，ToutBay 的所有者汤姆·米勒(Tom Miller)看到了数据科学即服务(DSaaS)的机遇，DSaaS 是他用来描述 ToutBay 商业模式的一个术语。研究出版商的 ToutBay 分部的目标是成为数据科学空间的市场制造者、发布敏感信息及竞争情报者。

ToutBay 在其网站上讲述了一家成立于 2013 年 12 月的公司的故事，该公司为全世界的分析师、建模师、研究人员和数据科学家开发的应用程序提供访问。正如网站上一段 2 分钟的视频所宣称的那样，ToutBay 将人们聚集在一起——有答案的人和需要答案的人。该视频介绍了该公司，并解释了为什么来自 ToutBay 的信息比从搜索引擎免费获得的信息更有价值。

ToutBay 的产品预计将涉及体育、金融、营销和健康等领域。体育宣传者们超越了球员和球队的原始数据，建立了预测未来表现的模型。ToutBay 与体育宣传公司合作，将他们的预测模型提供给球员、教练、经理和体育爱好者。

金融投资顾问帮助个人和公司决定投资的时间和项目。这些投资顾问在计量经济学和时间序列分析方面具有专长，他们了解市场和预测模型。他们发现过去的趋势并预测未来。

ToutBay 的首批产品之一有望成为股票投资组合的构造器。这是一个由欧内斯特·陈(Ernest P. Chan)博士设计的金融模型，他是定量金融领域的专家。这个产品背后的想法是允许股票投资者指定他/她的投资目标和时间范围，以及被考虑的股票领域和投资组合中需要的股票数量。然后，股票投资组合构造器利用股票价格和表现的当前信息，以及选定的经济因素，为投资者创建一个定制的股票投资组合。它列出了选择的股票，并显示了在投资的时间期限内预期的未来回报。股票投资组合的构造者还可以显示该投资组合在最近几年的历史表现。

营销人员扮演着类似的专家角色，他们不仅提供原始销售数据，还提供消费者和市场洞察。他们接受过统计或机器学习方面的正规培训，也有丰富的商业咨询经验。业务经理对他们的网站选择、产品定位、细分或目标营销模型的结果特别有兴趣。

健康和健身是第四个产品领域，涉及在营养、生理学、健康和疾病的分子机制方面具有专门知识的科学家。这些兜售者根据科学研究提供相关信息，根据预测未来健康和健身的现实世界模型制订个性化的计划。ToutBay 计划向个人消费者、私人教练和医疗从业者提供健康和健身计划。

[①] THOMAS W.MILLER. Marketing Data Science Modeling Techniques in Predictive Analytics with R and Python [M]. USA: Pearson Education, Inc. 2015(5): 392-396.

由于 ToutBay 完全在网上运营，所以它的业务依赖于拥有一个能向访问者或客人传递明确信息的网站，成功意味着将网站访客转化为 ToutBay 账户持有人。在信息产品可用之后，成功将意味着将账户持有人转换为信息产品的订阅者。

收入将来自客户订阅，兜售者为其信息产品定价，而 ToutBay 对这些产品的在线销售和分销收取费用。如果你是一本书的作者，那么你会寻找出版商，并且希望出版商与书店合作来销售你的书。但如果你是一个预测模型的作者呢?你在哪里发布你的模型？你去哪里销售你的模型的结果？ToutBay 就是。

ToutBay 网站采用单页设计，在主页上有大量信息，包括 2 分钟的公司介绍视频。单页面方法比多页面方法提供更好的整体性能，因为单页面方法需要更少的客户端浏览器和网站服务器之间的数据传输。

然而，使用单页面方法的一个困难在于，标准的页面视图统计数据提供的是网站使用情况的不完整图像。

认识到这一点，ToutBay 网站开发人员使用 JavaScript 代码来检测用户在主页上向下滚动的程度。这些滚动数据包含在站点的用户流量信息中。表 20-15 显示了正在审查的网站数据的变量和变量定义。

表 20-15　ToutBay 数据集

变　　量	描　　述
Date	月/日/年
Sessions	会话数量(用会话时间定义，比如用户全身心投入 30 分钟)
Users	至少有一个会话的用户数量
new_sessions	第一次浏览的预测百分比
pageviews	看的页数(重复观看相同页面被计数)
pages_per_session	一个会话中平均浏览的页面数(重复观看相同页面被计数)
ave_session_duration	会话的平均时长(时：分：秒)
bounce_rate	单页浏览百分比(用户进入及离开页面，通常是主页)
scroll_videopromo	在主页视频介绍 toutbay 时向下滚动
scroll_whatstoutbay	在主页介绍什么是 toutbay 时向下滚动
scroll_howitworks	在主页介绍 toutbay 如何工作时向下滚动
scroll_faq	在主页介绍 faq 时向下滚动
scroll_latestfeeds	在主页介绍减轻压力时向下滚动
chrome	在谷歌浏览器进行会话的数量
safari	在苹果浏览器进行会话的数量
firefox	在火狐浏览器进行会话的数量
internet_explorer	在 IE 浏览器进行会话的数量
windows	在 windows 系统进行会话的数量
macintosh	在 mac 系统进行会话的数量
ios	在 ios 系统进行会话的数量
android	在 android 系统进行会话的数量

TootBay 的所有者希望通过对网站内容和结构的详细分析，以及网站使用数据，为开发未来版本的网站提供指导，同时推出公司的第一批产品。

案例九　查尔斯读书俱乐部[①]

一、图书行业

美国每年大约有 5 万本新书，包括重印版本，在 2001 年创造了一个 250 亿美元的产业。按销售占比，可将该行业细分如下。

16%　　教科书

16%　　书店出售的贸易书籍

21%　　技术、科学和专业书籍

10%　　读书俱乐部和其他邮购书籍

17%　　大众平装书

20%　　所有其他的书

20 世纪 70 年代，美国的图书零售以位于大型购物中心的连锁书店的发展为特点。20 世纪 80 年代，由于普遍的打折行为，刺激了书店的购买量增加。到了 20 世纪 90 年代，图书零售的超级商店概念得到了人们的认可，并促成了图书行业两位数的增长。超级商店位于大型购物中心附近，拥有 3 万~8 万册图书的大量库存，并雇用消息灵通的销售人员。而随着亚马逊的出现，图书零售发生了根本的变化。

截至 2015 年，亚马逊是全球最大的在线零售商。它的利润率小，便利因素高，给其他所有图书零售商带来了激烈的竞争压力。以订阅为基础的图书俱乐部提供了一种经久不衰的替代模式，尽管它也受到了亚马逊主导地位的影响。

图书俱乐部为他们的读者提供不同类型的会员计划。两种常见的会员计划是延续计划和逆向选择计划，都是图书俱乐部和会员之间的延伸合同关系。在"连续性计划"中，读者通过接受几本书的出价(加上运费和处理费)来签约，同意之后每个月会以标准的价格收到一到两本书。这种延续计划在儿童图书市场最为普遍，家长们愿意将选择权委托给图书俱乐部，而图书俱乐部的声望在很大的程度上取决于所选图书的质量。

在一个逆向选择程序中，读者可以选择他们想要收到多少书和哪本书。然而，图书俱乐部选择的月份将自动发送给他们，除非他们在截止日期前在订单上特别注明"否"。消极的选择方案有时会导致客户不满，并总是导致大量的邮寄和处理成本。

为了解决这些问题，一些书友会已经开始在积极选择的基础上提供书籍，但仅限于其客户群中可能接受特定报价的特定部分。一些书友会并没有扩大邮寄的数量和范围，而是开始使用数据库营销技术来更准确地瞄准顾客。他们的数据库中包含的信息被用来确定谁最有可能对一个特定的报价感兴趣。这些资料使各图书俱乐部能够精心设计特别的项目，以便满足其客户群体的不同需求。

---

① Galit Shmueli, Peter C. Bruce, Inbal Yahav, Nitin R.Patel, Kenneth C. Lichtendahl Jr. Data Mining for Business Analytics Concepts Techniques and Applications in R[M]. USA: John Wiley & Sons, Inc. 2018: 499-505.

二、查尔斯的数据库营销

1. 俱乐部

查尔斯图书俱乐部(Charles Book Club，CBC)成立于 1986 年 12 月，其前提是一个图书俱乐部可以通过深入了解其客户群，并提供独特的定制产品来脱颖而出。CBC 专注于通过各种渠道进行销售，包括媒体广告(电视、杂志、报纸)和邮寄。公司严格意义上是发行商，并不出版它所销售的任何书籍。CBC 建立并维护了一个关于其俱乐部成员的详细数据库，以便了解客户。在注册时，读者被要求填写一份表格并邮寄给 CBC。通过这个过程，CBC 创建了一个拥有 50 万读者的活跃数据库，大多数是通过在专业杂志上做广告获得的。

2. 问题

公司每个月都向其俱乐部成员发送邮件，介绍最新的产品。从表面上看，CBC 似乎非常成功：邮件数量在增加，图书选择多样化和增长，客户数据库在增加。然而，它们的利润却在下降。利润的下降导致 CBC 重新审视他们使用数据库营销来提高邮寄收益并保持盈利的最初计划。

3. 一个可能的解决方案

CBC 采纳了从他们的数据中获得情报的想法，让他们更好地了解他们的客户，并使每个目标收到适当的邮件。CBC 的管理层决定把精力集中在最赚钱的客户和潜在客户上，并设计有针对性的营销策略来接触他们。他们所采取的两个程序如下。

- 顾客
    - 新成员将通过在专业杂志、报纸和电视上做广告获得。
    - 直接邮寄及电话营销联络现有会员。
    - 每一本新书都将在做广告之前提供给俱乐部会员。
- 数据收集
    - 所有客户的反馈都会被保存在数据库中。
    - 任何未被收集的关键信息都将被客户要求。

对于每个新标题，他们决定采用两个方法。

(1) 从数据库中随机抽取 4000 名客户进行市场测试，以便分析客户的反应，分析将创建并校准当前图书发行的响应模型。

(2) 根据响应模型，为数据库中的每个客户计算一个分数，使用这个分数和一个阈值来提取用于直邮推广的目标客户列表。

有针对性的促销被认为是最重要的。CBC 会在后期处理基于客户行为数据(退货、不活跃、投诉、赞美等)的其他机会来创建成功的营销活动。

4. 佛罗伦萨的艺术史

一本新的书目《佛罗伦萨的艺术史》准备发布。CBC 从其客户群中随机抽取了 4000 名客户样本，并发送了一份测试邮件。客户的反馈与过去的购买数据进行比较。数据集随机划分为三个部分：训练数据(1800 名客户)，初始数据用于拟合模型；验证数据(1400 名客户)，坚持数据用于比较不同模型的性能；测试数据(800 名客户)。电子表格中的每一行(除了标题)对应一个市场测试客户。每一列都是一个变量，标题行给出了变量的名称。变量名称和描述如表 20-16 所示。

表 20-16 查尔斯图书俱乐部数据集

变量名	描 述
Seq #	分区中的序列号
ID #	完整(未分区的)市场测试数据集中的识别号
Gender	0＝男性，1＝女性
M	货币——花在书上的全部费用
R	从上次购买以来过了几个月
F	频率—购买的总次数
FirstPurch	首次购买的月份
ChildBks	购买儿童书籍的数量
YouthBks	购买青年类书籍的数量
CookBks	购买烹饪书的数量
DoItYBks	购买 DIY 书籍的数量
RefBks	购买分类参考书(地图册、百科全书、词典)的数量
ArtBks	购买艺术书籍的数量
GeoBks	购买地理类书籍的数量
ItalCook	购买《意大利烹饪的秘密》的数量
ItalAtlas	购买《意大利历史地图集》的数量
ItalArt	购买《意大利艺术》的数量
Florence	如果《佛罗伦萨艺术史》被购买就为 1；如果不是，就为 0
Related Purchase	购买相关书籍的数量

三、数据挖掘技术

使用各种数据挖掘技术可以挖掘从市场测试中收集的数据信息。数据的特定上下文和特定特征是决定哪些技术在应用程序中表现更好的主要因素。对于这个任务，集中在两个基本的技术：K-近邻和逻辑回归。将它们相互比较，并与标准的行业惯例近期、频次、货币(Recentness，Frequency，Monetary，RFM)细分进行比较。

1. RFM 细分市场

数据库营销中的细分过程旨在将潜在客户列表中的客户划分为在购买行为方面相似的同质组(段)。进行细分所需的同质性标准是购买产品的倾向。然而，由于无法衡量这个属性，所以使用的变量是这种倾向的合理指标。

在直接营销业务中，最常用的变量是 RFM 变量。

● R=近期，自上次购买以来的时间。

● F=频次，一段时间内从该公司购买的数量。

● M=货币，一段时间内花在该公司产品上的钱。

假设最近一次购买距离当下越近，过去从该公司购买的产品越多，花费的钱越多，客户就越有可能购买该公司提供的产品。

数据集中的 1800 个观测数据被划分为近期、频次、货币三类。

(1) 近期

● 0～2 个月(Rcode = 1)。

● 3～6 个月(Rcode = 2)。

● 7～12 个月(Rcode = 3)。

● 13 个月及以上(Rcode = 4)。

(2) 频次

● 1 本书(Fcode = 1)。

● 2 本书(Fcode = 2)。

● 3 本书及以上(Fcode = 3)。

(3) 货币

● 0～25 美元(Mcode = 1)。

● 26～50 美元(Mcode = 2)。

● 51～100 美元(Mcode = 3)。

● 101～200 美元(Mcode = 4)。

● 201 美元及以上(Mcode = 5)。

2. 赋值

将数据划分为训练集(60%)和验证集(40%)，使用 seed = 1。

(1) 客户对培训数据的整体响应率是多少？4×5×3 = 60 个，RFM 类别组合的响应率是多少？哪些组合在训练数据中的反应率高于训练数据中的总体反应？

(2) 假设我们决定只向第 1 部分中确定的"高于平均水平"的 RFM 组合发送促销邮件。使用这些组合计算验证数据中的响应率。

(3) 重做第 1 部分、第 2 部分和第 3 部分。

● 第 1 部分：响应率超过总体响应率两倍的 RFM 组合。

● 第 2 部分：超过总体响应率但不超过其 2 倍的 RFM 组合。

● 第 3 部分：剩余的 RFM 组合。

绘制提升曲线(由这三个部分的三个点组成)，在 x 轴上显示验证数据集中的客户数量，在 y 轴上显示验证数据集中的累计买家数量。

3. K-NN 方法

K-NN 方法可以用基于产品及其相似产品的相似度、购买倾向(通过 RFM 变量测量)来创建细分。对于《佛罗伦萨的艺术史》，可以根据产品的邻近程度使用以下变量进行细分。

R：从上次购买以来的几个月。

F：过去购买的总次数。

M：花在书上的钱。

FirstPurch：自第一次购买后的几个月。

RelatedPurch：过去购买相关图书的总数量(即《意大利烹饪的秘密》《意大利历史地图

集》《意大利艺术》)。

(1) 用 K-NN 方法对 K = 1,2,…,11 的情况进行分类，使用 Florence 作为结果变量。根据赋值集，找出最好的 K 值。记住要对所有 5 个变量进行规格化。为最佳 K 模型创建一个提升曲线，并报告来自验证数据集的相同数量客户的预期升力。

(2) K-NN 预测算法给出一个数值，该数值是权值与距离成反比的 K 个最近邻的 Florence 变量值的加权平均值。使用上面用 K-NN 分类计算出的最佳 K 值，现在运行一个带有 K-NN 预测的模型，并为验证数据计算一个提升曲线。使用所有 5 个预测因素和规范化数据。预测的范围是什么？这个结果与 K-NN 分类的输出结果相比如何？

4. 逻辑回归

逻辑回归模型为响应建模提供了一种强大的方法，因为它产生了定义好的购买问题。该模型在消费者选择环境中尤其具有吸引力，因为它可以从消费者行为的随机效用理论中推导出来。

使用 1800 条记录的训练集数据，构建以 Florence 为结果变量的三组逻辑回归模型，分别采用以下预测因子。

- 数据集中的 15 个预测因素。
- 你认为是最好的预测因素的子集。
- 只有 R、F、M 3 个变量。

(1) 创建一个提升图，汇总上面创建的三个逻辑回归模型的结果，以及从验证数据集中随机选择相等数量的客户的预期提升。

(2) 如果一个活动的截止标准是购买的可能性为 30%，那么在验证数据中找到目标客户，并计算这个集合中的买家数量。

案例十 德国信贷[①]

一、背景

自从货币出现以来，借贷就一直存在。然而，对信贷风险的系统评估是近期才出现的，贷款主要是基于信誉和非常不完整的数据。直到 20 世纪初，零售信用公司的成立，才使信用信息得以分享。这家公司是 Equifax，三大信用评分公司(另外两家是 Transunion 和 Experion)之一。

信贷机构和大型金融机构收集了大量的数据，根据大量的客户和交易信息来预测是否会发生违约或其他不利事件。

二、数据

这个案例处理的是早期阶段的历史过渡到预测模式，在这一阶段，人们被记录贴上信用好或信用坏的标签。德国信贷数据集有 30 个变量和 1000 条记录，每条记录都是信用的

① Galit Shmueli, Peter C. Bruce, Inbal Yahav, Nitin R.Patel, Kenneth C. Lichtendahl Jr. Data Mining for Business Analytics Concepts Techniques and Applications in R[M]. USA: John Wiley & Sons, Inc. 2018: 505-509.

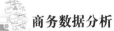

优先申请人。每个申请人被评为"信用良好"(700 例)或"信用不好"(300 例)。表 20-17 显示了前 4 条记录中这些变量的值。

表 20-17　德国信贷数据集 1

OBS#	CHK_ACCT	DURATION	HISTORY	NEW_CAR	USED_CAR	FURNITURE	RADIO/TV
1	0	6	4	0	0	0	1
2	1	48	2	0	0	0	1
3	3	12	4	0	0	0	0
4	0	42	2	0	0	1	0

EDUCATION	RETRAINING	AMOUMT	SAV_ACCT	EMPLOYMENT	INSTALL_RATE	MALE_DIV	MALE_SINGLE
0	0	1169	4	4	4	0	1
0	0	5951	0	2	2	0	0
1	0	2096	0	3	2	0	1
0	0	7882	0	3	2	0	1

MAKE_MAR_WID	CO-APPLICANT	GUARANTOR	PRESENT_RESIDENT	REAL_ESTATE	PROP_UNKN_NONE	AGE	OTHER_INSTALLMENT
0	0	0	4	1	0	67	0
0	0	0	2	1	0	22	0
0	0	0	3	1	0	49	0
0	0	1	4	0	0	45	0

RENT	OWN_RES	NUM_CREDITS	JOB	NUM_DEPENDENTS	TELEPHONE	FOREIGN	RESPONSE
0	1	2	2	1	1	0	1
0	1	1	2	1	0	0	0
0	1	1	1	2	0	0	1
0	0	1	2	2	0	0	1

所有变量的含义在表 20-18 中有所说明。

表 20-18　德国信贷数据集 2

序号	变　量	描　述	种　类	选项解释
1	OBS#	观测值	分类	数据集中的序列号
2	CHK_ACCT	支票账户状态	分类	0: <0DM 1: 0~200DM 2: >200DM 3: 没有支票账户
3	DURATION	信用期限(月)	数值	

序号	变 量	描 述	种 类	选项解释
4	HISTORY	信用记录	分类	0：没有历史 1：我行所有信用卡已经如期还清 2：现有信用卡到目前为止已经按时偿还 3：过去存在拖延还款 4：问题账户
6	USED_CAR	信贷目的	二元	二手车，0：否 1：是
7	FURNITURE	信贷目的	二元	家具/设备，0：否 1：是
8	RADIO/TV	信贷目的	二元	收音机/电视机，0：否 1：是
9	EDUCATION	信贷目的	二元	教育，0：否 1：是
10	RETRAINING	信贷目的	二元	培训，0：否 1：是
11	AMOUMT	贷方金额	数值	
12	SAV_ACCT	储蓄账户平均余额	分类	0：<100DM 1：101～500DM 2：501～1000DM 3：>1000DM 4：不知道或没有储蓄账户
13	EMPLOYMENT	现在工作开始时间	分类	0：没工作 1：<1年 2：1～3年 3：4～6年 4：≥7年
14	INSTALL_RATE	分期付款率占可支配收入的百分比	数值	
15	MALE_DIV	申请人为离异男性	二元	0：否 1：是
16	MALE_SINGLE	申请人为单身男性	二元	0：否 1：是
17	MAKE_MAR_WID	申请人为结婚或丧偶男性	二元	0：否 1：是
18	CO-APPLICANT	申请人有共同申请人	二元	0：否 1：是

序号	变 量	描 述	种 类	选项解释
19	GUARANTOR	申请人有担保人	二元	0: 否 1: 是
20	PRESENT_RESIDENT	现在居住从何时开始	分类	0: <1 年 1: 1~2 年 2: 2~3 年 3: ≥3 年
21	REAL_ESTATE	申请人有房产	二元	0: 否 1: 是
22	PROP_UNKN_NONE	申请人没有财产(或不知道)	二元	0: 否 1: 是
23	AGE	年龄	数值	
24	OTHER_INSTALMENT	申请人有其他分期付款信贷	二元	0: 否 1: 是
25	RENT	申请人租金	二元	0: 否 1: 是
26	OWN_RES	申请人有住处	二元	0: 否 1: 是
27	NUM_CREDITS	银行中现有的信贷	数值	
28	JOB	工作状况	分类	0:
29	NUM_DEPENDENTS	有责任提供赡养费的人的数量	数值	0: 失业，非熟练非居民 1: 非熟练居民 2: 熟练工/官方 3: 管理层/自由职业者/高素质员工/官员
30	TELEPHONE	申请人在名下有电话	二元	0: 否 1: 是
31	FOREIGN	外籍工作者	二元	0: 否 1: 是
32	RESPONSE	信用评级好	二元	0: 否 1: 是

根据这 32 个预测变量可对新的信用申请人进行评估，并根据预测值可将其划分为信用良好或信用不良。

错误分类的后果被评估如下：错误判断(错误地说一个申请人具有良好的信用风险)的成本超过了真实判断(正确地说一个申请人具有良好的信用风险)的收益 5 倍。表 20-19 总结了这一点。

下面这个机会成本表是从每笔贷款的平均净利润得出的，因为决策者习惯于从净利润的角度来考虑他们的决策，所以我们使用这些表来评估各种模型的性能，如表 20-20 所示。

表 20-19　德国信贷数据集 3

预测(决定)	实际情况	
	好	坏
好(接受)	0	500
坏(拒绝)	100	0

表 20-20　德国信贷数据集 4

预测(决定)	实际情况	
	好	坏
好(接受)	100	−500
坏(拒绝)	0	0

三、赋值

1. 回顾预测变量并猜测它们在信用评级中可能扮演的角色。数据中有什么出人意料的地方吗？

2. 将数据划分为训练集和验证集，并使用下列数据挖掘技术开发分类模型：逻辑回归、分类树和神经网络。

3. 从每种技术中选择一个模型，并报告验证数据的混淆矩阵和成本-收益矩阵。哪种技术的纯利润最高？

4. 让我们试着改进我们的表现。与其接受对所有申请者信用状况的默认分类，不如使用逻辑回归(成功意味着 1)中的估计概率(倾向)作为首先选择最佳信用的基础，然后选择风险较低的申请者。为验证集中的每条记录创建一个包含净利润的向量。使用此向量为包含净利润的验证集创建一个按比例递减的提升图。

(1) 为了获得最大的净利润，验证数据应该走多远(通常，它被指定为百分位数或四舍五入为十分位数)？

(2) 如果使用这种逻辑回归模型来给未来的申请者打分，那么在发放贷款时应该使用什么样的"成功概率"阈值？

案例十一　Tayko 软件目录①

一、背景

Tayko 是一家销售游戏和教育软件的软件公司。它最初是一家软件制造商，后来在其产品中加入了第三方软件。该公司将修订后的收藏整理在一个新的产品目录中，并准备通过邮寄方式推出。

---

① Galit Shmueli, Peter C. Bruce, Inbal Yahav, Nitin R.Patel, Kenneth C. Lichtendahl Jr. Data Mining for Business Analytics Concepts Techniques and Applications in R[M]. USA: John Wiley & Sons, Inc. 2018: 510-513.

除了自己的软件，Tayko 的客户名单也是一项重要资产。为了扩大它的客户群，它加入了一个专门从事计算机和软件产品的公司联盟。该联盟为成员提供了邮寄产品目录的机会，从汇集的客户名单中抽取需要的名字。会员向库中提供自己的客户名单，并可以每季度"提取"同等数量的客户。允许成员对库中的记录进行预测建模，以便他们能够更好地从库中选择对象。

二、邮件的实验

Tayko 已经将其 20 万名客户的名单提供给了这个总数超过 500 万的名单库，因此它现在有权抽取 20 万名客户进行邮寄。Tayko 想要选择最有可能对此感兴趣的对象，所以它进行了一个测试——它从池中抽取 20000 个对象，并对新目录进行邮寄测试。

此邮件产生了 1065 个购买者，回复率为 0.053。为了优化数据挖掘技术的性能，公司决定使用包含相同数量的购买者和非购买者的分层样本。为了便于表述，本例的数据集仅包括 1000 名购买者和 1000 名非购买者，明显的响应率为 0.5。因此，在使用数据集预测谁将成为购买者之后，必须通过将每个案例的"购买概率"乘以 0.053/0.5 或 0.107 来调整购买率。

三、数据

这里有两个结果变量。purchase 指示潜在客户是否对测试邮件做出响应并购买了某些东西。对于那些购物的人来说，"支出"指的是他们花了多少钱。本例中的整个过程是开发两个模型，其中一个将用于分类记录为已购买或未购买，另一个将用于那些被归类为购买的案例，并预测它们将花费的金额。表 20-21 显示了前几行数据。

表 20-21　Tayko 软件数据集 1

sequence_number	US	source_a	source_c	source_b	source_d	source_e	source_m	source_o	source_h
1	1	0	0	1	0	0	0	0	0
2	1	0	0	0	0	1	0	0	0
3	1	0	0	0	0	0	0	0	0
4	1	0	1	0	0	0	0	0	0
5	1	0	1	0	0	0	0	0	0
6	1	0	0	0	0	0	0	0	0
7	1	0	0	0	0	0	0	0	0
8	1	0	0	1	0	0	0	0	0
9	1	1	0	0	0	0	0	0	0
10	1	1	0	0	0	0	0	0	0

source_r	source_s	source_t	source_u	source_p	source_x	source_w	freq.	last_update_days_ago
0	0	0	0	0	0	0	2	3662
0	0	0	0	0	0	0	0	2900
0	0	1	0	0	0	0	2	3883
0	0	0	0	0	0	0	1	829
0	0	0	0	0	0	0	1	869
1	0	0	0	0	0	0	1	1995
0	0	0	0	0	0	1	2	1498
0	0	0	0	0	0	0	1	3397
0	0	0	0	0	0	0	4	525
0	0	0	0	0	0	0	1	3215

1st_update_days_ago	Web_order	Gender=male	Address_is_res	purchase	spending
3662	1	0	1	1	127.87
2900	1	1	0	0	0
3914	0	0	0	1	127.48
829	0	1	0	0	0
869	0	0	0	0	0
2002	0	0	1	0	0.06
1529	0	0	1	0	0.06
3397	0	1	0	0	0.08
2914	1	1	0	1	488.5
3215	0	0	0	1	173.5

表 20-22 描述了本例中可用的变量。

表 20-22　Tayko 软件数据集 2

序号	变量	描述	种类	选项解释
1	US	是美国的地址吗?	二元	0: 否 1: 是
2-16	source_*	记录的源目录(15 个可能的源)	二元	0: 否 1: 是
17	freq.	去年源目录中的交易数	数值	
18	last_update_days_ago	上次更新是多少天前	数值	
19	1st_update_days_ago	多少天前第一次更新客户记录	数值	
20	RFM%	来源于目录报告的最近-频率-数字货币百分比	数值	

续表

序号	变 量	描 述	种 类	选项解释
21	Web_order	客户通过网络至少下了一个订单	二元	0：否 1：是
22	Gender=male	客户是男的	二元	0：否 1：是
23	Address_is_res	地址是住所	二元	0：否 1：是
24	purchase	是在测试邮件中购买的人	二元	0：否 1：是
25	spending	客户在测试邮件中花费的金额(美元)	数值	

四、赋值

1. 每个目录的邮费约为 2 美元(包括印刷和邮寄费用)。从选池中随机选择剩下的 18 万个对象，估计一下公司能从这些对象中获得的毛利润。

2. 开发一个将客户分类为购买者或非购买者的模型。

(1) 将数据随机划分为训练集(800 条记录)、验证集(700 条记录)和测试集(500 条记录)。

(2) 使用后向消除的逻辑逐步回归选择变量的最佳子集，然后使用该模型对数据进行购买者和非购买者的分类。仅使用训练集运行模型(之所以使用逻辑回归，是因为它会产生一个估计的"购买概率"，这在稍后的分析中是必需的)。

3. 建立一个预测购买者支出的模型。

(1) 创建一个仅购买者记录的 ID 的向量(purchase = 1)。

(2) 将此数据集划分到训练和验证记录中(使用与前面分区相同的训练/验证标签；一种方法是使用函数 intersect()，查找原始分区中购买者的 ID)。

(3) 开发用于预测支出的模型，使用：

● 多元线性回归(使用逐步回归)。

● 回归树。

(4) 根据模型在验证数据上的性能选择一个模型。

4. 返回到原始测试数据集。注意，这个测试数据集同时包括购买者和非购买者。创建一个名为 Score Analysis 的新数据框架，它包含此数据集的测试数据部分。

(1) 在数据框架中添加一列，其中包含逻辑回归的预测分数。

(2) 添加另一列与所选预测模型的预测支出金额。

(3) 用"预测购买概率"乘以 0.107，增加一列"调整购买概率"。这是为了调整购买者的过度抽样。

(4) 为预计支出添加一列：调整后的购买概率×预计支出。

(5) 绘制预计支出的上升曲线。

(6) 使用这条上升曲线，根据数据挖掘模型估计发送给 18 万个名字的毛利。

案例十二　拒接出租车电话[①]

一、业务情况

2013 年年底，印度班加罗尔的出租车公司 Yourcabs 遇到了平台使用问题——不是所有的司机都接客户预约的电话。司机会拒接的电话，如果拒接没有充分的通知，顾客出行就会被耽搁。

班加罗尔是印度的一个重要科技中心，科技正在改变着出租车行业。Yourcabs 的特色是一个在线预订系统(尽管客户也可以打电话)，并把自己作为一个出租车预订的门户。

Yourcabs 收集了 2011 年至 2013 年的预定数据，并与印度商学院合作，在 Kaggle 网站上发布了一项竞赛，看看它能从拒接出电话租车的问题中学到什么。

本例中涉及的数据是原始数据的一个随机选择的子集，有 10000 行，每个预定有一行。输入变量有 17 个，包括用户(客户)ID、车辆型号、在线预定还是通过手机 App 预定、旅行类型、预定包类型、地理信息、预定行程的日期和时间等。感兴趣的目标变量是关于是否取消的二元虚拟变量。总的拒接率在 7%~8%。

二、赋值

1. 基于这些数据的预测模型是如何被 Yourcabs 使用的？

2. 打车网站如何使用分析模型(识别区分是否取消行程的预测因素)？

3. 研究、准备和转换数据，以便促进预测建模。以下是一些提示。

(1) 在探索性建模中，在不解决所有数据准备问题的情况下，很快地至少进入初始模型是有用的。一个例子是 GPS 信息——其他地理信息是可用的，所以可以推迟如何解释或使用 GPS 信息的挑战。

(2) 如何处理丢失的数据，例如指示为 NULL 的情况？

(3) 考虑日期和时间字段中可能包含哪些有用信息(预定时间戳和旅行时间戳)。

(4) 数据文件包含一个工作表，其中有一些关于如何从日期/时间字段中提取特征的提示。

(5) 再想想分类变量，以及如何处理它们。

4. 你选择的几个预测模型是否提供了预测变量如何拒接相关的信息？

5. 根据错误率(混淆矩阵)报告模型的预测性能。模型的表现如何？这个模型能用于实践吗？

6. 在排名(提升)方面检查你的模型的预测性能。模型的表现如何？这个模型能用于实践吗？

---

① Galit Shmueli, Peter C. Bruce, Inbal Yahav, Nitin R.Patel, Kenneth C. Lichtendahl Jr. Data Mining for Business Analytics Concepts Techniques and Applications in R[M]. USA: John Wiley & Sons, Inc. 2018: 517-518.

案例十三　肥皂消费者细分①

一、业务情况

CRISA 是一家亚洲市场研究机构，专门追踪消费者购买耐用消费品和非耐用消费品的行为。为了跟踪购买行为，CRISA 在印度 100 多个城市和城镇建立了家用面板数据，覆盖了印度大部分城市市场。采用分层抽样的方法对住户进行精心选择，以便确保抽样具有代表性，分析包含 600 条记录的子集。阶层是根据社会经济地位和市场(城市的集合)来定义的。

CRISA 有事件数据(每行是一个事件)和住户数据(每行是一个住户)，对于住户数据，它有以下信息。

(1) 住户人口统计资料(每年更新)。

(2) 拥有耐用物品(汽车、洗衣机等，每年更新；根据这些信息计算出"富裕指数")。

(3) 产品类别及品牌购买数据(每月更新)。

(4) CRISA 有两类客户。

(5) 订阅数据库服务，每月获取更新数据，并利用这些数据为客户提供广告和推广策略建议的广告代理。

(6) 消费品制造商，利用 CRISA 数据库监测其市场份额。

二、关键问题

CRISA 传统上以购买者的画像为基础来细分市场。现在，他们希望通过与购买过程和品牌忠诚度直接相关的两组关键变量来细分市场。

(1) 购买行为(数量、频率、对折扣的敏感性和品牌忠诚度)。

(2) 购买依据(价格、销售卖点)。

这样做可以让 CRISA 获得与不同购买行为和品牌忠诚度相关的人口统计属性的信息，从而更有效地部署促销预算。更有效的市场细分将使 CRISA 的客户能够针对适当的场合设计更经济有效的促销活动。因此，在一年的不同时间，每次针对不同的细分市场，可以推出多种促销活动，这将使促销预算更有效地分配到不同的细分市场。它还将使公司能够设计更有效的客户激励方案，从而提高品牌忠诚度。

三、数据

表 20-23 中的数据集描述了每个家庭的特征和消费行为，每行包含一个家庭的数据。

---

① Galit Shmueli, Peter C. Bruce, Inbal Yahav, Nitin R.Patel, Kenneth C. Lichtendahl Jr. Data Mining for Business Analytics Concepts Techniques and Applications in R[M]. USA: John Wiley & Sons, Inc. 2018: 518-521.

表 20-23　肥皂消费者数据集

变量类型	变量名	描述
身份编号	Member ID	每个家庭的唯一标识符
人口统计资料	SEC	社会经济等级(1 =高，5 =低)
	FEH	饮食习惯(1 =素食者，2 =素食主义者，但吃鸡蛋，3 =非素食者，0 =未注明)
	MT	母语(见工作表)
	SEX	操持家务者性别(1 =男，2 =女)
	AGE	操持家务者年龄
	EDU	操持家务者学历(1 =最低，9 =最高)
	HS	家庭成员的数量
	CHILD	家庭中儿童的存在情况(4 类)
	CS	电视可用性(1 =可用，2 =不可用)
	Affluence Index	持有的耐用品的加权价值
本期采购汇总表	No. of Brands	购买品牌数量
	Brand Runs	连续购买品牌次数
	Total Volume	数量的总和
	No. of Trans	购买交易数(一个月内购买多个品牌作为单独交易)
	Value	价值的总和
	Trans/Brand Runs	每个品牌的平均交易量
	Vol/Trans	每笔交易的平均交易量
	Avg. Price	平均购买价
促销购买	Pur Vol	购买量百分比
	No Promo - %	在没有促销的情况下购买的数量
	Pur Vol Promo 6%	百分之六促销的情况下购买的数量
	Pur Vol Other Promo %	在其他百分比促销活动下购买的数量
品牌购买	Br. Cd. (57, 144),55, 272, 286, 24,481, 352, 5,and 999 (others)	该品牌购买量的百分比
价格分类采购	Price Cat 1 to 4	在价格类别下购买数量的百分比
销售建议购买	Proposition Cat 5 to 15	产品主张类别下购买量的百分比

四、衡量品牌忠诚度

在这种情况下，有几个变量衡量品牌忠诚度的各个方面。顾客购买的不同品牌的数量是忠诚度的一个衡量标准。然而，一个在短时间内连续购买一两个品牌，然后连续购买第三个品牌的消费者，与一个在三个品牌之间不断切换的消费者是不同的。因此，顾客从一个品牌转换到另一个品牌的频率是忠诚度的另一个衡量标准。同样的问题从第三个角度看，不同品牌的购买比例——把 90%的钱花在一个品牌上的消费者,比在多个品牌上花费更多的消费者更忠诚。

这三个衡量标准都可以对采购汇总工作表中的数据进行度量。

五、赋值

1. 使用 K-Means 聚类来确定家庭的聚类,基于以下几点。

(1) 描述购买行为的变量(包括品牌忠诚)。

(2) 描述购买基础的变量。

(3) 描述购买行为和购买基础的变量。

注 1:如何选择 K?考虑如何使用集群。营销工作将支持两到五种不同的促销方式。

注 2:应该如何处理由不同品牌组成的总购买量的百分比?一个只买 A 品牌的顾客比一个只买 B 品牌的顾客忠诚吗?使用品牌份额变量对任何距离测量的影响是什么?考虑使用单一派生变量。

2. 选择你认为最好的细分,并评论这些集群的特征(人口统计学、品牌忠诚度和购买基础)(这些信息将用于指导广告和促销活动的开展)。

3. 开发一个模型,将数据分类为这些段。由于这些信息最有可能被用于定向促销,因此选择一个在分类模型中被定义为成功的细分市场将是有用的。

案例十四　交叉销售[①]

一、背景

埃克塞特公司是一家目录销售公司,销售产品有许多不同的目录。这些目录虽然有几十个,但可被分为 9 个基本类别。

1. 服装

2. 家庭用品

3. 健康产品

4. 汽车

5. 个人电子产品

6. 电脑

7. 花卉

8. 新奇的礼物

9. 珠宝

印刷和分发产品目录的成本很高。到目前为止,最大的运营成本是向不买东西的人推销产品的成本。在制作和目录的印刷上投入了如此之多,埃克塞特想要抓住一切机会有效地利用它们。其中,一个机会就是交叉销售,一旦顾客购买了一种产品,就设法趁他们注

---

① Galit Shmueli, Peter C. Bruce, Inbal Yahav, Nitin R.Patel, Kenneth C. Lichtendahl Jr. Data Mining for Business Analytics Concepts Techniques and Applications in R[M]. USA: John Wiley & Sons, Inc. 2018: 524-525.

意的时候再推荐给他们另一种产品。

这种交叉促销的形式可能是在已购买的产品的运输中附上产品目录以及一张优惠券，以便吸引消费者从该目录购买。或者，它可能通过电子邮件发送类似优惠券的形式，将顾客引导到该目录的网页版本的链接。

但是哪个目录应该包含在盒子里，或者作为电子邮件的链接包含在折扣券中。埃克塞特希望它是一个明智的选择——相比简单地随机选择目录，一个目录有一个更高的成功概率。

二、赋值

使用数据集。执行关联规则分析，并对结果进行解释。讨论各种输出统计数据(升力比、置信度、支持)和包括一个非常粗略的估计(精确的计算是不必要的)的程度，这将帮助埃克塞特作出明智的选择——哪些目录应交叉推广给买方。

案例十五　预测破产[①]

一、企业破产预测

就像医生检查血压和脉搏作为人们健康的重要指标一样，业务分析师检查公司的财务报表以监控其财务健康状况。然而，血压、脉搏和大多数医疗生命体征是通过精确定义的程序来测量的，而财务变量是根据不太具体的一般会计原则来记录的。那么，财务分析的一个主要问题就是，一家公司的经营状况有多少可预测。

分析财务报告信息的难点之一是缺乏实际现金收支的公开信息。财务报表的使用者不得不依赖于现金流的代理，也许最简单的是收入(INC)或每股收益。试图通过使用收入加折旧(INCDEP)、营运资本(WCFO)和营运现金流(CFFO)来改善公司作为现金流代理的状况。CFFO 是通过调整所有非现金支出和收入的经营收入以及流动资产和流动负债账户的变化而获得的。

当会计准则发生重大变化时，解释历史财务披露信息的另一个困难就产生了。例如，财务会计准则委员会在 20 世纪 70 年代中期颁布了几项规定，改变了有关权益收益、外币损益和递延税项等应计项目的报告要求。这类变化的一个影响是，收益数字成为不那么可靠的现金流指标。

鉴于在解释会计信息方面的这些困难，那么什么才是企业健康的重要标志呢？现金流是一个重要信号吗？如果不是，是什么？如果是，估算现金流的最佳方法是什么？我们如何才能预测一家公司即将倒闭呢？

为了回答其中一些重要的问题，有必要对破产和健康公司的财务关键迹象进行研究。首先从 Dun 和 Bradstreet 提供的名单中找出了 66 家破产公司。这些公司从事制造业或零售业，在统计研究方面有财务数据。破产发生在 1970—1982 年。

对于这 66 家失败的公司，从同一行业选择一家规模大致相同的健康公司(以公司资产的

---

① Galit Shmueli, Peter C. Bruce, Inbal Yahav, Nitin R.Patel, Kenneth C. Lichtendahl Jr. Data Mining for Business Analytics Concepts Techniques and Applications in R[M]. USA: John Wiley & Sons, Inc. 2018: 525-527.

账面价值衡量)作为比较的基础。采用这种匹配的样本技术是为了尽量减少任何外来因素(例如工业)对研究结论的影响。

这项研究的目的是观察提前2年预测破产的情况。使用公司破产前两年的数据，对132家公司中的每一家计算了24个财务比率。表20-24列出了24个比率，并解释了用于基本财务变量的缩写。除了CFFO之外，所有这些变量都包含在公司的年度报告中。比率被用来促进不同规模公司之间的比较。

表 20-24 预测破产数据集

缩 写	财务变量	比 率	定 义
ASSETS	总资产	R1	CASH/CURDEBT
CASH	现金	R2	CASH/SALES
CFFO	经营现金流	R3	CASH/ASSETS
COGS	销货成本	R4	CASH/DEBTS
CURASS	流动资产	R5	CFFO/SALES
CURDEBT	当前债务	R6	CFFO/ASSETS
DEBTS	总债务	R7	CFFO/DEBTS
INC	收入	R8	COGS/INV
INCDEP	收入加上折旧	R9	CURASS/CURDEBT
INV	库存	R10	CURASS/SALES
REC	应收账款	R11	CURASS/ASSETS
SALES	销售	R12	CURDEBT/DEBTS
WCFO	营运资金	R13	INC/SALES
		R14	INC/ASSETS
		R15	INC/DEBTS
		R16	INCDEP/SALES
		R17	INCDEP/ASSETS
		R18	INCDEP/DEBTS
		R19	SALES/REC
		R20	SALES/ASSETS
		R21	ASSETS/DEBTS
		R22	WCFO/SALES
		R23	WCFO/ASSETS
		R24	WCFO/DEBTS

用CASH作为分子的前4个比率可以被认为是衡量公司用于支付债务的现金储备的指标。3个以CURASS为分子的比率反映了公司用于偿还债务的流动资产的产生。2个比率，CURDEBT/DEBT和ASSETS/DEBTS，衡量公司的债务结构。存货和应收账款周转率是通过COGS/INV和SALES/REC来衡量的，而SALES/ASSETS衡量的是公司产生销售的能力。最后12个比率是资产流动指标。

二、赋值

1. 在评估是否有一组变量传达相同的信息以及这些信息有多重要时，什么样的数据挖掘技术是合适的？

2. 对描述破产公司的特征与简单地预测(黑箱式)一个公司是否会破产以及不同目标进行评论，就每一种情况下适用的分类方法发表评论。

3. 通过对数据的研究，初步了解哪些变量在区分破产公司和非破产公司时可能是重要的(提示：作为分析的一部分，使用并列的箱线图，将破产/未破产变量作为 x 变量)。

4. 使用分类器，产生几个模型来预测一个公司是否破产，评估一个验证集上的模型性能。

5. 在此基础上，评论哪些变量在分类中是重要的，并讨论它们的影响。

第二十一章 国内应用案例

案例一 终端换机预测

移动互联网用户在使用手机的过程中产生大量的信息，运营商积累了这些用户的相关信息，如终端使用时间、流量使用情况、通话时长等，但在海量信息中，运营商和用户都很难及时交互双方所需要的信息。对于运营商而言，无法知道哪些用户有潜在的换机需求、需求的手机类型及可接受的价位等信息，从而做针对性的销售。对于用户而言，虽然市场上手机种类繁多，但是不知道有哪些手机更适合自己，而且性价比更高。因此运营商有必要对用户业务和流量等信息进行全面系统的研究分析，以此挖掘出潜在换机用户，这不仅有利于运营商扩大用户市场，增加经济效益，还有利于用户获得更好的体验。

一份电信行业用户换机相关数据如表 21-1 所示，主要包含用户编号、品牌、型号、2个月前流量、1个月前流量、当前流量、机主年龄、通话时长、开户日期、智能机表示、2年内已使用手机数、手机已使用月数和是否换机等字段，其中是否换机是标签列，"0"表示用户不换机，"1"表示用户换机。

表 21-1 终端换机案例数据

用户编号	品牌	型号	2个月前流量	1个月前流量	当月流量	机主年龄	通话时长	开户日期	智能机标识	2年内已使用手机数	手机已使用月数	是否换机
8001	华为	Nova9	0.0257	0.0855	0.04975	48	18575.0	2005-11-02	1.0	1.0	26	0
8002	苹果	Iphone11	780.0325	675.4323	455.3242	27	10023.0	2013-06-12	1.0	1.0	36	0
8003	Oppo	A55s	502.4572	354.4875	205.7545	22	12100.0	2014-02-20	0.0	2.0	11	0
8004	真我	Q5	0.0	0.0	0.0	31	18704.0	2011-05-25	0.0	3.0	9	1
8005	华为	P30pro	1000.3265	865.4885	478.3527	36	21510.0	2011-10-11	1.0	1.0	32	0
8006	小米	Note11	0.0	0.0	0.0	45	7203.0	2008-06-11	1.0	1.0	29	0
8007	三星	GalaxyZ	0.0	0.0	0.0	33	10354.0	2013-11-12	0.0	2.0	8	0
8008	摩托罗拉	X30	0.0	0.0	0.0	50	8472.0	2009-10-21	0.0	2.0	10	0
8009	荣耀	70	85.3472	305.2463	227.4323	39	7683.0	2010-05-17	1.0	1.0	29	0
8010	Vivo	Y72t	0.0	0.0	0.0	23	5785.0	2016-04-23	1.0	3.0	8	0

对终端换机数据中的各个属性指标进行分析，可以采用决策树算法训练终端换机预测模型，预测用户是否换机。机器学习中，决策树是一个预测模型，它代表的是对象属性值与对象值之间的一种映射关系。决策树是一种监管学习。所谓监管学习，就是给定一堆样本，每个样本都有一组属性和一个类别，这些类别是事先确定的，那么通过学习得到一个分类器，这个分类器能够对新出现的对象给出正确的分类。决策树学习也是数据挖掘的一种方法。每个决策树都表述了一种树型结构，由它的分支来对该类型的对象依靠属性进行分类。每个决策树可以依靠对源数据库的分割进行数据测试。这个过程可以递归式地对树进行修剪。当不能再进行分割或一个单独的类可以被应用于某一分支时，递归过程就完成了。另外，随机森林分类器将许多决策树结合起来以提升分类的正确率。决策树同时也可以依靠计算条件概率来构造并能取得更加理想的效果。

在建立终端换机预测模型前需要先整理流程，主要包含以下四个步骤。

(1) 从数据库中抽取企业经营指标静态数据，保证建模样本数据稳定性。

(2) 对样本数据进行数据探索分析，获得对数据的整体认识和指标分布情况。

(3) 对样本数据进行预处理，包括数据过滤、缺失值处理等。

(4) 构建识别模型对样本数据进行模型训练，并对模型进行评价。

终端换机预测模型的构建主要包括以下四个步骤。

(1) 加载数据，即将数据加载到实验环境。

(2) 对建模数据进行数据探索分析。

数据探索分析是对数据进行初步研究，发现数据的内在规律特征，有助于选择合适的数据预处理和数据分析技术。本案例主要采用"变量分析"和"基本分布"组件可以对数据进行整体认识和数据分布情况的了解。

① 描述分析。首先对已有数据进行描述性统计分析，获得对数据的整体性认识。可分析数据的基本特征，包括列名(变量名)、列的数据类型、是否离散、缺失值、缺失值比例、最大值、最小值、平均值、方差、数据行数(观测值)。

② 分布分析。基本分布可分析连续型数据的分布情况和离散型数据的占比情况，对连续型数据自动划分区间并进行计数；对离散型数据进行按类别进行计数。由此，我们可以对数据的分布情况进行大概的了解。

(3) 通过分析，对数据进行相应的预处理。影响用户换机的因素很多，包括当前流量、机主年龄、通话时长等，假设经过初步分析可知用户编号、品牌、型号数据、开户日期和用户换机并无太大关系，那么在训练模型前，可通过"过滤列"方法将这几列数据过滤掉。对后面的挖掘过程不需要用到的列进行过滤，就是将一些无关列从数据中剔除掉，也是数据的降维，防止模型过度拟合。

(4) 构建终端换机预测模型，并对模型进行评价。终端换机预测可通过构建分类预测模型来实现，本案例我们采用分类预测模型：决策树。构建模型的分析列为：2 个月前流量、一个月前流量、当前流量、机主年龄、通话时长、开户日期、智能机表示、2 年内已使用手机数、手机已使用月数，目标列为是否换机。

① 有监督目标配置。因为决策树属于有监督算法，所以需要进行有监督配置。将是

否换机是标签列设定为"目标列",其他列配置设置为"分析列"。

② 模型构建。通过决策树算法进行终端换机预测模型的构建,决策树模型组件配置参数说明:决策算法,选择预测分析用于分类还是回归;评估指标,分类支持基尼系数和熵,回归支持方差;最大深度,一般默认设置为10;最大分裂数,一般默认设置为100。

③ 模型评价。对模型结果进行展示和评价,主要是利用"模型信息""验证结果""特征影响"这三个方面对模型结果进行展示,利用"混淆矩阵"和"分类模型评估"这两个方法对模型进行评价。混淆矩阵是用来总结分类结果的矩阵(算法中将传入的数据进行二八分割,80%的数据作为训练集,20%的数据作为测试集),将原数据结果(origin)和预测结果(predict)进行比较,若相同的相比不同的占比高,就说明模型准确率较高。分类模型评估中的值主要通过混淆矩阵计算所得。准确率(precisions),反映的是被分类器正确分类的比率;召回率(recall)也称查全率,反映的是被正确判定的正例占总的正例的比重;F 值(f1)则是精度和召回率的加权调和平均。

案例二　高校本科生就业问题研究

近年来,大学生的就业问题日益突出并且呈上升发展的趋势。由于毕业生处于毕业、择业、就业的人生转折关键点,其思想状态、精神面貌、心理变化均存在着较大的差异。对毕业生的调查是反馈和改进学校教育教学工作的重要依据,为了解毕业生的工作状况,关注毕业生的个人发展,进一步探索高等院校的人才培养模式。某高校采用问卷分析的方法获取数据,以在某院校应届毕业生中随机抽取的 283 名同学的调查问卷为样本,从他们的个人情况与就业状况两个方面进行了定量的描述和分析,初步展示了不同性别,家庭背景下,就业状况存在较大的差异,毕业生的就业意愿与实际就业状况也存在差异,在此基础上探讨目前我国毕业大学生的现状及存在的问题。了解当代大学生的就业观念和就业意识,可以为大学生职业规划提供依据和指导;了解当今就业形势,可以为政府关于安排大学生就业的政策提供参考依据。

调研分析的基本思路是:首先对问卷分析处理后的数据进行预处理,然后对变量之间的联系与区别进行分析,最后总结研究结论。案例采用的数据分析方法主要有列联表分析、方差分析、相关分析、聚类分析等。

1. 交叉列联表分析

在实际分析中,除了需要对单个变量的数据分布情况进行分析外,还需要掌握多个变量在不同取值情况下的数据分布情况,从而进一步深入分析变量之间的相互影响和关系,这种分析就称为交叉列联表分析。

2. 方差分析

方差分析是从观测变量的方差入手,研究诸多控制变量中哪些变量是对观测变量有显著影响的变量;通过分析研究不同来源的变异对总变异的贡献大小,从而确定可控因素对研究结果影响力的大小。

方差分析的目的是通过数据分析找出对该事物有显著影响的因素,各因素之间的交互作用,以及显著影响因素的最佳水平等。方差分析是在可比较的数组中,把数据间的总的

"变差"按各指定的变差来源进行分解的一种技术。对变差的度量，采用离差平方和。方差分析方法就是从总离差平方和分解出可追溯到指定来源的部分离差平方和，这是一个很重要的思想。

3. 相关分析

相关分析(correlation analysis)，相关分析是研究现象之间是否存在某种依存关系，并对具体有依存关系的现象探讨其相关方向以及相关程度，是研究随机变量之间的相关关系的一种统计方法。

4. 聚类分析

聚类是将数据分类到不同的类或者簇这样的一个过程，所以同一个簇中的对象有很大的相似性，而不同簇间的对象有很大的相异性。

聚类分析是一种探索性的分析，在分类的过程中，不必事先给出一个分类的标准，聚类分析能够从样本数据出发，自动进行分类。聚类分析所使用方法的不同，常常会得到不同的结论。不同研究者对于同一组数据进行聚类分析，所得到的聚类数未必一致。

高校本科生就业问题研究分析主要包括以下六个步骤。

(1) 加载数据，即将数据加载到实验环境中。

(2) 通过描述性统计分析了解分析数据总体情况。

(3) 对数据进行列联表分析，了解性别和专业、家庭住址的关系，是否签约和就业形式看法、预期薪酬、理想就业单位、培养模式契合、在校努力与最终就业等的关系。

(4) 对分析数据进行单因素方差分析，了解不同性别、专业、家庭住址、是否签约的被调查者在性别、形象、英语水平、计算机水平、毕业院校、专业背景、资格证书、社会实践经历、在校成绩这些因素对就业的影响方面的看法。

(5) 对分析数据进行相关性分析，了解"本科期间学习成绩""是否得过奖学金""是否经常参加社会实践""是否签约"四个变量之间的相关程度。

(6) 通过对"性别影响""形象影响""英语水平影响""计算机水平影响""毕业院校影响""专业背景影响""资格证书影响""社会实践经历影响""成绩影响"九列进行聚类分析，找出不同类别学生对就业影响因素的看法。

案例通过对某院校应届毕业生中随机抽取的 283 名同学进行调查问卷的结果进行整理获得的数据共有 22 个变量，具体说明如下。

- 性别：1 表示"男"，2 表示"女"。
- 本科期间学习成绩：1 表示"优秀"，2 表示"良好"，3 表示"中等"，4 表示"差"。
- 是否得过奖学金：1 表示"优秀"，2 表示"良好"，3 表示"中等"，4 表示"差"。
- 专业：1 表示"理工农类"，2 表示"文科类"，3 表示"艺术体育类"。
- 是否签约：0 表示"否"，1 表示"是"。
- 是否经常参加社会实践：1 表示"经常"，2 表示"偶尔"，3 表示"从不"。
- 家庭住址：1 表示"农村"，2 表示"城市"。
- 性别影响：1 表示"很大"，2 表示"比较大"，3 表示"一般"，4 表示"较小"。
- 形象影响：1 表示"很大"，2 表示"比较大"，3 表示"一般"，4 表示"较小"。

- 英语水平影响：1 表示"很大"，2 表示"比较大"，3 表示"一般"，4 表示"较小"。
- 计算机水平影响：1 表示"很大"，2 表示"比较大"，3 表示"一般"，4 表示"较小"。
- 毕业院校影响：1 表示"很大"，2 表示"比较大"，3 表示"一般"，4 表示"较小"。
- 专业背景影响：1 表示"很大"，2 表示"比较大"，3 表示"一般"，4 表示"较小"。
- 资格证书影响：1 表示"很大"，2 表示"比较大"，3 表示"一般"，4 表示"较小"。
- 社会实践经历影响：1 表示"很大"，2 表示"比较大"，3 表示"一般"，4 表示"较小"。
- 成绩影响：1 表示"很大"，2 表示"比较大"，3 表示"一般"，4 表示"较小"。
- 就业形势看法：1 表示"很乐观"，2 表示"比较乐观"，3 表示"一般"，4 表示"比较悲观"，5 表示"很悲观"。
- 预期薪酬：1 表示"2000 元以下"，2 表示"2000～4000 元"，3 表示"4000～6000 元"，4 表示"6000 元以上"。
- 理想就业单位：1 表示"政府部门"，2 表示"事业单位"，3 表示"国有企业"，4 表示"外资企业"，5 表示"私营企业"。
- 培养模式契合：1 表示"契合得很好"，2 表示差强人意，3 表示"不是很适合"，4 表示"差距非常大"。
- 在校努力与最终就业：1 表示"成正比"，2 表示"没什么关系"，3 表示"成反比"。
- 所学专业与就业应该怎样：1 表示"一致"，2 表示"不要差距很大"，3 表示"可以没什么关联"。

① 描述性统计分析。数据摘要统计数据的基本信息，包括数据各列的列名、类型、是否离散、缺失个数、缺失比例、异常值个数、唯一值个数、零值个数、是否正态分布、最大值、最小值、均值、方差等数据基本信息。

② 列联表分析。

列联表分析——性别*专业

列联表分析——性别*家庭住址

列联表分析——是否签约*就业形式看法

列联表分析——是否签约*预期薪酬

列联表分析——是否签约*理想就业单位

列联表分析——是否签约*培养模式契合

列联表分析——是否签约*在校努力与最终就业

列联表分析——是否签约*所学专业与就业应该怎样

③ 单因素方差分析。单因素方差分析是用于完全随机设计的多个样本均数间的比较，其统计推断是推断各样本所代表的各总体均数是否相等。对分析数据进行单因素方差分析，了解不同性别、专业、家庭住址、是否签约的被调查者在性别、形象、英语水平、计算机水平、毕业院校、专业背景、资格证书、社会实践经历、在校成绩这些因素对就业的影响方面的看法。所以下面单因素方差分析中的响应变量均为："性别影响""形象影响""英语

水平影响""计算机水平影响""毕业院校影响""专业背景影响""资格证书影响""社会实践经历影响""成绩影响"。

单因素方差分析——性别

单因素方差分析——专业

单因素方差分析——家庭住址

单因素方差分析——是否签约

④ 相关分析。本案例中主要对"本科期间学习成绩""是否得过奖学金""是否经常参加社会实践""是否签约"这四个变量进行相关性分析。

⑤ 聚类分析。通过观察我们发现，不同变量的数量级相差不大，所以不需要相对数据进行标准化处理，直接进行聚类分析即可。通过对"性别影响""形象影响""英语水平影响""计算机水平影响""毕业院校影响""专业背景影响""资格证书影响""社会实践经历影响""成绩影响"九列进行聚类分析，找出不同类别学生对就业影响因素的看法。

Kmeans 聚类的参数说明如下。

分析列：用于聚类分析的数据。

聚类算法：常用"Hartigan-Wong""Lloyd""Forgy""MacQueen"等。

聚类个数：设置需要分类的类别个数 k。

迭代次数：设置算法迭代多少次运行结束。

随机集合数：表示算法初始阶段设置的每类的个数。

⑥ 列联表分析结果。由以下列联表分析可知样本的代表性。

列联表分析——性别*专业

列联表分析——性别*家庭住址

列联表分析——是否签约*就业形式看法

列联表分析——是否签约*预期薪酬

列联表分析——是否签约*理想就业单位

列联表分析——是否签约*培养模式契合

列联表分析——是否签约*在校努力与最终就业

列联表分析——是否签约*所学专业与就业应该怎样

⑦ 单因素方差分析结果。由以下单因素方差分析可知，当响应变量的显著性 P 值小于 0.05 时，就说明这些因素在 95%水平上对就业有显著影响。

单因素方差分析——性别

单因素方差分析——专业

单因素方差分析——家庭住址

单因素方差分析——是否签约

⑧ 相关性分析结果。从相关分析结果中可以看出变量之间是否存在高度显著相关关系。"本科期间学习成绩""是否得过奖学金""是否经常参加社会实践"三个变量之间是高度显著正相关的，这与实际情况相符合，因为学生的学习成绩、社会实践都是与奖学金直接挂钩的。

⑨ 聚类分析结果。案例主要将学生分成四类，由聚类中心可知，各类学生都认为在校成绩对就业的影响不大。除成绩影响因素外，第一类学生认为性别和形象对于就业的影响很大，英语水平和计算机水平对于就业的影响较小；第二类学生认为英语水平、计算机水平和社会实践经历对于就业的影响很大，资格证书对就业的影响较小；第三类学生则认为英语水平、计算机水平、毕业院校、专业背景对就业的影响很大，性别和形象对就业的影响较小；第四类学生认为各类资格证书和社会实践经历对就业的影响很大，其他各种因素对就业的影响都比较大。另外，除了第四类学生之外的被调查者都认为资格证书对就业的影响较小，这与前面的方差分析的结论是有所契合的。

案例三　国内旅游收入影响因素研究

20世纪30年代以来，随着经济的增长和居民收入水平的提高，全球旅游业急剧扩张。我国旅游业的发展，最初是由外需拉动的，长期重视入境旅游，而轻视国内旅游。但到20世纪末，国内旅游迅速发展，国内旅游收入大大超过入境旅游收入，国内旅游开始日渐受到重视。作为国民经济新的增长点，旅游业在整个社会经济发展中的作用日益显现。

为了发挥国内旅游对国民经济的积极作用，政府不断努力促进其发展。1999年，国家出台了新的全国年节及纪念日放假办法。根据休假制度，形成了"春节""五一""十一"三大旅行黄金周。由于放假时间的调整，职工可以自由支配时间，做出各种活动安排。假日的集中，使得旅游者对中长距离外出旅游有了时间的保证。人们有机会去更远、更多的旅游景点，逗留更久，当然也就意味着更多的费用。正是因为"黄金周"这样的一个机遇，使得旅游行业呈现出了整体的活跃性。

然而，旅游业是高度敏感性产业，受到政治、经济、文化等各方面因素的影响。2019年年末暴发的新型冠状病毒肺炎疫情对旅游业发展带来巨大冲击，旅游业的发展面临极大的挑战。通过调整相关影响因素，可以为发展旅游业提供更好的环境，从而更好地促进我国旅游业持续健康发展。因此，有必要对影响国内旅游收入增长的因素进行实证研究。本案例采用的数据分析方法主要有F检验、T检验、相关分析、回归分析。

影响国内旅游收入的主要因素有收入水平、休假政策、交通状况等。依据文献资料，选取反映上述方面的统计指标，包括国内旅游收入、国内生产总值、旅游人均花费、城市居民旅游花费、农村居民旅游花费、公路线路里程等。为了分析1999年休假制度改革对旅游收入的影响，增加了虚拟变量"制度"来分析它对于旅游收入的影响。

国内旅游收入影响主要包括以下步骤。

(1) 从数据库中读取静态数据进行数据分析。

(2) 通过F检验比较数据方差。

(3) 通过T检验(两个总体)进行数据比较。

(4) 通过相关分析，查看自变量之间的线性相关性。

(5) 通过回归分析，查看这些因素对旅游收入的影响大小。

具体分析步骤如下。

① 加载数据，即将数据加载到实验环境中。旅游案例数据共设置了10个变量，分别

是"年份""国内旅游收入""国内生产总值""旅游人均花费""城市居民旅游花费""农村居民旅游花费""公路里程""铁路里程"等，为了分析 1999 年休假制度改革对旅游收入的影响，增加了虚拟变量"制度"来分析它对于旅游收入的影响。

②　对"城市居民旅游花费""农村居民旅游花费"进行 F 检验。

③　对"城市居民旅游花费""农村居民旅游花费"进行 T 检验(两个总体)。

④　对"国内生产总值""旅游人均花费""城市居民旅游花费""农村居民旅游花费""公路里程""铁路里程"等进行相关性分析。

⑤　建立旅游收入与国内生产总值、旅游人均花费、公路里程数等的回归模型。以"国内旅游收入"为因变量，以"国内生产总值""旅游人均花费""城市居民旅游花费""农村居民旅游花费""公路里程""铁路里程""制度"为自变量进行线性回归。

⑥　查看 F 检验结果。假如 p 值小于 0.05，就不能接受原假设。即有 95.0% 的理由认为城市居民旅游花费的方差不等于农村居民旅游花费的方差。所以 T 检验(两个总体)选择方差不相等。

⑦　查看 T 检验(两个总体)结果。假如 p 值小于 0.05，就不能接受原假设。即有 95.0% 的理由认为城市居民旅游花费的均值不等于农村居民旅游花费的均值，即城市居民旅游花费与农村居民旅游花费之间有明显差别。说明城市居民和农村居民在旅游上的花费有明显的差别。

⑧　相关性分析结果说明"国内生产总值""旅游人均花费""城市居民旅游花费""农村居民旅游花费""公路里程""铁路里程"之间的相关性比较强。

⑨　线性回归结果发现模型中"制度"的 p 值为 0.7368，大于 0.05，因此本模型中的政策性因素不显著。由实验结果可以看到，国内生产总值和铁路里程对于国内旅游收入的影响，相比较于其他因素最为显著。

案例四　航空公司客户价值分析

信息时代的来临使得企业营销焦点从产品中心转变为客户中心，客户关系管理成为企业的核心问题。客户关系管理的关键问题是客户分类，通过客户分类，区分无价值客户、高价值客户，企业针对不同价值的客户制定优化的个性化服务方案，采取不同营销策略，将有限营销资源集中于高价值客户，实现企业利润最大化目标。准确的客户分类结果是企业优化营销资源分配的重要依据，客户分类越来越成为客户关系管理中亟待解决的关键问题之一。

面对激烈的市场竞争，各个航空公司都推出了更优惠的营销方式来吸引更多的客户，国内某航空公司面临着常旅客流失、竞争力下降和航空资源未充分利用等经营危机。通过建立合理的客户价值评估模型，对客户进行分群，分析比较不同客户群的客户价值，并制定相应的营销策略，对不同的客户群提供个性化的客户服务是提升客户价值的关键。

根据美国数据库营销研究所 Arthur Hughes 的研究，客户数据库中有三个关键要素，这三个要素构成了数据分析最好的指标：最近消费时间间隔(recency)、消费频率(frequency)、消费金额(monetary)来进行客户细分，识别出高价值的客户，简称 RFM 模型。

本案例的目标是客户价值识别，即通过航空公司客户数据识别不同价值的客户。通过对航空公司客户价值的 LRFMC 五个指标进行 K-Means 聚类，通过聚类将客户细分，从而识别出最有价值客户。

最近一次消费意指上一次购买的时候——顾客上一次是几时来店里、上一次根据哪本邮购目录购买东西、什么时候买的车，或在你的超市买早餐最近的一次是什么时候。理论上，上一次消费时间越近的顾客应该是比较好的顾客，对提供即时的商品或是服务也最有可能会有反应。营销人员若想业绩有所成长，只能靠偷取竞争对手的市场占有率，而如果要密切地注意消费者的购买行为，那么最近的一次消费就是营销人员第一个要利用的工具。历史显示，如果我们能让消费者购买，他们就会持续购买。这也就是为什么，0~6 个月的顾客收到营销人员的沟通信息多于 31~36 个月的顾客。

最近一次消费的过程是持续变动的。在顾客距上一次购买时间满一个月之后，在数据库里就成为最近一次消费为两个月的客户。同一天，最近一次消费为 3 个月前的客户做了其下一次的购买，他就成为最近一次消费为一天前的顾客，也就有可能在很短的期间内就收到新的折价信息。

最近一次消费的功能不仅在于提供的促销信息而已，营销人员的最近一次消费报告可以监督事业的健全度。优秀的营销人员会定期查看最近一次消费分析，以掌握趋势。月报告如果显示上一次购买很近的客户，(最近一次消费为 1 个月)人数如增加，则表示该公司是个稳健成长的公司；如上一次消费为一个月的客户越来越少，则是该公司迈向不健全之路的征兆。

最近一次消费报告是维系顾客的一个重要指标。最近才买你的商品、服务或是光顾你商店的消费者，是最有可能再向你购买东西的顾客。再则，要吸引一个几个月前才上门的顾客购买，比吸引一个一年多以前来过的顾客要容易得多。营销人员如接受这种强有力的营销哲学——与顾客建立长期的关系而不仅是卖东西，会让顾客持续保持往来，并赢得他们的忠诚度。

消费频率是顾客在限定的期间内所购买的次数。我们可以说最常购买的顾客，也是满意度最高的顾客。如果相信品牌及商店忠诚度的话，最常购买的消费者，忠诚度也就最高。增加顾客购买的次数意味着从竞争对手处偷取市场占有率，由别人的手中赚取营业额。

根据这个指标，我们又把客户分成五等分，这个五等分分析相当于是一个"忠诚度的阶梯"(loyalty ladder)，其诀窍在于让消费者一直顺着阶梯往上爬，把销售想象成是要将两次购买的顾客往上推成三次购买的顾客，把一次购买者变成两次的。

消费金额是所有数据库报告的支柱，也可以验证"帕莱托法则"——公司 80%的收入来自 20%的顾客。它显示出排名前 10%的顾客所花费的金额比下一个等级者多出至少 2 倍，占公司所有营业额的 40%以上。如看累计百分比的那一栏，我们会发现有 40%的顾客贡献公司总营业额的 80%；而有 60%的客户占营业额的 90%以上。最右的一栏显示每一等分顾客的平均消费，表现最好的 10%的顾客平均花费 1195 美元，而最差的 10%仅有 18 美元。

如果你的预算不多，而且只能提供服务信息给 2000 或 3000 个顾客，你会将信息邮寄给贡献 40%收入的顾客，还是那些不到 1%的顾客？数据库营销有时候就是这么简单。这样的营销所节省下来的成本会很可观。

结合这三个指标，我们就可以把顾客分成 5×5×5=125 类，对其进行数据分析，然后制定营销策略。

最近一次消费、消费频率、消费金额是测算消费者价值最重要也是最容易的方法，这充分的表现了这三个指标对营销活动的指导意义。而其中，最近一次消费是最有力的预测指标。

航空公司客户价值分析主要包括以下步骤。

(1) 从数据库中读取静态数据进行数据分析。

(2) 通过 K-Means 聚类，识别出最有价值客户。

其具体步骤如下。

① 加载数据，即将数据加载到实验环境中。一份航空公司客户数据(见表 21-2)，客户入会时长 L、消费时间间隔 R、消费频率 F、飞行里程 M 和折扣系数的平均值 C 五个指标作为航空公司识别客户价值指标，记为 LRFMC 模型。

表 21-2 航空公司客户价值数据

模型	L	R	F	M	C
航空公司 LRFMC 模型	会员入会时间距观测窗口结束的月数	客户最近一次乘坐公司飞机距观测窗口结束的月数	客户在观测窗口内乘坐公司飞机的次数	客户在观测窗口内累计的飞行里程	客户在观测窗口内乘坐舱位所对应的折扣系数的平均值

② 通过对航空公司客户价值的 LRFMC 五个指标进行 K-Means 聚类，分析比较不同客户群的客户价值，并制定相应的营销策略。

③ 分析 K-Means 聚类结果。

客户群 1 特征是 R 的值较大，L,M,C 的值较小，F 的值非常小，客户群 2 特征是 L,R,M,C 的值处于平均水平，F 的值较小，客户群 3 特征是 L,F,C,M 的值非常大，R 的值非常小，客户群 4 特征是 M 的值非常大，L,F,C 的值较大，R 的值较小，客户群 5 特征是 R 的值非常大，M,F,L,C 的值非常小。结合业务分析，通过比较各个指标在群间的大小对某一个群的特征进行评价分析。如客户群 1 在 R 的值较大，在 F 的值非常小，因此可以说 R 在群 1 是优势特征；以此类推，R,M 在群 3 上是劣势特征。

由上述的特征分析说明每个客户群的都有显著不同的表现特征，基于该特征描述，本案例定义五个等级的客户类别：重要保持客户、重要发展客户、重要挽留客户、一般客户、低价值客户。其中每种客户类别的特征如下。

① 重要保持客户：这类客户的平均折扣率(C)较高(一般所乘航班的舱位等级较高)，最近乘坐过本公司航班(R)低，乘坐的次数(F)或里程(M)较高。他们是航空公司的高价值客户，是最为理想的客户类型，对航空公司的贡献最大，所占比例却较小。航空公司应该优先将资源投放到他们身上，对他们进行差异化管理和一对一营销，提高这类客户的忠诚度与满意度，尽可能延长这类客户的高水平消费。

② 重要发展客户：这类客户的平均折扣率(C)较高，最近乘坐过本公司航班(R)低，但乘坐次数(F)或乘坐里程(M)较低。这类客户入会时长(L)短，他们是航空公司的潜在价值客户。虽然这类客户的当前价值并不是很高，但却有很大的发展潜力。航空公司要努力促使这类客户增加在本公司的乘机消费和合作伙伴处的消费，也就是增加客户的钱包份额。通过客户价值的提升，加强这类客户的满意度，提高他们转向竞争对手的转移成本，使他们逐渐成为公司的忠诚客户。

③ 重要挽留客户：这类客户过去所乘航班的平均折扣率(C)、乘坐次数(F)或者里程(M)较高，但是较长时间已经没有乘坐本公司的航班(R)高。他们客户价值变化的不确定性很高。由于这些客户衰退的原因各不相同，所以掌握客户的最新信息、维持与客户的互动就显得尤为重要。航空公司应该根据这些客户的最近消费时间、消费次数的变化情况，推测客户消费的异动状况，并列出客户名单，对其重点联系，采取一定的营销手段，延长客户的生命周期。

④ 一般与低价值客户：这类客户所乘航班的平均折扣率(C)很低，较长时间没有乘坐过本公司航班(R)高，乘坐的次数(F)或里程(M)较低，入会时长(L)短。他们是航空公司的一般用户与低价值客户，可能是在航空公司机票打折促销时，才会乘坐本公司航班。

针对不同类型的客户群提供不同的产品和服务，提升重要发展客户的价值、稳定和延长重要保持客户的高水平消费、防范重要挽留客户的流失并积极进行关系恢复。

案例五　数据分析的其他商务应用

1. 安徽省阜阳市颍泉区用"数据分析"夯实脱贫攻坚成效[①]

2020年是脱贫攻坚收官之年，为了进一步加强防范返贫致贫监测预警工作，安徽省阜阳市颍泉区在数据方面主要从三个方面着手，将数据分析纳入日常范畴，开展常态化大数据分析，用数据分析查找潜在的问题，夯实脱贫攻坚成效。

(1) 核准数据。制定贫困人口信息比对实施方案，与民政、教育、医疗保险、住建等部门组织开展数据交换比对工作，进一步提升全国扶贫开发信息系统中贫困人口数据质量，确保"账实相符"。

(2) 找准数据。定期对低保、特困供养户新增名单、重度残疾人新增名单、大额医疗支出人员名单、意外伤害理赔清单等进行数据比对分析，筛选出疑似脱贫不稳定户或边缘易致贫户，经实地核实确认，对存在返贫致贫风险的及时纳入帮扶范围，制定有针对性的帮扶措施，有效防范返贫致贫风险。

(3) 用准数据。定期对建档立卡贫困人口数据进行全面分析，涉及人口分布、致贫原因、年龄层次、健康状况、教育状况、劳动力状况及务工情况等，及时共享分析结果，有针对性地优化调整帮扶政策，更好地发挥政策协同作用。

---

① 张顺. 颍泉区用"数据分析"夯实脱贫攻坚成效[EB/OL]. http://www.yqnews.net/cms/show-36905.html. 2020-04-28.

2. "天目"碳中和数智大脑上线发布[①]

2021年5月24日，"天目"碳中和数智大脑发布会在浙江省杭州市临安区召开。本次发布会以数字化改革推动碳中和落地实践为主线，聚焦产业结构转型和能源结构优化，全面推动区域降碳排、增碳汇、优碳减，进而形成综合改革集成，同时推动区域经济社会高质量发展。

碳达峰、碳中和是中国经济高质量发展的重要指标和战略部署，也是全国上下加快推动绿色高质量发展的战略路径，与浙江省加快推动数字化改革的创新实施不谋而合。杭州市临安区作为全国绿色发展百强县以及杭州市西部科创新城，率先开展数字化碳中和管理实践，探索绿色高质量区域发展道路。

数智大脑平台秉承"高效、共享、实用、安全"的设计理念，通过"物联网+区块链+大数据"的多项技术综合应用，搭建基础感知层、数据传输层、数据资源池和智慧大脑模型库，形成"三库一脑多场景"的综合应用平台。本次仪式优先启动了工业企业科学降碳管理、山核桃足迹分析管理、垦造耕地、废弃矿山复绿分析管理、绿色建筑低碳分析管理平台等多个场景应用。

随后，浙江省杭州市临安碳中和研究中心也举行了揭牌仪式，太湖源镇、湍口镇分别被授予"低碳小镇实践区"和"零碳小镇实践区"，以此激励和引导基层政府加快推动绿色发展转型。之后举行碳中和圆桌论坛，内容围绕碳中和实施路径、立法、实践探索等方面开展。通过就数字化碳中和路径的成果进行分享和交流、展示前期平台运作成绩，传递数字化视野下碳中和的创新探索和实践经验。

作为浙江省首个上线运行的数字化"碳中和"管理平台，"天目"碳中和数智大脑聚焦碳排放、碳减排、碳汇三大重点领域，开展数字化技术综合应用，实现数据协同应用，并率先推出了"碳汇数字资产"等创新应用，着力于制度标准创新，为全国构建高质量发展体系提供理论探索。

3. 以数字经济赋能内循环，大数据产业链成长空间加速开启[②]

一场新型冠状病毒肺炎疫情让全球经济按下"暂停键"，而"新基建"却让人看到前方的曙光。

当前，新业态都已经呈现数据化，新产业产生的大量数据通过机器学习分析，可以实现服务模式的延伸。大数据就像数字经济的血液，在循环中不断更新，最终实现服务业的升级。

如果说5G、人工智能等是社会发展变革的先锋，那么大数据则是推动这场变革的幕后英雄。

---

① 俞安懿. "天目"碳中和数智大脑上线发布[EB/OL]. http://zj.cnr.cn/zjyw/20210524/t20210524_525494560.shtml. 2021-05-24.

② 东湖大数据. 以数字经济"赋能"内循环，大数据产业链成长空间加速开启[EB/OL]. https://baijiahao.baidu.com/s?id=1673720661241476736&wfr=spider&for=pc. 2020-07-31.

新基建作为数字经济、智能经济、生命经济这些人类未来文明的技术支撑，不仅能带来几万亿元甚至十几万亿元的投资需求，还将通过数字技术产业化、传统产业数字化、研发创新规模化产生不可估量的叠加效应、乘数效应，可以对内循环产生巨大的赋能作用。

1) 数字经济的幕后英雄

新基建主要表现在数字化、智能化上，核心是为经济的高质量发展和产业数字化转型提供基础支撑，它包括 5G 基建、特高压、城际高速铁路和城际轨道交通、新能源汽车充电桩、大数据中心、人工智能、工业互联网等七大领域。

简而言之，大数据就是一种能力超强的数据集合，对互联网海量的信息进行获取、存储、管理和分析，其战略意义不在于掌握庞大的数据信息，而在于对这些含有意义的数据进行专业化处理，为精准决策提供参考。

在万物互联时代，除了互联网行业海量的信息、交易和交互大数据以外，各种智能硬件每分每秒都在源源不断地产生无数的"非结构化"的原始大数据，并构成了数字产业的"新能源"。

纵观当前，从国家政务到各大行业，大数据无不扮演着越来越重要的角色。

以本次新型冠状病毒肺炎疫情为例，自新型冠状病毒肺炎疫情发生以来，大数据技术对新型冠状病毒肺炎疫情发展的实时跟踪、重点筛查、有效预测及复工复产等工作发挥着重要作用。"吾征 AI"智能终端产生的人体健康数据能服务于智慧医疗；"AI+体温预警系统"中各个监控摄像头产生的数据能服务于智能安检(批量检测、精准定位发热人员)；基于大数据分析及可视化技术支撑能力，东湖大数据为湖北省多地迅速上线发布的"城市新冠疫情防控大数据平台"服务于政府的高效决策；东湖大数据"企业复产复工疫情防控管理系统"通过数据多跑路，帮助企业安全复工、政府掌控疫情，并入选东湖高新区首批科技抗疫创新应用案例和技术产品清单。

同时，新型冠状病毒肺炎疫情发生后，中国电信、中国移动以及中国联通三大运营商积极部署 5G 基站，帮助疫情严重区借助 5G 技术完成远程会诊，大大提高了会诊效率；百度地图利用大数据技术推出的迁徙大数据平台可进行无时延升级，开放查询的城市从 100 个扩展到了 300 多个，为用户提供全国热门迁入迁出地、迁徙规模指数、城内出行强度等一系列情况，为"抗疫"奠定了坚实的基础。

现在已经有越来越多的行业和技术领域需要大数据分析系统，例如金融行业需要使用大数据系统结合或者机器学习方案进行信贷风控，零售、餐饮行业需要大数据系统实现辅助销售决策，各种 IoT 场景需要大数据系统持续聚合和分析时序数据，各大科技公司需要建立大数据分析中台等。

可以说，大数据犹如数字经济的"新能源"和"血液"，它虽不显山露水，但却是"幕后英雄"。掌握的大数据越多、数据分析能力越强，就越有竞争力。

2) 大数据产业链成长空间开启

在数字经济、互联网经济快速发展带动下，数据量和计算量呈指数爆发，新技术、新产品、新应用更新迭代周期加快，数据中心将迎来发展提速时代。

首先，我国大数据发展空间充满想象。数据显示，目前全球 40%的 IDC 机柜在美国，我国只有 8%，而我国互联网用户显然多于美国，这意味着大数据中心发展空间很大。

其次，产业链发展潜力大。大数据产业包括大数据技术产品研发、工业大数据、行业大数据、大数据产业主体、大数据安全保障、大数据应用等内容。

最后，AI 众多场景化应用落地，为数据中心发展打开新的成长空间。5G 发展、AI 生态完善、VR/AR、自动驾驶、高清视频、智能交通、智能医疗等应用需求也将为数据中心市场发展与服务模式创新打开成长空间。

可以预见，未来几乎各个行业、领域都需要大数据的分析结果。赛迪顾问数据显示，未来 3 年中国数据中心市场规模将保持 12.4% 的增长速度。到 2030 年数据原生产业规模量占整体经济总量的 15%，中国数据总量将超过 4YB，占全球数据量的 30%。

4. 2021：充分发挥大数据优势 畅通产业链供应链循环[①]

2021 年 1 月 25 日，工业和信息化部办公厅发布了《工业和信息化部办公厅关于组织开展 2021 年大数据产业发展试点示范项目申报工作的通知》(以下简称《通知》)，围绕工业大数据应用、行业大数据应用、大数据重点产品、数据管理及服务四个方向，组织开展 2021 年大数据产业发展试点示范项目申报工作。

1) 将推动大数据产业高质量发展作为试点示范的总体目标

《通知》将推动大数据产业高质量发展作为试点示范的总体目标，并围绕关键核心技术攻关、融合应用创新以及生态体系构建等方面进行了系列部署。中国电子信息产业发展研究院副总工程师安晖表示，当前我国产业链供应链面临风险增大，强化产业链供应链建设成为重要任务。《通知》首次在工业大数据应用方面设置了产业链供应链管控方向，这是落实十九届五中全会《建议》提出的"提升产业链供应链现代化水平"和中央经济工作会议提出的"增强产业链供应链自主可控能力"要求的重要举措，也为我国构建以国内大循环为主体、国内国际双循环相互促进的新发展格局筑牢基础。

腾讯研究院数字经济研究中心主任王星表示，《通知》主要亮点包括以下四个方面。

一是高度重视工业大数据应用。重点推进数据在生产过程优化、管理决策优化、生产协作、全生命周期管理等领域的应用创新。经历了导入培育期后，工业互联网应用场景将进一步拓展和深化。

二是鼓励加快行业大数据应用。重点推动金融、医疗、应急、智慧城市等行业大数据应用，促进互联网、能源、通信、交通、政务等领域的数据跨行业融合应用。在各类利好政策支持下，大数据在垂直行业的应用深度有望进一步强化。

三是鼓励大数据关键产品研发。重点是鼓励大数据存储管理、分析挖掘、安全保障产品创新。未来在一些"卡脖子"领域，将继续加大大数据技术和产品创新的支持力度。

四是提升数据管理与服务能力。重点是指导企业提升数据管理能力、加快数据服务模式创新。数据管理和应用能力将成为数字经济时代企业的一种核心竞争力，随着区块链、

---

① 赵姗. 2021：充分发挥大数据优势 畅通产业链供应链循环[EB/OL].https://baijiahao.baidu.com/s?id=1691053043016539317&wfr=spider&for=pc. 2021-02-28.

隐私计算等技术的发展及应用，基于数据的创新和交易将进一步激发实体经济和企业的新活力。

2) 为我国构建完善的以数据作为驱动的应急管理体系提供支撑

与大数据相关的产品和服务在新型冠状病毒肺炎疫情监测分析、病毒溯源、防控救治、资源调配、复工复产等方面发挥了重要作用。与此同时，许多与疫情防控相关的大数据平台依然存在数据壁垒高、分析手段单一、支撑功能不足等问题。《通知》以提高大数据供给能力和发展水平为导向，鼓励在应急管理方面强化预测研判，提升响应能力，这为我国构建完善的以数据作为驱动的应急管理体系提供了支撑。

未来，大数据将与各行业日益深度融合，实现生产要素网络化共享、集约化整合、协作化开发和高效化利用，引领技术流、资金流、人才流、物资流向更高效率的部门、环节聚集，有效提高资源配置效率和全要素生产率，改变生产方式、经营模式和商业模式，加速新产品培育、新业态扩散和新产业形成，在推动经济发展质量变革、效率变革、动力变革中发挥重要作用。

参 考 文 献

[1] IDC 中国(北京). 2019 年数据及存储发展研究报告[R]. 2019-10-24.

[2] 王宏志. 大数据分析：原理与实践[M]. 北京：机械工业出版社，2017.

[3] 甄茂成，党安荣，许剑. 大数据在城市规划中的应用研究综述[J]. 地理信息世界，2019，26(1)：6-12.

[4] 丁辉，商俊燕，伍转华，等. Python 基础与大数据应用[M]. 北京：人民邮电出版社，2020.

[5] 任昱衡，姜斌，李倩星，等. 数据挖掘：你必须知道的 32 个经典案例[M]. 北京：电子工业出版社，2016.

[6] 卢辉. 数据挖掘与数据化运营实战：思路、方法、技巧与应用[M]. 北京：机械工业出版社，2018.

[7] 李刚民. 大数据分析基础：概念、技术、方法和商务[M]. 北京：科学出版社，2018.

[8] 刘大成. Python 数据可视化之 matplotlib 实践[M]. 北京：电子工业出版社，2018.

[9] 盖丽特·徐茉莉，彼得·布鲁斯，米亚·斯蒂芬斯，等. 数据挖掘：商业数据分析技术与实践[M]. 阮敬，严雪林，周暐，译. 北京：清华大学出版社，2018.

[10] 拉姆什·沙尔达，杜尔森·德伦，埃弗雷姆·特班，等. 商务智能：数据分析的管理视角[M]. 赵卫东，译. 北京：机械工业出版社，2018.

[11] 杰弗里·D. 坎姆，詹姆斯·J. 科克伦，迈克尔·J. 弗里，等. 商业数据分析[M]. 耿修林，宋哲，译. 北京：机械工业出版社，2019.

[12] 托马斯·W. 米勒. 营销数据科学：用 R 和 Python 进行预测分析的建模技术[M]. 崔立真，鹿旭东，译. 北京：机械工业出版社，2017.

[13] 约翰尼斯·莱道尔特. 数据挖掘与商务分析[M]. 宋涛，王星，曹方，译. 北京：机械工业出版社，2016.

[14] 布雷特·兰茨. 机器学习与 R 语言[M]. 李洪成，许金炜，李舰，译. 北京：机械工业出版社，2015.

[15] 托马斯·W. 米勒. 预测分析建模：Python 与 R 语言实现[M]. 程豪，译. 北京：机械工业出版社，2016.

[16] 伊凡·伊德里斯. Python 数据分析实战[M]. 冯博，严嘉阳，译. 北京：机械工业出版社，2017.

[17] 彼得·范霍夫，埃德温·库奇，娜塔莎·沃克. 大数据分析：创造价值，做聪明的市场决策[M]. 张永泽，李敏敏，赵会如，译. 北京：人民邮电出版社，2018.

[18] 马克·J. 施尼德詹斯，达拉·J. 施尼德詹斯，克里斯多夫·M. 斯塔基. 商业数据分析：原理、方法与应用[M]. 王忠玉，王天元，王伟，译. 北京：机械工业出版社，2018.

[19] 兰迪·巴特利特. 大数据决策：商业分析新常态[M]. 张淑芳，林清怡，译. 北京：人民邮电出版社，2015.

[20] 陈封能，迈克尔·斯坦巴赫，阿努吉·卡帕坦，等. 数据挖掘导论[M]. 段磊，张天庆，等，译. 北京：机械工业出版社，2019.

[21] 韩家炜，米歇尔·坎伯，裴健. 数据挖掘概念与技术[M]. 范明，孟小峰，译. 北京：机械工业出版社，2019.

[22] 科斯·拉曼. Python 数据可视化[M]. 程豪，译. 北京：机械工业出版社，2019.

[23] THOMAS W MILLER, Marketing Data Science. Modeling Techniques in Predictive Analytics with R and Python[M]. New York: Pearson Education,Inc., 2015.

[24] SHMUELI G, BRUCE PETER C, YAHAV I, et al. Kenneth C. Data Mining for Business Analytics[M]. New Jeresy: John Wiley and Sons, 2018.